SIMULACIÓN Y MODELAMIENTO MATEMÁTICO PARA INGENIEROS CON SOFTWARE

Volumen I

Yhon Fuentes Huamán

Doctorado en Ciencia de la Computación en la Universidad Nacional San Agustín de Arequipa, becado por FONDECYT.

Pasante doctorado en la Universidad Estatal de Campinas en Brasil.

Maestría en Recursos Hídricos y Medio Ambiente en la Universidad Nacional San Antonio Abad de Cusco.

Maestría en Tecnología de la Información y Comunicación.

Pregrado en Ingeniería Informática y Sistemas.

Pregrado en Ingeniería Civil.

CADUCEUS

SIMULACIÓN Y MODELAMIENTO MATEMÁTICO
PARA INGENIEROS CON SOFTWARE
VOLUMEN I

Editado por: Corporación Ígneo, S.A.C.
para su sello editorial Caduceus
Av. Arequipa 185 1380, Urb. Santa Beatriz. Lima, Perú
Primera edición, mayo, 2023

ISBN: 978-612-49051-5-5
Tiraje: 50 ejemplares

Hecho el Depósito Legal en la Biblioteca Nacional del Perú N° 2023-00933
Se terminó de imprimir en mayo de 2023 en:
ALEPH IMPRESIONES SRL
Jr. Risso Nro. 580 Lince, Lima

www.grupoigneo.com
Correo electrónico: contacto@grupoigneo.com
Facebook: Grupo Ígneo | Twitter: @editorialigneo | Instagram: @grupoigneo

ÍNDICE

Lo que decidas hoy, serás mañana.

AGRADECIMIENTOS

A Dios, por su amor infinito y su perdón.

A mi esposa, por el apoyo que siempre me da.

A mis padres. Aunque mi madre ya no esté, siempre se encuentra en mi inspiración

A mis familiares y amigos.

¡Gracias por todo!

PRÓLOGO

En este libro veremos aplicaciones de las ingenierías civil, ambiental, industrial, en sistemas, ciencias de la computación y otras áreas. Nos enfocaremos en el desarrollo de ejercicios de modelos matemáticos y su simulación computacional. Abarcaremos áreas en hidráulica, hidrología, cartografía, suelos y los métodos numéricos en modelos matemáticos complejos.

Este libro contiene algunos métodos numéricos aplicados a la ingeniería. En el Capítulo I presentaremos la resolución de modelos matemáticos. Además de la teoría y la práctica resuelta, cada ejercicio contiene como muestra el algoritmo desarrollado en MATLAB.

En el Capítulo II se estudia el modelo de Euler generalizado y el método Euler aplicado al modelo matemático simple. Luego, se muestra la aplicación de los modelos de Runge-Kutta en todas sus dimensiones. De igual manera, se presenta la parte teórica y ejercicios de aplicación resueltos con ejemplos claros. Cada ejercicio contiene los códigos implementados en MATLAB.

En el Capítulo III se estudian los métodos cerrados y abiertos para resolver ecuaciones no lineales. Además, se plantea la parte teórica y ejercicios de aplicación resueltos con ejemplos claros. Se implementan los métodos cerrados y abiertos utilizando el programa MATLAB, además de mostrar códigos usados en MATLAB de los ejercicios resueltos.

Por último, en el Capítulo IV se muestran la aplicaciones y modelos matemáticos en ingeniería (civil, ambiental, mecánica, industrial, en sistemas, etc.). En este capítulo se muestra ejercicios de aplicaciones en la hidráulica con métodos abiertos o cerrados, aplicación de la ley de Poiseuille, diseño de canales, distribución de esfuerzos con método de Boussinesq y aplicando factor de influencia; aplicaciones en la hidrológica como cálculo de población futura con software desarrollo en el cual se muestra el código, análisis de datos de precipitación, método de estimación de la precipitación (polígono de Thiessen, método de isoyetas, medias).

Palabras clave: Simulación y modelamiento matemático, métodos numéricos para ingeniería, aplicaciones en ingeniería civil, aplicaciones en ingeniería ambiental, aplicaciones en ingeniería industrial, aplicaciones en ingeniería de sistemas, hidráulica, hidrología, cartografía, mecánica de suelos, modelamiento de algoritmos en MATLAB, modelamiento de algoritmos en Visual Studio.

SIMULACIÓN DE MODELOS MATEMÁTICOS 1

En este capítulo analizaremos y simularemos modelos matemáticos en la ingeniería.

Una forma de entender un modelo matemático es, en primer lugar, comprendiendo el comportamiento de las cosas u objetos existentes en la tierra bajo ciertos parámetros que los afectan. Tomaremos el ejemplo de la caída de un objeto en un eje. Se analizará con la segunda ley de Newton, en la que una o varias fuerzas se aplican sobre un objeto. Estudiaremos el comportamiento que adquiere, el desplazamiento, la velocidad, la aceleración... Si se ejerce una fuerza sobre un objeto, este se desplazará en la dirección que tenga la fuerza máxima.

La segunda ley de newton es f = ma, donde f es la fuerza que se aplica al objeto, m es la masa del objeto y a es la aceleración que adquiere el objeto. Podemos ver este análisis tan sencillo en muchas aplicaciones de la ingeniería.

$$F = ma$$

Si despejamos la aceleración en esta ecuación, se tendría lo siguiente:

$$a = \frac{F}{m} \quad \rightarrow a = \frac{dv}{dt} = \frac{F}{m} \quad \text{........} \quad (1.1)$$

Donde la fuerza aplicada al objeto puede tener una dirección o tres direcciones (x, y, z). Se pueden aplicar muchas fuerzas en una sola dirección. Para este caso, tomaremos dos fuerzas y en una sola dirección (Chapra y Raymond, 2007).

En nuestra aplicación tomaremos el ejemplo de la caída libre de un objeto o una persona con traje especial (un paracaidista). En esta simulación tendremos una caída vertical, para lo que se considerarán dos fuerzas, una debido al peso ($W = mg$) y la otra a la resistencia del aire ($Fv = -cv$). Entonces, el módulo de la fuerza total aplicada estaría dado por la siguiente ecuación:

$$F = W + fv$$

$$F = mg - cv \quad \text{........} \quad (1.2)$$

Si reemplazamos la ecuación 1.2 en nuestra ecuación 1.1, nuestra aceleración de la caída de un cuerpo en forma vertical quedaría de la siguiente manera:

$$\frac{dv}{dt} = \frac{mg-cv}{m} \quad \text{........} \quad (1.3)$$

Entonces, se despeja v en función de dv:

$$\frac{dv}{mg-cv} = \frac{dt}{m} \quad => \quad \frac{m\,dv}{mg-cv} = dt$$

$$\int_{v_0}^{v} (\frac{m}{mg-cv}) dv = \int_{t_0}^{t} dt \quad \text{(1.4)}$$

Donde:

$v_0 = 0$, porque el cuerpo parte de reposo.

$t_0 = 0$, porque en el tiempo inicial es igual a cero.

De la ecuación 1.4 se tiene:

$$\int_{v_0}^{v} (\frac{m}{mg - cv}) dv = \int_{t_0}^{t} dt$$

Integraremos la ecuación dada realizando el cambio de variable, donde $u = mg - cv$. Entonces, si aplicamos la diferencial a la ecuación anterior, tendríamos lo siguiente:

$du = -cdv$

Despejamos $dv = -\frac{du}{c}$

Ahora reemplazaremos en la ecuación 1.4:

$$\int_{v_0}^{v} (\frac{m}{u}) \left(-\frac{1}{c}\right) du = \int_{t_0}^{t} dt$$

$$-\frac{m}{c} \int_{v_0}^{v} (\frac{1}{u}) du = \int_{t_0}^{t} dt$$

$$-\frac{m}{c}[\ln(mg-cv)-\ln(mg-cv_0)] = (t-t_0)$$

$$-\frac{m}{c}ln\left[\frac{mg-cv}{mg-cv_0}\right] = (t-t_0)$$

$$-\frac{m}{c}ln\left[\frac{mg-cv}{mg-cv_0}\right] = (t-t_0)$$

$$-\frac{m}{c}ln\left[\frac{mg-cv}{mg-0}\right] = (t-0)$$

$$ln\left[\frac{mg-cv}{mg-0}\right] = -\frac{ct}{m}$$

$$\left[\frac{mg-cv}{mg}\right] = e^{-\frac{ct}{m}}$$

$$\left[1-\frac{cv}{mg}\right] = e^{-\frac{ct}{m}}$$

$$\left[1-\frac{cv}{mg}\right] = e^{\frac{ct}{m}}$$

Ahora despejamos el valor de la velocidad *v*:

$$\left[1-e^{-\frac{ct}{m}}\right]\frac{mg}{c} = v$$

$$v(t) = \frac{mg}{c}\left[1-e^{-\frac{ct}{m}}\right]$$ .... (1.5)

Llamaremos a esta ecuación la ecuación de la *velocidad de la caída de un objeto.*

De hecho, la relación es realmente no lineal y podría representarse mejor por una relación con potencias como $F_v = -cv^2$

Cuando $F_v = -cv^2$ la fuerza aplicada al paracaidista será de la siguiente forma:

$$\frac{dv}{dt} = \frac{mg-cv^2}{m}$$ .... (16)

Despejamos la diferencial $\left(\frac{1}{mg-cv^2}\right)dv = \left(\frac{1}{m}\right)dt$ .... (1.7)

Recordando la fórmula de integrales. *Teorema:*

$$\int\frac{du}{a^2+u^2} = \frac{1}{2a}\ln\left(\frac{u+a}{u-a}\right)+C$$

Entonces, la ecuación 1.7 se transformará a la forma del teorema.

$$\int_{vo}^{v}\left(\frac{1}{\frac{mg-cv^2}{c}}\right)dv = \int_{to}^{t}\left(\frac{c}{m}\right)dt$$

$$\int_{vo}^{v}\left(\frac{1}{\frac{mg-cv^2}{c}}\right)dv = \int_{to}^{t}\left(\frac{c}{m}\right)dt$$

$$\int_{vo}^{v}\left(\frac{1}{\sqrt{\frac{mg}{c}}^{2}-v^2}\right)dv = \int_{to}^{t}\left(\frac{c}{m}\right)dt$$

A esta ecuación le aplicamos el teorema de integración:

$$\frac{1}{2\sqrt{\frac{mg}{c}}}[\ln\left(\frac{v+\sqrt{\frac{mg}{c}}}{v-\sqrt{\frac{mg}{c}}}\right) - \ln\left(\frac{v_0+\sqrt{\frac{mg}{c}}}{v_0-\sqrt{\frac{mg}{c}}}\right)] = \left(\frac{c}{m}\right)(t-t_0)$$

$$\frac{1}{2\sqrt{\frac{mg}{c}}}\left[\ln\left(\frac{\frac{v+\sqrt{\frac{mg}{c}}}{v-\sqrt{\frac{mg}{c}}}}{\frac{v_0+\sqrt{\frac{mg}{c}}}{v_0-\sqrt{\frac{mg}{c}}}}\right)\right] = \left(\frac{c}{m}\right)(t-t_0)$$

$$\frac{1}{2\sqrt{\frac{mg}{c}}}[\ln\left(\frac{\frac{v+\sqrt{\frac{mg}{c}}}{v-\sqrt{\frac{mg}{c}}}}{\frac{0+\sqrt{\frac{mg}{c}}}{0-\sqrt{\frac{mg}{c}}}}\right)] = \left(\frac{c}{m}\right)(t-0)$$

$$\frac{1}{2\sqrt{\frac{mg}{c}}}[\ln\left(\frac{\frac{v+\sqrt{\frac{mg}{c}}}{v-\sqrt{\frac{mg}{c}}}}{\frac{\sqrt{\frac{mg}{c}}}{\sqrt{\frac{mg}{c}}}}\right)] = \left(\frac{c}{m}\right)(t)$$

$$\frac{1}{2\sqrt{\frac{mg}{c}}}[\ln\left(\frac{\left(v+\sqrt{\frac{mg}{c}}\right)\left(\sqrt{\frac{mg}{c}}\right)}{\left(v-\sqrt{\frac{mg}{c}}\right)\left(\sqrt{\frac{mg}{c}}\right)}\right)] = \left(\frac{c}{m}\right)(t)$$

$$\ln\left(\frac{(v+\sqrt{\frac{mg}{c}})(\sqrt{\frac{mg}{c}})}{(v-\sqrt{\frac{mg}{c}})(\sqrt{\frac{mg}{c}})}\right) = 2\sqrt{\frac{mg}{c}}\left(\frac{c}{m}t\right)$$

$$\frac{(v+\sqrt{\frac{mg}{c}})(\sqrt{\frac{mg}{c}})}{(v-\sqrt{\frac{mg}{c}})(\sqrt{\frac{mg}{c}})} = e^{2\sqrt{\frac{mg}{c}}\left(\frac{c}{m}t\right)}$$

$$\frac{(v+\sqrt{\frac{mg}{c}})}{(v-\sqrt{\frac{mg}{c}})} - 1 = e^{2*\sqrt{\frac{mg}{c}}\left(\frac{c}{m}t\right)} - 1$$

$$\frac{2*\sqrt{\frac{mg}{c}}}{v-\sqrt{\frac{mg}{c}}} = e^{2*\sqrt{\frac{mg}{c}}\left(\frac{c}{m}t\right)} - 1$$

$$v = \frac{2*\sqrt{\frac{mg}{c}}}{e^{2*\sqrt{\frac{mg}{c}}\left(\frac{c}{m}t\right)}{}_{-1}} + \sqrt{\frac{mg}{c}}$$

A esta ecuación $v(t) = \frac{2*\sqrt{\frac{mg}{c}}}{e^{2*\sqrt{\frac{mg}{c}}\left(\frac{c}{m}t\right)}{}_{-1}} + \sqrt{\frac{mg}{c}}$, la definiremos como la velocidad de la caída de un objeto cuando la fuerza de resistencia del aire es igual a $F_v = -cv^2$

1.1. EJERCICIOS DE APLICACIÓN

Ejemplo 1.1. Calcular las velocidades en intervalos tiempos de un paracaidista, con masa m = 68,1 kg, que salta de un globo aerostático fijo. Considere el coeficiente de resistencia del aire de 12,5 kg/s.

Solución:

Datos:

$m = 68.1\ kg$

$c = 12.5\ kg/s$

$v\ (0) = 0\ m/s$

$g = 9.80\ m/s^2$

Por teorema:

$$v(t) = \frac{mg}{c}\left[1 - e^{-\frac{ct}{m}}\right]$$

Para un $t = 0$; $v(0) = \frac{(68.1\ kg)(9.80\frac{m}{s^2})}{12.5\ kg/s}\left[1 - e^{-\frac{\frac{12.5kg}{s}(0\ s)}{68.1\ kg}}\right]$

$$v(0) = \frac{(68.1\ kg)(9.80\frac{m}{s^2})}{12.5\ kg/s}\left[1 - e^{-\frac{\frac{12.5kg}{s}(0\ s)}{68.1\ kg}}\right] = 0$$

Para un $t = 1$

$$v(1) = \frac{(68.1\ kg)(9.80\frac{m}{s^2})}{12.5\ kg/s}\left[1 - e^{-\frac{\frac{12.5kg}{s}(1\ s)}{68.1\ kg}}\right] = 8.95\ m/s$$

Para un $t = 2$

$$v(2) = \frac{(68.1\ kg)(9.80\frac{m}{s^2})}{12.5\ kg/s}\left[1 - e^{-\frac{\frac{12.5kg}{s}(2\ s)}{68.1\ kg}}\right] = 16.4048\ m/s$$

Así iteramos hasta encontrar valores muy altos o hasta que el objeto caiga a una superficie.

A) La solución computacional quedaría de la siguiente manera. Utilizaremos el programa MATLAB.

```
%PROBLEMA DEL PARACAIDISTA
clc;clear all;%Limpieza de Pantalla y archivos
m=input('Ingrese la masa del objeto=');
c=input('Ingrese el coeficiente de Resistencia=');
tn=input('Ingrese el tiempo a evaluar=');
g=9.81; % gravedad
i=1; %incrementamos la posicion de la velocidad
fprintf('\nNro | TIEMPO | VELOCIDAD    \n');
for t=0:tn
    %Velocidad del Paracaidista
    V(i)=(g*m/c)*(1-exp((-c/m)*t));
    %Imprimiendo Valores
    fprintf('%d \t %d \t %f \n ',i,t,V(i));
    %Guardamos los tiempos
    T(i)=t;
    i=i+1;
end
plot(T,V,'-r') %dibujar la grafica
%Titulo del Grafico
title('Grafico Caida de Paracaidista')
%Etiqueta en X
xlabel('Tiempo (seg)')
%Etiqueta en Y
ylabel('Velocidad [V(t)] m/seg')
```

Resultado de la ejecución del código

Ingrese la masa del objeto = 68.1

Ingrese el coeficiente de resistencia = 12.5

Ingrese el tiempo a evaluar = 10

Tabla 1. Resultado del ejemplo 1.1

Nro.	*Tiempo*	*Velocidad*
1	0	0.000000
2	1	8.962318
3	2	16.421721
4	3	22.630235
5	4	27.797627
6	5	32.098485
7	6	35.678121
8	7	38.657477
9	8	41.137217
10	9	43.201123
11	10	44.918926

Esta gráfica muestra la velocidad *vs.* el tiempo de caída del paracaidista. No se toma en cuenta una altura para este ejemplo, pero para aplicaciones más complejas se pueden considerar las ecuaciones de caída libre y utilizar los parámetros de altura y fuerzas en los diferentes ejes.

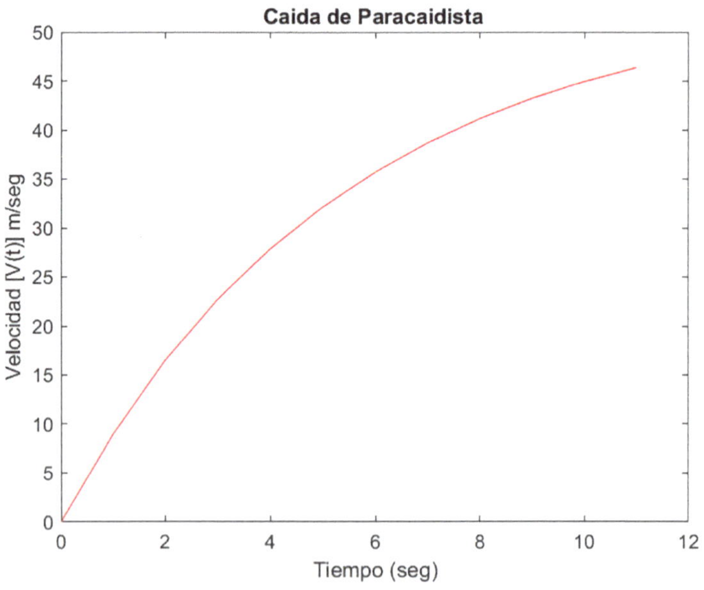

Figura 1. *Velocidad vs. el tiempo*

B) Para la misma solución utilizaremos Python.

```
import math
import matplotlib.pyplot as plt
m = float(input('Ingrese la masas : ')) #Ingre-
so por teclado de la masa
c = float(input('Ingrese el coeficiente del resisten-
cia : ')) #Ingreso de Coeficiente Resistencia
time = int( input('Ingrese tiempo a eva-
luar : ')) #iteraciones
g = 9.81  #Gravedad
i = 1     #Iteracion
T=[]      #Vector Acumulacion Tiempo
V=[]      #Vector Acumulacion Velocidad
t=0       #Tiempo Inicial
print('Iteracion | TIEMPO | VELOCIDAD')
for t in range(time):
   V.append((g*m/c)*(1-math.exp((-c/m)*t))) #Agrega-
mos la Velocidades
    print(i,'\t',t,'\t',V[t])
    T.append(t)  #Agregamos los Tiempos

plt.plot(T,V,'r')  #Graficamos la funcion
plt.grid(True) #dibujar grillas
#titulo de la grafica
plt.title("Caida de un paracaidista [ Veloci-
dad Vs. Tiempo]", fontsize = 13)
#titulo en eje X
plt.xlabel("Tiempo (seg)", fontsize = 10)
#titulo en eje Y
plt.ylabel("Velocidad (m/s)", fontsize = 10)
plt.show()
```

Resultado de la ejecución del código

Tabla 2. Resultado tiempo vs. velocidad

Tiempo	*Velocidad*
1	0.0
2	8.9623181081134
3	16.42172057920007
4	22.630235447165056
5	27.797627475567975
6	32.09848540102452
7	35.678120697377175
8	38.657477159967954
9	41.13721718829596
10	43.201122828759345

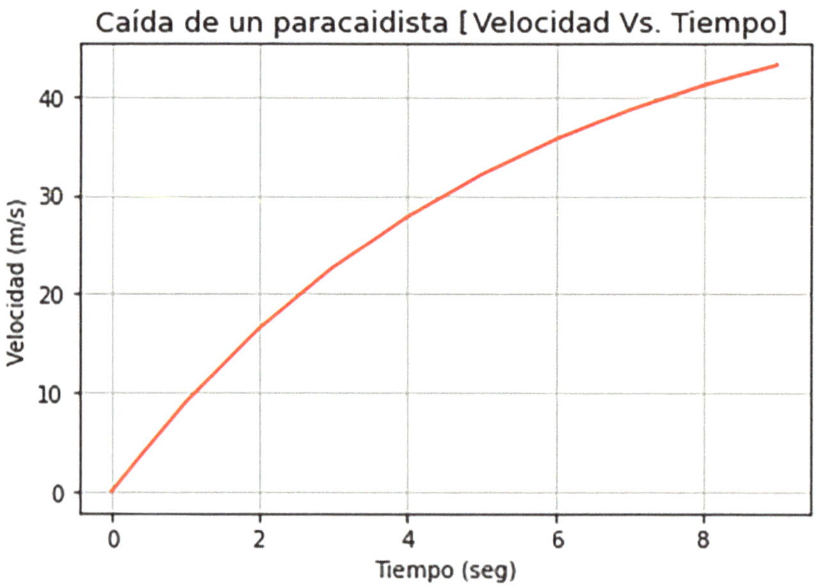

Figura 2. *Gráfico de la caída del paracaidista en Python*

Ejemplo 1.2. De la pregunta anterior, si la altura de caída del paracaidista fuere $h = 1000\ m$, ¿cuánto tiempo estaría suspendido en el aire? ¿Cuál sería su velocidad final antes de llegar al piso?

Datos:

$$h = 1000m$$

Por teorema:

$$h = v_0 t + \frac{1}{2} g t^2$$

Solución

$$h = (0)t + \frac{1}{2} g t^2$$

$$1000\ m = \frac{1}{2}\left(9.8 \frac{m}{s^2}\right) t^2$$

$$t = \frac{2000}{9.8} = \sqrt{(204.081\ s)} = 14.286s$$

La velocidad en el último segundo

$$v(t_{=14.286}) = \frac{(68.1\ kg)(9.80 \frac{m}{s^2})}{12.5\ kg/s}\left[1 - e^{-\frac{\frac{12.5kg}{s}(14.286\ s)}{68.1\ kg}}\right] = 49.5121 \frac{m}{s}$$

Para analizar la forma computacional, cambiaremos una parte del código solo en la iteración del tiempo (14 seg) hasta encontrar la velocidad en $t = 14.28$.

```
fprintf('| TIEMPO | VELOCIDAD    \n');
for t=14:0.1:tn
   %Velocidad del Paracaidista
   V(i)=(g*m/c)*(1-exp((-c/m)*t));
   %Imprimiendo Valores
   fprintf(' %.4f \t %.4f \n ',t,V(i));
   %Guardamos los tiempo
   T(i)=t;
   i=i+1;
end
```

Probando el algoritmo

- Ingrese la masa del objeto = 68.1
- Ingrese el coeficiente de resistencia = 12.5
- Ingrese el tiempo a evaluar = 15

Resultados ejecutados

Tiempo	***Velocidad***
14.0000	49.3534
14.1000	49.4278
14.2000	49.5009
14.3000	49.5726
14.4000	49.6431
14.5000	49.7122
14.6000	49.7801
14.7000	49.8468
14.8000	49.9122
14.9000	49.9764
15.0000	50.0395

1.2. EJERCICIOS RESUELTOS DEL CAPÍTULO I

En esta sección mostraremos ejercicios resueltos del Capítulo I, aplicación práctica

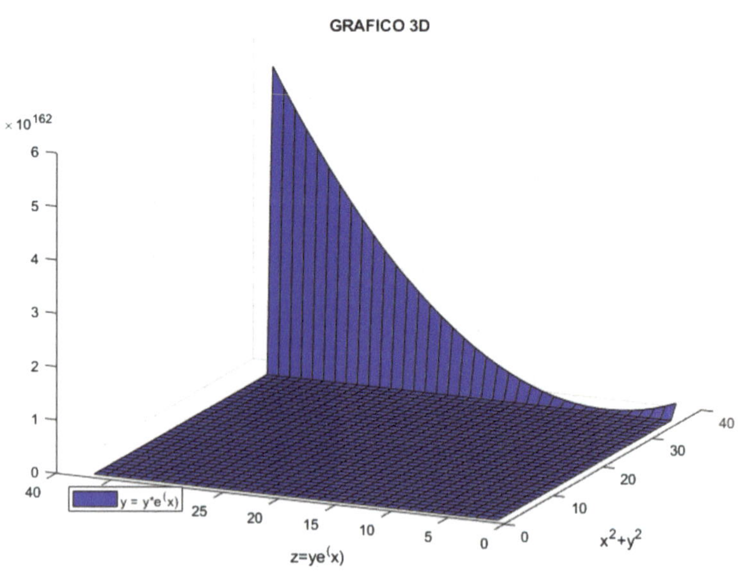

Ejercicios

1.1 Determine las raíces reales de f(x) = -0.5x² + 2.5x + 4.5

a) Gráficamente

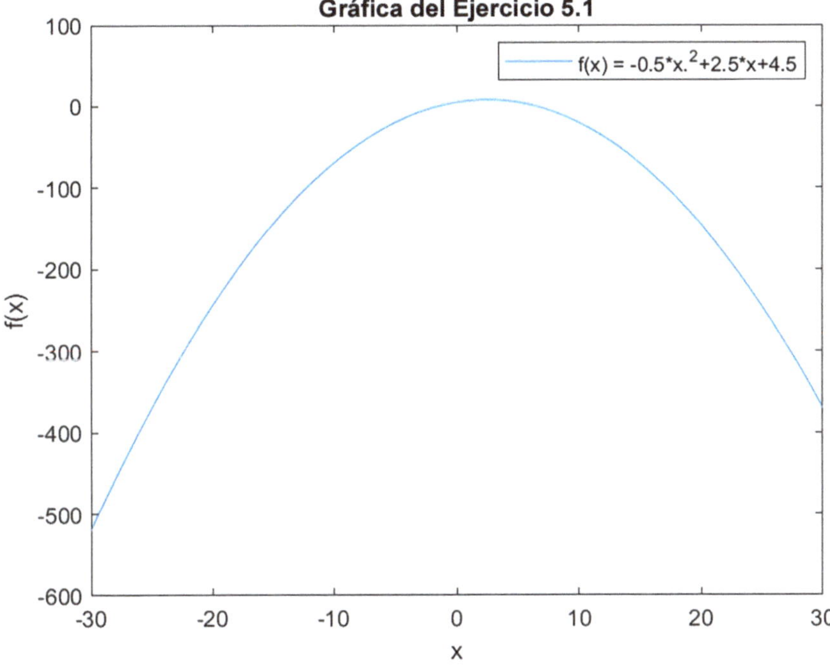

Figura 3. *Gráfico de la función*

```
x=-30:1:30
fx=-0.5*x.^2+2.5*x+4.5
plot(x,fx)
title({'Gráfica del Ejercicio 5.1'})
%Crear la leyenda
legend({'f(x) = -0.5*x.^2+2.5*x+4.5'})
% Crear la etiqueta y
ylabel({'f(x)'});
% Crear la etiqueta x
xlabel({'x'});
```

b) Empleando la fórmula cuadrática

$$\frac{-b \pm \sqrt{b^2 - 4ac}}{2a}$$

Donde:

a = -0.5

b = 2.5

c = 4.5

$$r1 = \frac{-2.5+\sqrt{2.5^2-4(-0.5)(4.5)}}{2(-0.5)} = -1.4051$$

$$r2 = \frac{-2.5-\sqrt{2.5^2-4(-0.5)(4.5)}}{2(-0.5)} = 6.4051$$

c) Usando el método de bisección con tres iteraciones para determinar la raíz más grande, emplee como valores iniciales Xi = 5 y Xu = 10. Calcule el error estimado Ea y el error verdadero Et para cada iteración.

- Valor verdadero = 6.4051

Primera iteración:

Xi = 5

Xu = 10

Xr = $\frac{5+10}{2} = 7.5$

$f(Xi) = f(5) = -0.5(5)^2 + 2.5(5) + 4.5 = 4.5$

$f(Xr) = f(7.5) = -0.5(7.5)^2 + 2.5(7.5) + 4.5 = -4.875$

$f(Xi) * f(Xr) = -21.9375 < 0$

⇨ Xu = Xr

$$E_t = \left|\frac{6.4051 - 7{,}5}{6.4051}\right| * 100\% = 17.09\%$$

Segunda iteración:

Xi = 5

Xu = 7.5

Xr = $\frac{5+7.5}{2} = 6.25$

$f(Xi) = f(5) = -0.5(5)^2 + 2.5(5) + 4.5 = 4.5$

$f(Xr) = f(6.25) = -0.5(7.5)^2 + 2.5(7.5) + 4.5 = 0{,}5938$

$f(Xi) * f(Xr) = 2{,}6721 > 0$

⇨ Xi = Xr

$$E_a = \left|\frac{6.25 - 7{,}5}{6.25}\right| * 100\% = 20.00\%$$

$$E_t = \left|\frac{6.4051 - 6{,}25}{6.4051.}\right| * 100\% = 2.42\%$$

Tercera iteración:

Xi = 6.25

Xu = 7.5

Xr = $\frac{6.25+7.5}{2} = 6{,}875 = 6{,}88$

$f(Xi) = f(6.25) = -0.5(7.5)^2 + 2.5(7.5) + 4.5 = 0{,}5938$

$f(Xr) = f(6.88) = -0.5(6.88)^2 + 2.5(6.88) + 4.5 = -1.9672$

$f(Xi) * f(Xr) = -1.1681 < 0$

⇨ Xu = Xr

$$E_a = \left|\frac{6.88 - 6.25}{6.88}\right| * 100\% = 9.1570\% = 9.16\%$$

$$E_t = \left|\frac{6.4051 - 6{,}88}{6.4051.}\right| * 100\% = 7.41\%$$

```
xi=5;
xu=10;
vv=6.4051;
for i=1:3
    fprintf('\nITERACION %d\n',i);
    fprintf('Xi: %.5f\n',round(xi,5))
    fprintf('Xu: %.5f\n',round(xu,5))
    xrn=round((xi+xu)/2,2);
    fprintf('Xr: %.5f\n',xrn)
    fxi=-0.5*xi.^2+2.5*xi+4.5;
    fprintf('f(Xi): %.5f\n',fxi)
    fxrn=-0.5*xrn.^2+2.5*xrn+4.5;
    fprintf('f(Xr): %.5f\n',fxrn)
    fas=fxi*fxrn;
    fprintf('f(Xi)*f(Xr): %.5f',fas)
    if fas>0
        fprintf(' > 0\n')
        xi=round(xrn,5);
        fprintf('Xi = Xr = %.5f\n',xi)
    elseif fas<0
        fprintf(' < 0\n')
        xu=round(xrn,5);
        fprintf('Xu = Xr = %.5f\n',xu)
    end
    Et=round(abs((vv-xrn)/vv*100),2);
    fprintf('Et = %.5f\n',Et)
    if i>=2

        e=round(abs((xrn-xra)/xrn*100),2);
        fprintf('Ea = %.5f\n',e)
    end
    xra=xrn;
end
```

1.2 Determine las raíces reales de $f(x) = 5x^3 - 5x^2 + 6x - 2$

a) Gráficamente

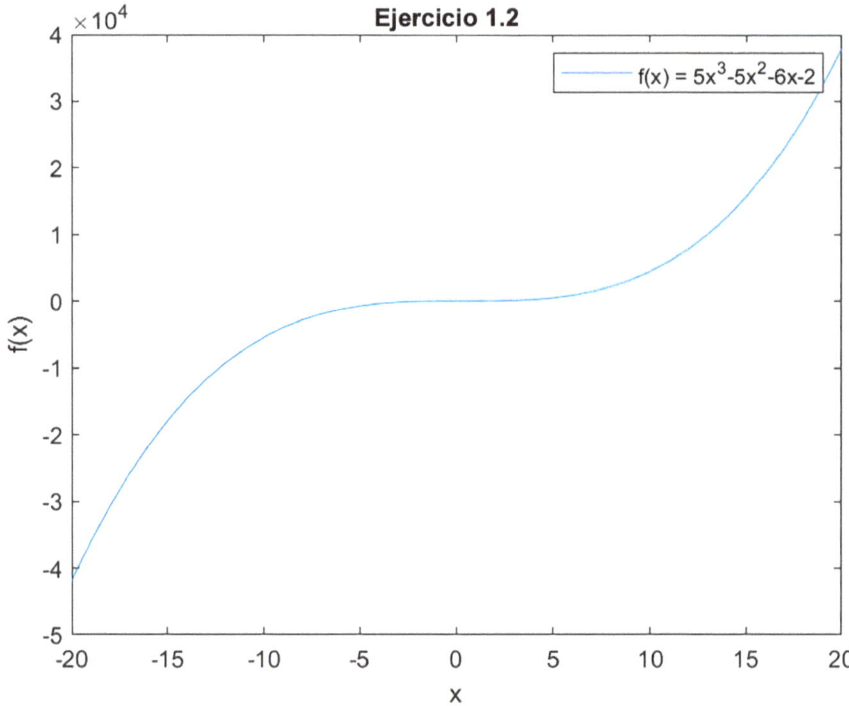

Figura 4. *Gráfico ejercicio 1.2*

```
x=-20:1:20
fx=5*x.^3-5*x.^2-6*x-2
plot(x,fx)
title({'Gráfica del Ejercicio 1.2'})
% Crear la leyenda
legend({'f(x) = 5x^3-5x^2+6x-2'})
% Crear la etiqueta y
ylabel({'f(x)'});
% Crear la etiqueta x
xlabel({'x'});
```

b) Utilizando el método de bisección para localizar la raíz más pequeña, use los valores iniciales Xi = 0 y Xu = 1 iterando hasta que el error estimado Ea se encuentre debajo de Es = 10%.

Primera iteración:

Xi = 0

Xu = 1

Xr = $\frac{0+1}{2} = 0.5$

$f(Xi) = f(0) = 5(0)^3 - 5(0)^2 + 6(0) - 2 =$ -2

$f(Xr) = f(0.5) = 5(0.5)^3 - 5(0.5)^2 + 6(0.5) - 2 = 0.375$

$f(Xi) * f(Xr) < 0$

⇨ Xu = Xr

Segunda iteración:

Xi = 0

Xu = 0.5

Xr = $\frac{0+0.5}{2} = 0.25$

$f(Xi) = f(0) = 5(0)^3 - 5(0)^2 + 6(0) - 2 =$ -2

$f(Xr) = f(0.25) = 5(0.25)^3 - 5(0.25)^2 + 6(0.25) - 2 = -0.7344$

$f(Xi) * f(Xr) > 0$

Xi = Xr

$$E_a = \left|\frac{0.25 - 0.5}{0.25}\right| * 100\% = 100\%$$

Tercera iteración:

Xi = 0.25

Xu = 0.5

Xr = $\frac{0.25+0.5}{2} = 0.375$

$f(Xi) = f(0.25) = 5(0.25)^3 - 5(0.25)^2 + 6(0.25) - 2 = -0.7344$

$f(Xr) = f(0.375) = 5(0.375)^3 - 5(0.375)^2 + 6(0.375) - 2 = -0{,}1895$

$f(Xi) * f(Xr) > 0$

Xi = Xr

$$E_a = \left|\frac{0.375 - 0.25}{0.375}\right| * 100\% = 33{,}3333\% = 33{,}33\%$$

Cuarta iteración:

Xi = 0.375

Xu = 0.5

Xr = $\frac{0.375+0.5}{2} = 0.4375$

$f(Xi) = f(0.375) = 5(0.375)^3 - 5(0.375)^2 + 6(0.375) - 2 = -0{,}1895$

$f(Xr) = f(0.4375) = 5(0.4375)^3 - 5(0.4375)^2 + 6(0.4375) - 2 = 0{,}0867$

$f(Xi) * f(Xr) < 0$

Xu = Xr

$$E_a = \left|\frac{0.4375 - 0.375}{0.4375}\right| * 100\% = 14.28571\% = 14.29\%$$

Quinta iteración:

Xi = 0.375

Xu = 0.4375

Xr = $\frac{0.375+0.4375}{2} = 0.40625$

$f(Xi) = f(0.4375) = 5(0.4375)^3 - 5(0.4375)^2 + 6(0.4375) - 2 = 0{,}0867$

$f(Xr) = f(0.40625) = 5(0.40625)^3 - 5(0.40625)^2 + 6(0.40625) - 2 = -0{,}0525$

$f(Xi) * f(Xr) < 0$

Xu = Xr

$$E_a = \left|\frac{0.40625 - 0.4375}{0.40625}\right| * 100\% = 7.692308\% = 7.69\%$$

```
xi=0;
xu=1;
Ea=100;
Es=10;
i=1;
while (Ea > Es)
    fprintf('\nITERACION %d\n',i);
    fprintf('Xi: %.5f\n',round(xi,5))
    fprintf('Xu: %.5f\n',round(xu,5))
    xrn=round((xi+xu)/2,5);
    fprintf('Xr: %.5f\n',xrn)
    fxi=5*xi.^3-5*xi.^2+6*xi-2;
    fprintf('f(Xi): %.5f\n',fxi)
    fxrn=5*xrn.^3-5*xrn.^2+6*xrn-2;
    fprintf('f(Xr): %.5f\n',fxrn)
    fas=fxi*fxrn;
    fprintf('f(Xi)*f(Xr): %.5f',fas)
    if fas>0
        fprintf(' > 0\n')
        xi=round(xrn,5);
        fprintf('Xi = Xr = %.5f\n',xi)
    elseif fas<0
        fprintf(' < 0\n')
        xu=round(xrn,5);
        fprintf('Xu = Xr = %.5f\n',xu)
    end
    if i>=2
        Ea=round(abs((xrn-xra)/xrn*100),2);
        fprintf('Ea = %.5f\n',Ea)
    end
    xra=xrn ; i=i+1;
  end;
```

1.3 Determine las raíces reales de $f(x) = -25182x - 90x^2 + 44x^3 - 8x^4 + 0.7x^5$

a) Gráficamente

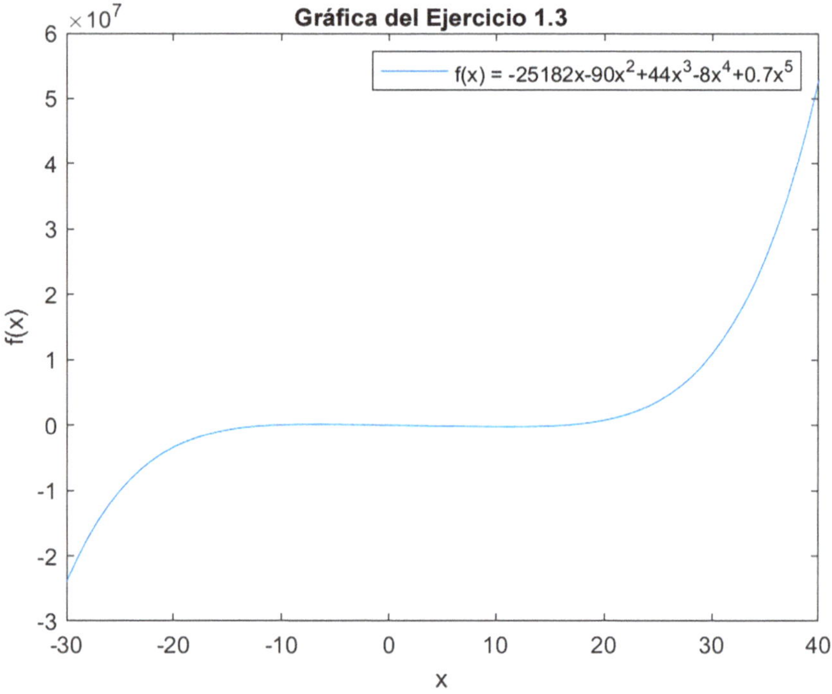

Figura 5. *Gráfico ejercicio 1.3*

```
x=-30:1:40
fx=-25182*x-90*x.^2+44*x.^3-8*x.^4+0.7*x.^5
plot(x,fx)
title({'Gráfica de la funcion'})
% Crear la leyenda
legend({'f(x) = -25182x-90x^2+44x^3-8x^4+0.7x^5'})
% Crear la etiqueta y
ylabel({'f(x)'});
% Crear la etiqueta x
xlabel({'x'});
```

b) Usando el método de bisección para localizar la raíz más grande con Es = 10%, utilice como valores iniciales Xi = 0.5 y Xu = 1.0.

Primera iteración:

Xi = 0.5

Xu = 1.0

$Xr = \frac{0.5+1}{2} = 0.75$

$f(Xi) = f(0.5) = -12608.4781$

$f(Xr) = f(0.75) = -18920.9276$

$f(Xi) * f(Xr) > 0$

⇨ Xi = Xr

Segunda iteración:

Xi = 0.75

Xu = 1.0

$Xr = \frac{0.75+1}{2} = 0.875$

$f(Xi) = f(0.75) = -18920.9276$

$f(Xr) = f(0.875) = -22078.0101$

$f(Xi) * f(Xr) > 0$ => Xi = Xr

$$E_a = \left|\frac{0.875 - 0.75}{0.875}\right| * 100\% = 14.2857\%$$

Tercera iteración:

Xi = 0.875

Xu = 1.0

$Xr = \frac{0.875+1}{2} = 0.9375$

$f(Xi) = f(0.875) = -22078.0101$

$f(Xr) = f(0.9375) = -23656.6446$

$f(Xi) * f(Xr) > 0$ => Xi = Xr

$$E_a = \left|\frac{0.9375 - 0.875}{0.9375}\right| * 100\% = 6.6777\%$$

```
xi=0.5;
xu=1;
Ea=100;
Es=10;
i=1;
while (Ea > Es)
    fprintf('\nITERACION %d\n',i);
    fprintf('Xi: %.5f\n',round(xi,5))
    fprintf('Xu: %.5f\n',round(xu,5))
    xrn=round((xi+xu)/2,5);
    fprintf('Xr: %.5f\n',xrn)
    fxi=-25182*xi-90*xi.^2+44*xi.^3-8*xi.^4+0.7*xi.^5;
    fprintf('f(Xi): %.5f\n',fxi)
    fxrn=-25182*xrn-90*xrn.^2+44*xrn.^3-8*xrn.^4+0.7*xrn.^5;
    fprintf('f(Xr): %.5f\n',fxrn)
    fas=fxi*fxrn;
    fprintf('f(Xi)*f(Xr): %.5f',fas)
    if fas>0
        fprintf(' > 0\n')
        xi=round(xrn,5);
        fprintf('Xi = Xr = %.5f\n',xi)
    elseif fas<0
        fprintf(' < 0\n')
        xu=round(xrn,5);
        fprintf('Xu = Xr = %.5f\n',xu)
    end
    if i>=2
        Ea=round(abs((xrn-xra)/xrn*100),2);
        fprintf('Ea = %.5f\n',Ea)
    end
    xra=xrn ;
    i=i+1;
  end;
```

c) Realice el mismo cálculo que en b), pero con el método de la falsa posición y Es = 0.2%.

$$X_r = X_u - \frac{f(X_u)(X_i - X_u)}{f(X_i) - f(X_u)}$$

Primera iteración

Xi = 0.5
Xu = 1.0

$$\mathbf{f(Xi) = f(0.5) = -12608.4781}$$

$$\mathbf{f(Xu) = f(1) = -25235.3}$$

$$\mathbf{X_r = 1 - \frac{-25235.3(0.5-1)}{-12608.4781-(-25235.3)} = 0,000726}$$

$$\mathbf{f(Xi) * f(Xr) > 0}$$

Xi = Xr

Segunda iteración:

Xi = 0.000726
Xu = 1

$$f(Xi) = f(0.000726) = -18{,}2822$$

$$f(Xu) = f(1) = -25235.3$$

$X_r = 0.000726 - \frac{-25235.3(0.000726-1)}{-18.2822-(-25235.3)} = 0{,}000001533$ => f(xr) = -0.0386

$$f(Xi) * f(Xr) > 0$$

Xi = Xr

$$E_a = \left|\frac{0{,}0000015 - 0{,}000726}{0{,}000002}\right| * 100\% = 48326\%$$

```
xi=0.5;
xu=1;
Ea=100;
Es=2;
i=1;
while (Ea > Es)
    fprintf('\nITERACION %d\n',i);
    fprintf('Xi: %.7f\n',round(xi,7))
    fprintf('Xu: %.7f\n',round(xu,7))
        fxi=-25182*xi-90*xi.^2+44*xi.^3-8*xi.^4+0.7*xi.^5;
    fprintf('f(Xi): %.7f\n',fxi)
    fxu=-25182*xu-90*xu.^2+44*xu.^3-8*xu.^4+0.7*xu.^5;
    fprintf('f(Xu): %.7f\n',fxu)
    xrn=round(xu-(fxu*(xi-xu))/(fxi-fxu),7);
    fprintf('Xr: %.7f\n',xrn)
    fxrn=-25182*xrn-90*xrn.^2+44*xrn.^3-8*xrn.^4+0.7*xrn.^5;
    fprintf('f(Xr): %.7f\n',fxrn)
    fas=fxi*fxrn;
    fprintf('f(Xi)*f(Xr): %.7f',fas)
    if fas>0
        fprintf(' > 0\n')
        xi=round(xrn,7);
        fprintf('Xi = Xr = %.7f\n',xi)
    elseif fas<0
        fprintf(' < 0\n')
        xu=round(xrn,7);
        fprintf('Xu = Xr = %.7f\n',xu)
    end
    if i>=2
        Ea=round(abs((xrn-xra)/xrn*100),2);
        fprintf('Ea = %.7f\n',Ea)
    end
    xra=xrn ;
    i=i+1;
  end;
```

1.4 Calcule las raíces reales de $f(x) = -12 - 21x + 18x^2 - 2.75x^3$

a) Gráficamente

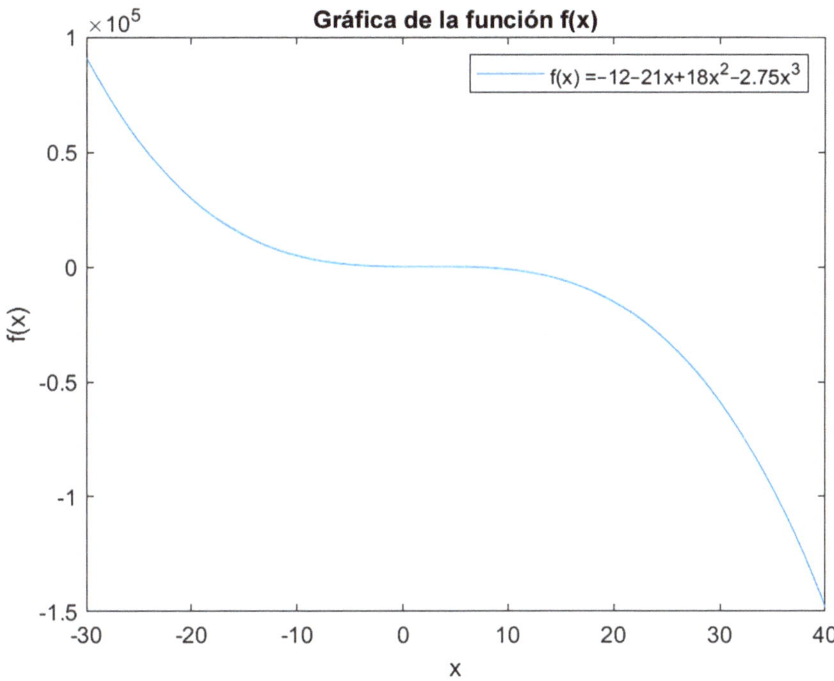

Figura 6. *Gráfico f(x)*

```
x=-30:1:40
fx=-12-21*x+18*x.^2-2.75*x.^3
plot(x,fx)
title({'Gráfica de la funcion'})
%Crear la leyenda
legend({'f(x) =-12-21x+18x^2-2.75x^3'})
% Crear la etiqueta y
ylabel({'f(x)'});
% Crear la etiqueta x
xlabel({'x'});
```

b) Con el método de la falsa posición con un valor de ε_s correspondiente a tres cifras significativas para determinar la raíz más pequeña.

$$X_r = X_u - \frac{f(X_u)(X_i - X_u)}{f(X_i) - f(X_u)}$$

Primera iteración:

Xi = -0.5

Xu = 0

$f(Xi) = f(-0.5) = 3.34$

$f(Xu) = f(0) = -12$

$X_r = 0 - \frac{-12*(-0.5-0)}{3{,}34-(-12)} = -0.3910 = -0.39$

=> f(Xr) = -17,62

F(Xi)*f(Xr)<0

⇨ Xu = Xr

Segunda iteración:

Xi = -0.5

Xu = -0.39

$f(Xi) = f(-0.5) = 3{,}34$

$f(Xu) = f(-0.39) = -0{,}91$

$$X_r = -0.39 - \frac{-0.91*(-0.5-(-0.39))}{3.34-(-0.91)} = -0.4135 = -0.414$$

f(Xr) = -0,17

F(Xi)*f(Xr)<0

⇨ Xu = Xr

$$E_a = \left|\frac{-0.414 - (-0.39)}{-0.414}\right| * 100\% = 5.7972\% = 5.80\,\%$$

Tercera iteración:

Xi = -0.5

Xu = -0.414

$f(Xi) = f(-0.5) = 3{,}34$

$f(Xu) = f(-0.414) = -0{,}03$

$$X_r = -0.414 - \frac{-0.03*(-0.5-(-0.414))}{3.34-(-0.03)} = -0.4147 = -0.415$$

f(Xr) = -0,17

F(Xi)*f(Xr)<0

⇨ Xu = Xr

$$E_a = \left|\frac{-0.415 - (-0.414)}{-0.415}\right| * 100\% = 0.24096\% = 0.24\,\%$$

```
xi=-0.5;
xu=0;
Ea=100;
Es=0;
i=1;
xrn=10;
while (Ea > Es)
    fprintf('\nITERACION %d\n',i);
    fprintf('Xi: %.5f\n',round(xi,5))
    fprintf('Xu: %.5f\n',round(xu,5))
        fxi=-12-21*xi+18*xi.^2-2.75*xi.^3;
    fprintf('f(Xi): %.5f\n',fxi)
    fxu=-12-21*xu+18*xu.^2-2.75*xu.^3;
    fprintf('f(Xu): %.5f\n',fxu)
    xrn=round(xu-(fxu*(xi-xu))/(fxi-fxu),3);
    fprintf('Xr: %.5f\n',xrn)
    fxrn=-12-21*xrn+18*xrn.^2-2.75*xrn.^3;
    fprintf('f(Xr): %.5f\n',fxrn)
    fas=fxi*fxrn;
    fprintf('f(Xi)*f(Xr): %.5f',fas)
    if fas>0
        fprintf(' > 0\n')
        xi=round(xrn,5);
        fprintf('Xi = Xr = %.5f\n',xi)
    elseif fas<0
        fprintf(' < 0\n')
        xu=round(xrn,5);
        fprintf('Xu = Xr = %.5f\n',xu)
    end
    if i>=2
        Ea=round(abs((xrn-xra)/xrn*100),5);
        fprintf('Ea = %.5f\n',Ea)
    end
    xra=xrn ;
    i=i+1;
  end;
```

1.5 Localice la primera raíz no trivial de *sen* $x = x^2$, donde x está en radianes. Use una técnica gráfica y bisección con un intervalo inicial de 0.5 a 1. Haga el cálculo hasta que *Ea* sea menor que Es = 2%. Realice también una prueba de error sustituyendo la respuesta final en la ecuación original. $f(X) = Senx - x^2$

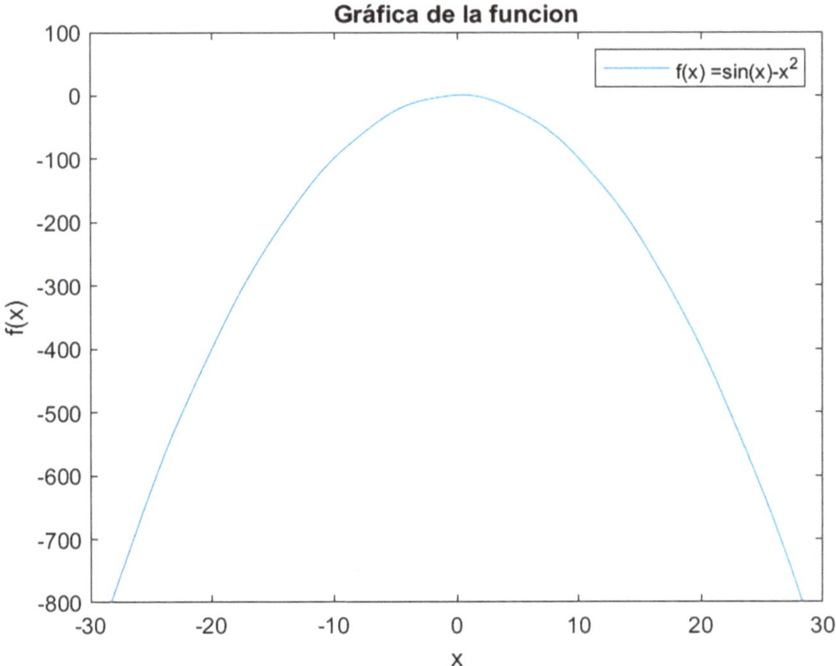

Figura 7. *Grafica de función Sen(x)*

```
x=-9*pi:pi/10:9*pi
fx=sin(x)-x.^2
plot(x,fx)
title({'Gráfica del Ejercicio 5.5'})
%Crear la leyenda
legend({'f(x) =sin(x)-x^2'})
% Crear la etiqueta y
ylabel({'f(x)'});
% Crear la etiqueta x
xlabel({'x'});
```

Primera iteración:

Xi = 0.5

Xu = 1

Xr = $\frac{0.5+1}{2} = 0.75$

$f(Xi) = f(0.5) = Sen(0.5) - (0.5)^2 = 0{,}2294$

$f(Xr) = f(0.75) = Sen(0.75) - (0.5)^2 = 0.1191$

$f(Xi) * f(Xr) > 0$

⇨ Xi = Xr

Segunda iteración:

Xi = 0.75

Xu = 1.00

Xr = $\frac{0.75+1}{2} = 0.875$

$f(Xi) = f(0.75) = 0.1191$

$f(Xr) = f(0.875) = 0.0019$

$f(Xi) * f(Xr) > 0$

⇨ Xi = Xr

$$E_a = \left|\frac{0.875 - 0.75}{0.875}\right| * 100\% = 14.29\%$$

Tercera iteración:

Xi = 0.875

Xu = 1

Xr = $\frac{0.875+1}{2} = 0.9375$

$f(Xi) = f(0.875) = 0.0019$

$f(Xr) = f(0.9375) = -0.0728$

$f(Xi) * f(Xr) < 0$

⇨ Xu = Xr

$$E_a = \left|\frac{0.9375 - 0.875}{0.9375}\right| * 100\% = 6.67\%$$

Cuarta iteración:

Xi = 0.875

Xu = 0.9375

Xr = $\frac{0.875+0.9375}{2} = 0.90625$

$f(Xi) = f(0.875) = 0.0019$

$f(Xr) = f(0.90625) = -0{,}03409$

$f(Xi) * f(Xr) < 0$

⇨ Xu = Xr

$$E_a = \left|\frac{0.90625 - 0.9375}{0.90625}\right| * 100\% = 3.45\%$$

Quinta iteración

Xi = 0.87500

Xu = 0.90625

Xr = $\frac{0.87500+0.90625}{2}$ = 0.89063

$f(Xi) = f(0.875) = 0.0019$

$f(Xr) = f(0.89063) = -0{,}01575$

$f(Xi) * f(Xr) < 0$

⇨ Xu = Xr

$$E_a = \left|\frac{0.89063 - 0.90625}{0.89063}\right| * 100\% = 1.75\%$$

```
xi=0.5;
xu=1;
Ea=100;
Es=2;
i=1;
while (Ea > Es)
    fprintf('\nITERACION %d\n',i);
    fprintf('Xi: %.5f\n',round(xi,5))
    fprintf('Xu: %.5f\n',round(xu,5))
    xrn=round((xi+xu)/2,5);
    fprintf('Xr: %.5f\n',xrn)
    fxi=sin(xi)-xi^2;
    fprintf('f(Xi): %.5f\n',fxi)
    fxrn=sin(xrn)-xrn^2;
    fprintf('f(Xr): %.5f\n',fxrn)
    fas=fxi*fxrn;
    fprintf('f(Xi)*f(Xr): %.5f',fas)
    if fas>0
        fprintf(' > 0\n')
        xi=round(xrn,5);
        fprintf('Xi = Xr = %.5f\n',xi)
    elseif fas<0
        fprintf(' < 0\n')
        xu=round(xrn,5);
        fprintf('Xu = Xr = %.5f\n',xu)
    end
    if i>=2
        Ea=round(abs((xrn-xra)/xrn*100),2);
        fprintf('Ea = %.5f\n',Ea)
    end
    xra=xrn ;
    i=i+1;
  end;
```

1.6 Determine la raíz real de ln $x^2 = 0.7$

a) Gráficamente

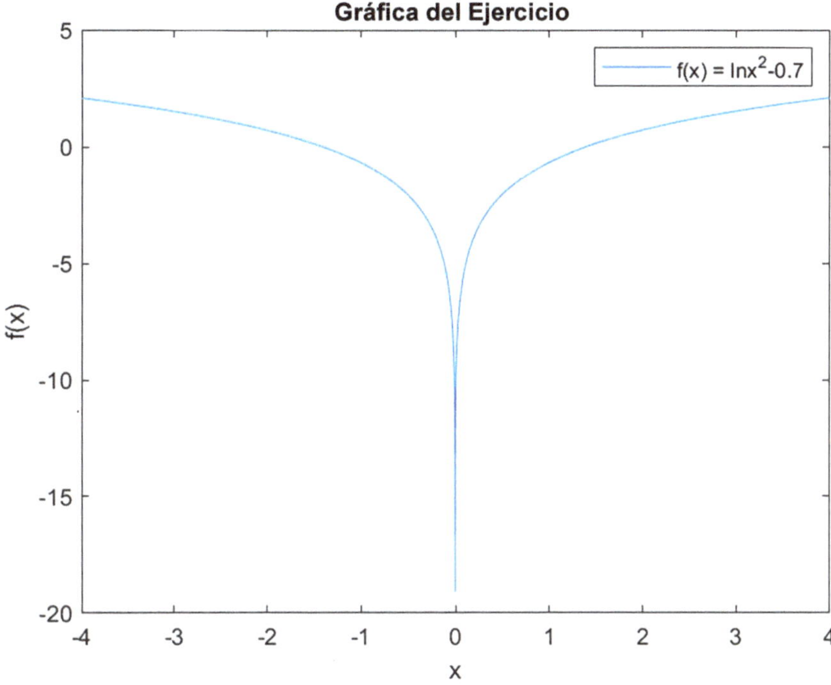

Figura 8. *Gráfico f(x)*

```
x=-4:0.0001:4
fx=log(x.^2)-0.7
plot(x,fx)
title({'Gráfica del Ejercicio 5.6'})
%Crear la leyenda
legend({'f(x) = lnx^2-0.7'})
% Crear la etiqueta y
ylabel({'f(x)'});
% Crear la etiqueta x
xlabel({'x'});
```

b) Empleando tres iteraciones en el método de bisección con los valores iniciales Xi = 0.5 y Xu = 2.

Primera iteración:

Xi = 0.5

Xu = 2

Xr = $\frac{0.5+2}{2} = 1.25$

$f(Xi) = f(0.5) = -2.08629$

$f(Xr) = f(1.25) = -0.24371$

$f(Xi) * f(Xr) > 0$

⇨ Xi = Xr

Segunda iteración:

Xi = 1.25

Xu = 2.00

Xr = $\frac{1.25+2}{2} = 1.625$

$f(Xi) = f(1.25) = -0.25371$

$f(Xr) = f(1.625) = 0.27102$

$f(Xi) * f(Xr) < 0$

⇨ Xu = Xr

$$E_a = \left|\frac{1.625 - 1.25}{1.625}\right| * 100\% = 23.08\%$$

Tercera iteración:

Xi = 1.25

Xu = 1.625

Xr = $\frac{1.25+1.625}{2} = 1.4375$

$f(Xi) = f(1.25) = -0.25371$

$f(Xr) = f(1.4375) = 0.02581$

$f(Xi) * f(Xr) < 0$

⇨ Xu = Xr

$$E_a = \left|\frac{1.4375 - 1.625}{1.4375}\right| * 100\% = 13.04\%$$

Tabla 3. Tabla resultado ejercicio 1.5

N	Xi	Xu	Xr	f(Xi)*f(Xr)	Et (%)	Ea (%)
1	0.5	2	1.25	+	11.97	
2	1.25	2	1.625	-	14.43	23.076
3	1.25	1.625	1.437	-	1.23	13.052

```
xi=0.5;
xu=2;
for i=1:3
    fprintf('\nITERACION %d\n',i);
    fprintf('Xi: %.5f\n',round(xi,5))
    fprintf('Xu: %.5f\n',round(xu,5))
    xrn=round((xi+xu)/2,5);
    fprintf('Xr: %.5f\n',xrn)
    fxi=log(xi.^2)-0.7;
    fprintf('f(Xi): %.5f\n',fxi)
    fxrn=log(xrn.^2)-0.7;
    fprintf('f(Xr): %.5f\n',fxrn)
    fas=fxi*fxrn;
    fprintf('f(Xi)*f(Xr): %.5f',fas)
    if fas>0
        fprintf(' > 0\n')
        xi=round(xrn,5);
        fprintf('Xi = Xr = %.5f\n',xi)
    elseif fas<0
        fprintf(' < 0\n')
        xu=round(xrn,5);
        fprintf('Xu = Xr = %.5f\n',xu)
    end
    if i>=2
        Ea=round(abs((xrn-xra)/xrn*100),2);
        fprintf('Ea = %.5f\n',Ea)
    end
    xra=xrn ;
    i=i+1;
  end;
```

c) Usando tres iteraciones del método de la falsa posición, con los mismos valores iniciales de b)

$$X_r = X_u - \frac{f(X_u)(X_i - X_u)}{f(X_i) - f(X_u)}$$

Primera iteración:

Xi = 0.5

Xu = 2

$f(Xi) = f(0.5) = -2.08629$

$f(Xu) = f(0) = 0.68629$

$X_r = 2 - \frac{0.68629*(0.5-2)}{-2.08629-0.68629} = 1.62871$

=> f(Xr) = 0.27593

F(Xi)*f(Xr)<0

⇨ Xu = Xr

Segunda iteración:

Xi = 0.5

Xu = 1.62871

$f(Xi) = f(0.5) = -2.08629$

$f(Xu) = f(1.629) = 0.27558$

$$X_r = 1.62871 - \frac{0.27558 * (0.5 - 1.62871)}{-2.08629 - 0.27558} = 1.49702$$

f(Xr) = -0,10695

F(Xi)*f(Xr)<0

⇨ Xu = Xr

$$E_a = \left|\frac{1.49702 - 1.62871}{1.49702}\right| * 100\% = 8.79681\% = 8.797\,\%$$

Tercera iteración:

Xi = 0.5

Xu = 1.49702

$f(Xi) = f(0.5) = -2.08629$

$f(Xu) = f(1.49702) = 0.10695$

$X_r = 1.44840$

f(Xr) = 0.044840

F(Xi)*f(Xr)<0

⇨ Xu = Xr

$$E_a = \left|\frac{1.44840 - 1.49702}{1.44840}\right| * 100\% = 3.35681\% = 3.357\,\%$$

Tabla 4. Tabla de resultado ejemplo 1.6 c)

N	*Xi*	*Xu*	*Xr*	*Et %*	*Ea %*
1	0.5	2	1.689	14.776	
2	0.5	1.689	1.497	5.493	8.797
3	0.5	1.497	1.442	2.066	3.357

```
xi=0.5;
xu=2;
for i=1:3
    fprintf('\nITERACION %d\n',i);
    fprintf('Xi: %.5f\n',round(xi,5))
    fprintf('Xu: %.5f\n',round(xu,5))
        fxi=log(xi.^2)-0.7;
    fprintf('f(Xi): %.5f\n',fxi)
    fxu=log(xu.^2)-0.7;
    fprintf('f(Xu): %.5f\n',fxu)
    xrn=round(xu-(fxu*(xi-xu))/(fxi-fxu),5);
    fprintf('Xr: %.5f\n',xrn)
    fxrn=log(xrn.^2)-0.7;
    fprintf('f(Xr): %.5f\n',fxrn)
    fas=fxi*fxrn;
    fprintf('f(Xi)*f(Xr): %.5f',fas)
    if fas>0
        fprintf(' > 0\n')
        xi=round(xrn,5);
        fprintf('Xi = Xr = %.5f\n',xi)
    elseif fas<0
        fprintf(' < 0\n')
        xu=round(xrn,5);
        fprintf('Xu = Xr = %.5f\n',xu)
    end
    if i>=2
        Ea=round(abs((xrn-xra)/xrn*100),5);
        fprintf('Ea = %.5f\n',Ea)
    end
    xra=xrn ;
    i=i+1;
  end;
```

1.7 Determine la raíz de $f(x) = \frac{0.8-0.3x}{x}$

a) Analíticamente

$$f_{(x)} = \frac{0.8 - 0.3\,x}{x} = 0$$

$$0 = \frac{0.8}{x} - \frac{0.3x}{x}$$

$$0 = \frac{0.8}{x} - 0.3$$

$$0.3 = \frac{0.8}{x}$$

$$x = \frac{0.8}{0.3}$$

$$\mathbf{x = 2.666}$$

b) Gráficamente

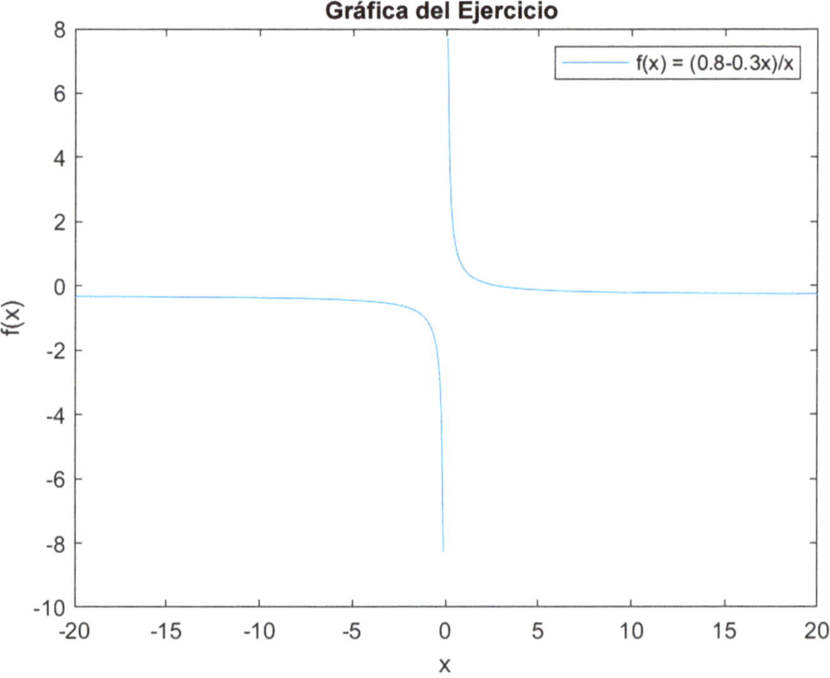

Figura 9. *Gráfica del ejercicio 1.7*

```
x=-20:0.1:20
fx=(0.8./x)-0.3
plot(x,fx)
title({'Gráfica del Ejercicio 1.7'})
%Crear la leyenda
legend({'f(x) = (0.8-0.3x)/x'})
% Crear la etiqueta y
ylabel({'f(x)'});
% Crear la etiqueta x
xlabel({'x'});
```

c) Empleando 3 iteraciones en el método de falsa posición, con valores iniciales de 1 a 3, calcular el error aproximado Ea y el error verdadero Et en cada iteración

Primera iteración:
Xi = 2.000
Xu = 3.000
f(Xi) = 0.100
f(Xu) = -0.033
Xr = 2.750
f(Xr) = -0.009
f(Xi)*f(Xr) = -0.001 < 0
Xu = Xr = 2.750
Et = 3.15000

Segunda iteración:
Xi = 2.000
Xu = 2.750
f(Xi) = 0.100
f(Xu) = -0.009
Xr = 2.688
f(Xr) = -0.002
f(Xi)*f(Xr) = -0.000 < 0
Xu = Xr = 2.688
Et = 0.83000
Ea = 2.307

Tercera iteración:

Xi = 2.000

Xu = 2.688

f(Xi) = 0.100

f(Xu) = -0.002

Xr = 2.672

f(Xr) = -0.001

f(Xi)*f(Xr) = -0.000 < 0

Xu = Xr = 2.672

Et = 0.23000

Ea = 0.599

Tabla 5. Tabla de resultado ejemplo 1.7 c)

N	*Xi*	*Xu*	*Xr*	*Et %*	*Ea %*
1	2	3	2.750	3.150%	
2	2	2.750	2.688	0.83%	2.307%
3	2	2.688	2.672	0.23%	0.599%

```
xi=2;
xu=3;
vv=2.666;
for i=1:3
    fprintf('\nITERACION %d\n',i);
    fprintf('Xi: %.3f\n',round(xi,3))
    fprintf('Xu: %.3f\n',round(xu,3))
    fxi=(0.8./xi)-0.3;
    fprintf('f(Xi): %.3f\n',fxi)
    fxu=(0.8./xu)-0.3;
    fprintf('f(Xu): %.3f\n',fxu)
    xrn=round(xu-(fxu*(xi-xu))/(fxi-fxu),3);
    fprintf('Xr: %.3f\n',xrn)
    fxrn=(0.8./xrn)-0.3;
    fprintf('f(Xr): %.3f\n',fxrn)
    fas=fxi*fxrn;
    fprintf('f(Xi)*f(Xr): %.3f',fas)
    if fas>0
        fprintf(' > 0\n')
        xi=round(xrn,3);
        fprintf('Xi = Xr = %.5f\n',xi)
    elseif fas<0
        fprintf(' < 0\n')
        xu=round(xrn,3);
        fprintf('Xu = Xr = %.3f\n',xu)
    end
    Et=round(abs((vv-xrn)/vv*100),2);
    fprintf('Et = %.5f\n',Et)
    if i>=2
        Ea=round(abs((xrn-xra)/xrn*100),3);
        fprintf('Ea = %.3f\n',Ea)
    end
    xra=xrn ;
    i=i+1;
  end;
```

1.8 Calcule la raíz cuadrada positiva de 18 usando el método de la falsa posición con Es = 0.5%. Emplee como valores iniciales Xi = 4 y Xu = 5

$$f(x) = x^2 - 18$$

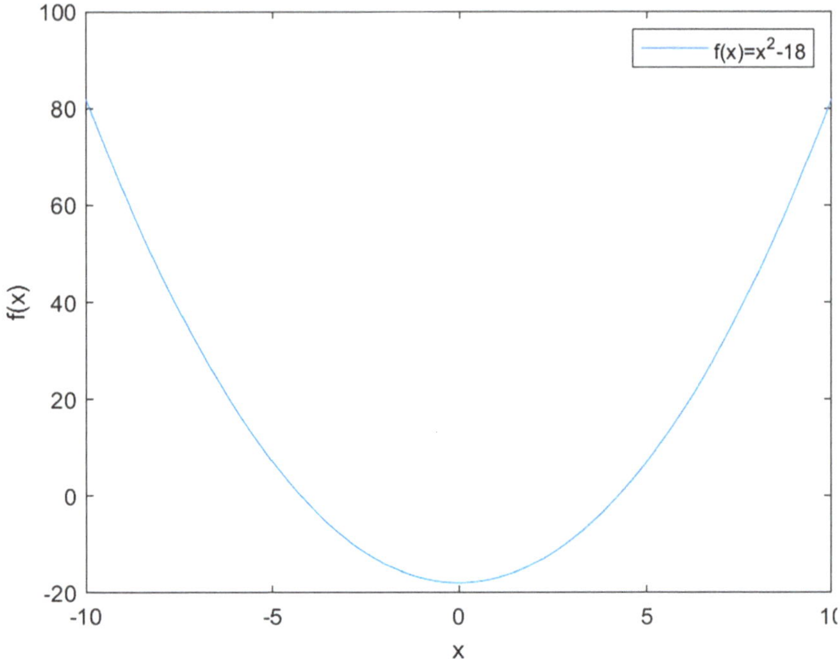

Figura 10. *Gráfica del ejercicio 1.8*

```
x=-10:0.1:10
fx=x.^2-18
plot(x,fx)
title({'Gráfica del Ejercicio 5.8'})
%Crear la leyenda
legend({'f(x)=x^2-18'})
% Crear la etiqueta y
ylabel({'f(x)'});
% Crear la etiqueta x
xlabel({'x'});
```

Empleando la fórmula cuadrática:

$$fórmula\ cuadrática = \frac{-b \pm \sqrt{b^2 - 4ac}}{2a}$$

Donde:

r1 = 4,2426

r2 = - 4,2426

Primera iteración:

Xi = 4.000

Xu = 5.000

f(Xi) = -2.000

f(Xu) = 7.000

Xr = 4.222

f(Xr) = -0.175

f(Xi)*f(Xr) = 0.349 > 0

Xi = Xr = 4.222

Et = 0.486

Segunda iteración:

Xi = 4.222

Xu = 5.000

f(Xi) = -0.175

f(Xu) = 7.000

Xr = 4.241

f(Xr) = -0.014

f(Xi)*f(Xr) = 0.002 > 0

Xi = Xr = 4.241

Et = 0.038

Ea = 0.448

Tabla 6. Tabla del ejercicio 1.8 c)

Iteración	*Xi*	*Xu*	*Xr*	*Et %*	*Ea %*
1	4	5	4.222	0.486%	
2	4.222	5	4.241	0.038%	0.448%

```
xi=4;
xu=5;
vv=4.2426;
Ea=100;
Eesperado=0.5;
i=1;
while (Ea > Eesperado)
    fprintf('\nITERACION %d\n',i);
    fprintf('Xi: %.3f\n',round(xi,3))
    fprintf('Xu: %.3f\n',round(xu,3))
    fxi=xi.^2-18;
    fprintf('f(Xi): %.3f\n',fxi)
    fxu=xu.^2-18;
    fprintf('f(Xu): %.3f\n',fxu)
    xrn=round(xu-(fxu*(xi-xu))/(fxi-fxu),3);
    fprintf('Xr: %.3f\n',xrn)
    fxrn=xrn.^2-18;
    fprintf('f(Xr): %.3f\n',fxrn)
    fas=fxi*fxrn;
    fprintf('f(Xi)*f(Xr): %.3f',fas)
    if fas>0
        fprintf(' > 0\n')
        xi=round(xrn,3);
        fprintf('Xi = Xr = %.3f\n',xi)
    elseif fas<0
        fprintf(' < 0\n')
        xu=round(xrn,3);
        fprintf('Xu = Xr = %.3f\n',xu)
    end
    Et=round(abs((vv-xrn)/vv*100),3);
    fprintf('Et = %.3f\n',Et)
    if i>=2
        Ea=round(abs((xrn-xra)/xrn*100),3);
        fprintf('Ea = %.3f\n',Ea)
    end
    xra=xrn ;
    i=i+1;
  end;
```

1.9 Encuentre la raíz positiva más pequeña de la función (x está en radianes) $x^2\,|cos\sqrt{x}| = 5$ usando el método de la falsa posición. Para localizar el intervalo en donde se encuentra la raíz, grafique primero esta función para los valores de x entre 0 y 5. Realice el cálculo hasta que Ea sea menor que Es = 1%. Compruebe su respuesta final sustituyéndola en la función original.

A) Gráficamente

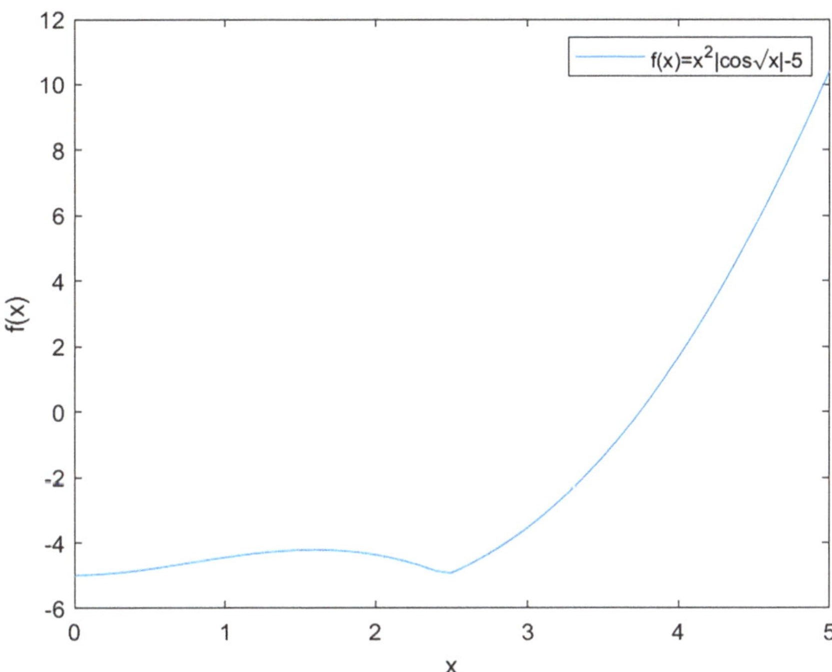

Figura 11. *Gráfica del ejercicio 1.9*

```
x=0:0.1:5
fx=x.^2.*abs(cos(sqrt(x)))-5
plot(x,fx)
title({'Gráfica del Ejercicio 1.9'})
%Crear la leyenda
legend({'f(x)=x^2|cos√x|-5'})
% Crear la etiqueta y
ylabel({'f(x)'});
% Crear la etiqueta x
xlabel({'x'});
```

Aplicando el método de la falsa posición

Primera iteración:

Xi = 3.500

Xu = 4.000

f(Xi) = -1.379

f(Xu) = 1.658

Xr = 3.727

f(Xr) = -0.110

f(Xi)*f(Xr) = 0.152 > 0

Xi = Xr = 3.727

Segunda iteración:

Xi = 3.727

Xu = 4.000

f(Xi) = -0.110

f(Xu) = 1.658

Xr = 3.744

f(Xr) = -0.008

f(Xi)*f(Xr) = 0.001 > 0

Xi = Xr = 3.744

Ea = 0.454

Tabla 7. Tabla resultado ejemplo 1.9 c)

i	***Xi***	***Xu***	***Xr***	***Ea***
1	3.5	4	3.727	----
2	3.727	4	3.744	0.454%

```
xi=3.5;
xu=4;
Ea=100;
Es=1;
i=1;
while (Ea > Es)
    fprintf('\nITERACION %d\n',i);
    fprintf('Xi: %.3f\n',round(xi,3))
    fprintf('Xu: %.3f\n',round(xu,3))
    fxi=xi.^2.*abs(cos(sqrt(xi)))-5;
    fprintf('f(Xi): %.3f\n',fxi)
    fxu=xu.^2.*abs(cos(sqrt(xu)))-5;
    fprintf('f(Xu): %.3f\n',fxu)
    xrn=round(xu-(fxu*(xi-xu))/(fxi-fxu),3);
    fprintf('Xr: %.3f\n',xrn)
    fxrn=xrn.^2.*abs(cos(sqrt(xrn)))-5;
    fprintf('f(Xr): %.3f\n',fxrn)
    fas=fxi*fxrn;
    fprintf('f(Xi)*f(Xr): %.3f',fas)
    if fas>0
        fprintf(' > 0\n')
        xi=round(xrn,3);
        fprintf('Xi = Xr = %.3f\n',xi)
    elseif fas<0
        fprintf(' < 0\n')
        xu=round(xrn,3);
        fprintf('Xu = Xr = %.3f\n',xu)
    end
    if i>=2
        Ea=round(abs((xrn-xra)/xrn*100),3);
        fprintf('Ea = %.3f\n',Ea)
    end
    xra=xrn ;
    i=i+1;
  end;
```

1.10 Encuentre la raíz positiva de $f(x) = x^4 - 8x^3 - 35x^2 + 350x - 1001$ utilizando el método de la falsa posición. considere como valores iniciales a a $Xi = 4.5$ y $Xu = 6$, y ejecute cinco integraciones. Calcule los errores aproximados y verdaderos, considerando que la raíz sea igual a 5.60979. Emplee una gráfica para explicar sus resultados y hacer el cálculo dentro de error $Es = 1.0$ %.

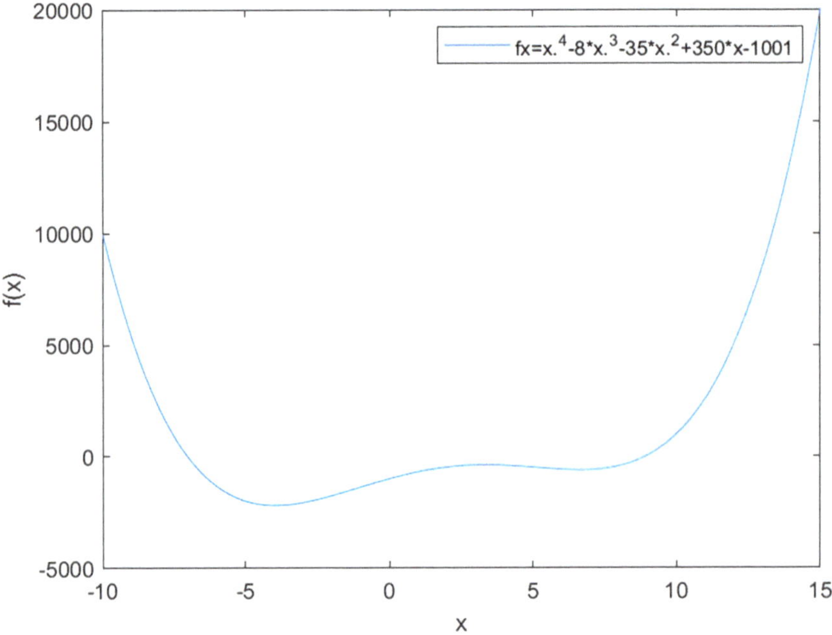

Figura 12. *Ejercicio 1.10*

1.11 Encuentre la raíz positiva de de $f(x) = x^4 - 8x^3 - 35x^2 + 350x - 1001$ utilizando el método de la falsa posición. Tome como valores iniciales a Xi = 4.5 y Xu = 6 y ejecute cinco integraciones.

Tabla 8. Ejercicio 1.11

N	*Xi*	*Xu*	*Xr*	*Ea %*
1	4.5	6	5.01754	
2	4.5	5.01754	5.21038	3.7%
3	4.5	5.21028	5.50307	5.32%
4	4.5	5.50307	5.72721	3.91%
5	4.5	5.41646	5.41646	5.37%

```
xi-4.5;
xu=5;
for i=1:5
    fprintf('\nITERACIÓN %d\n',i);
    fprintf('Xi: %.5f\n',round(xi,5))
    fprintf('Xu: %.5f\n',round(xu,5))
    fxi=xi.^4-8*xi.^3-35*xi.^2+350*xi-1001;
    fprintf('f(Xi): %.5f\n',fxi)
    fxu=xu.^4-8*xu.^3-35*xu.^2+350*xu-1001;
    fprintf('f(Xu): %.5f\n',fxu)
    xrn=round(xu-(fxu*(xi-xu))/(fxi-fxu),5);
    fprintf('Xr: %.5f\n',xrn)
    fxrn=xrn.^4-8*xrn.^3-35*xrn.^2+350*xrn-1001;
    fprintf('f(Xr): %.5f\n',fxrn)
    fas=fxi*fxrn;
    fprintf('f(Xi)*f(Xr): %.5f',fas)
    if fas>0
        fprintf(' > 0\n')
        xi=round(xrn,5);
        fprintf('Xi = Xr = %.5f\n',xi)
    elseif fas<0
        fprintf(' < 0\n')
        xu=round(xrn,5);
        fprintf('Xu = Xr = %.5f\n',xu)
    end
    if i>=2
        Ea=round(abs((xrn-xra)/xrn*100),3);
        fprintf('Ea = %.5f\n',Ea)
    end
    xra=xrn ;
    i=i+1;
  end;
```

a. Calcule los errores tanto aproximados como verdaderos con base en el hecho de que la raíz equivale a 5.60979:

```
xi=4.5;
xu=5;
vv=5.60979;
for i=1:5
    fprintf('\nINTERACION %d\n',i);
    fprintf('Xi: %.5f\n',round(xi,5))
    fprintf('Xu: %.5f\n',round(xu,5))
    fxi=xi.^4-8*xi.^3-35*xi.^2+350*xi-1001;
    fprintf('f(Xi): %.5f\n',fxi)
    fxu=xu.^4-8*xu.^3-35*xu.^2+350*xu-1001;
    fprintf('f(Xu): %.5f\n',fxu)
    xrn=round(xu-(fxu*(xi-xu))/(fxi-fxu),5);
    fprintf('Xr: %.5f\n',xrn)
    fxrn=xrn.^4-8*xrn.^3-35*xrn.^2+350*xrn-1001;
    fprintf('f(Xr): %.5f\n',fxrn)
    fas=fxi*fxrn;
    fprintf('f(Xi)*f(Xr): %.5f',fas)
    if fas>0
        fprintf(' > 0\n')
        xi=round(xrn,5);
        fprintf('Xi = Xr = %.5f\n',xi)
    elseif fas<0
        fprintf(' < 0\n')
        xu=round(xrn,5);
        fprintf('Xu = Xr = %.5f\n',xu)
    end
    Et=round(abs((vv-xrn)/vv*100),5);
    fprintf('Et = %.5f\n',Et)
    if i>=2
        Ea=round(abs((xrn-xra)/xrn*100),3);
        fprintf('Ea = %.5f\n',Ea)
    end
    xra=xrn ;
    i=i+1;
  end;
```

b. Emplee una gráfica para explicar sus resultados y hacer el cálculo dentro de un **Es = 1.0 %**

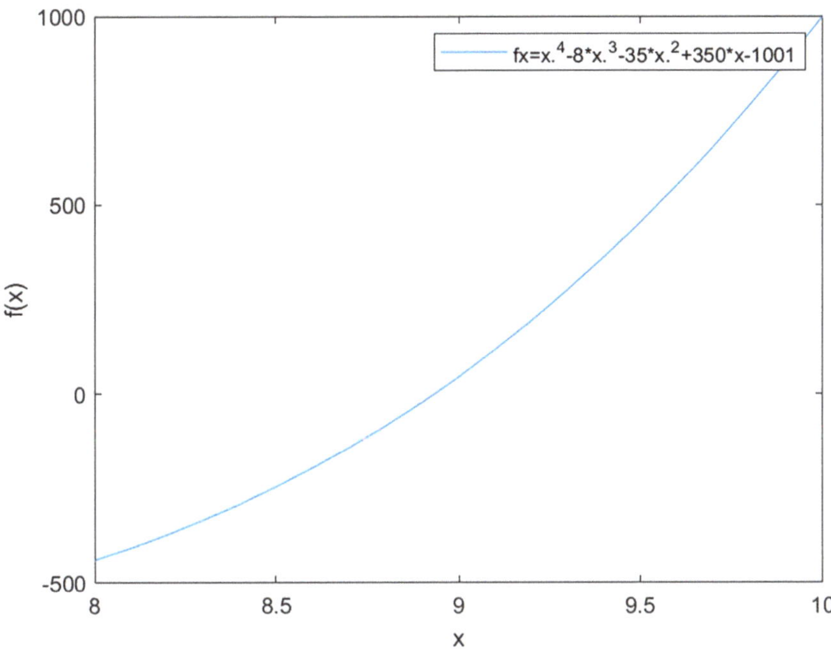

Figura 13. *Gráfico función ejemplo 1.11*

```
xi=4.5;
xu=5;
vv=5.60979;
Ea=100;
Es=1;
i=1;
while (Ea >= Es)
    fprintf('\nINTERACION %d\n',i);
    fprintf('Xi: %.5f\n',round(xi,5))
    fprintf('Xu: %.5f\n',round(xu,5))
    fxi=xi.^4-8*xi.^3-35*xi.^2+350*xi-1001;
    fprintf('f(Xi): %.5f\n',fxi)
    fxu=xu.^4-8*xu.^3-35*xu.^2+350*xu-1001;
    fprintf('f(Xu): %.5f\n',fxu)
    xrn=round(xu-(fxu*(xi-xu))/(fxi-fxu),5);
    fprintf('Xr: %.5f\n',xrn)
    fxrn=xrn.^4-8*xrn.^3-35*xrn.^2+350*xrn-1001;
    fprintf('f(Xr): %.5f\n',fxrn)
    fas=fxi*fxrn;
    fprintf('f(Xi)*f(Xr): %.5f',fas)
    if fas>0
        fprintf(' > 0\n')
        xi=round(xrn,5);
        fprintf('Xi = Xr = %.5f\n',xi)
    elseif fas<0
        fprintf(' < 0\n')
        xu=round(xrn,5);
        fprintf('Xu = Xr = %.5f\n',xu)
    end
    Et=round(abs((vv-xrn)/vv*100),5);
    fprintf('Et = %.5f\n',Et)
    if i>=2
        Ea=round(abs((xrn-xra)/xrn*100),3);
        fprintf('Ea = %.5f\n',Ea)
    end
    xra=xrn ;
    i=i+1;
  end;
```

1.12 Determine la raíz real de $x^{3.5} = 80$

a) Forma analítica

$$x^{3.5} = 80$$

$$x = 80^{2/7}$$

$$x = 3.49735$$

c. Con el método de falsa posición dentro de Es = 2.5 % haga las elecciones de 2.0 a 5.0

Tabla 9. Resultado ejercicio 1.12

N	Xi	Xu	f(Xi)	f(Xu)	Xr	f(Xr)	f(Xi)*f(Xr)	Xi = Xr	Et	Ea
1	2.00000	5.00	-68.68629	199.50850	2.76832	-44.70144	3070.37599 > 0	2.76832	20.84521	------
2	2.76832	5.00	-44.70144	199.50850	3.17682	-22.85554	1021.67552 > 0	3.17682	9.16494	12.85900
3	3.17682	5.00	-22.85554	199.50850	3.36421	-10.16215	232.26150 > 0	3.36421	3.80688	5.57000
4	3.36421	5.00	-10.16215	199.50850	3.44349	-4.23024	42.98838 > 0	3.44349	1.54002	2.30200

```
xi=2;
xu=5;
vv=3.49735;
Ea=100;
Es=2.5;
i=1;
while (Ea >= Es)
    fprintf('\nINTERACION %d\n',i);
    fprintf('Xi: %.5f\n',round(xi,5))
    fprintf('Xu: %.5f\n',round(xu,5))
    fxi=xi.^3.5-80;
    fprintf('f(Xi): %.5f\n',fxi)
    fxu=xu.^3.5-80;
    fprintf('f(Xu): %.5f\n',fxu)
    xrn=round(xu-(fxu*(xi-xu))/(fxi-fxu),5);
    fprintf('Xr: %.5f\n',xrn)
    fxrn=xrn.^3.5-80;
    fprintf('f(Xr): %.5f\n',fxrn)
    fas=fxi*fxrn;
    fprintf('f(Xi)*f(Xr): %.5f',fas)
    if fas>0
        fprintf(' > 0\n')
        xi=round(xrn,5);
        fprintf('Xi = Xr = %.5f\n',xi)
    elseif fas<0
        fprintf(' < 0\n')
        xu=round(xrn,5);
        fprintf('Xu = Xr = %.5f\n',xu)
    end
    Et=round(abs((vv-xrn)/vv*100),5);
    fprintf('Et = %.5f\n',Et)
    if i>=2
        Ea=round(abs((xrn-xra)/xrn*100),3);
        fprintf('Ea = %.5f\n',Ea)
    end
    xra=xrn ;
    i=i+1;
  end;
```

1.13 Dada $f(x) = -2x^6 - 1.5x^4 + 10x + 2$

a) Gráfica

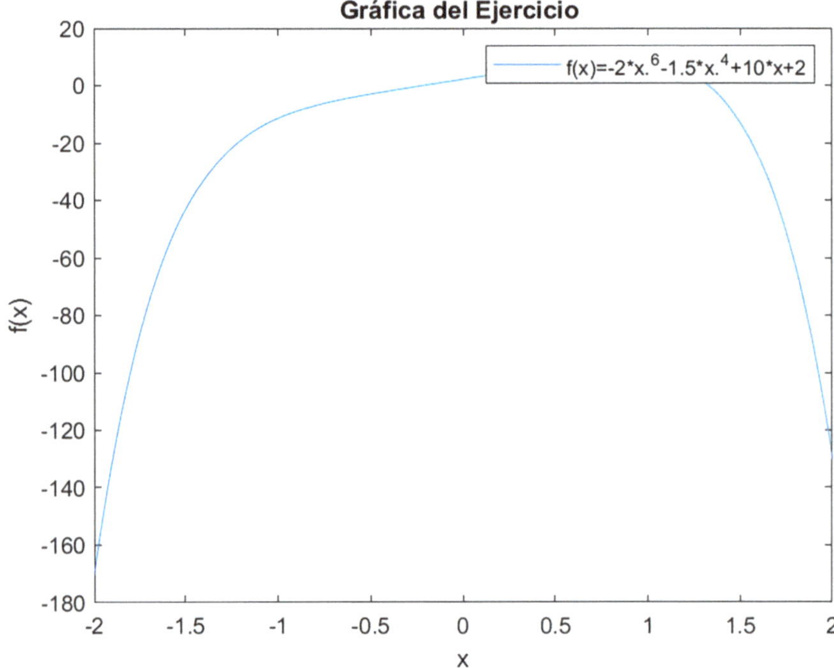

Figura 14. *Gráfico de ejemplo 1.13*

```
x=-2:0.001:2
fx=-2*x.^6-1.5*x.^4+10*x+2
plot(x,fx)
title({'Gráfica del Ejercicio '})
%Crear la leyenda
legend({'f(x)=-2*x.^6-1.5*x.^4+10*x+2'})
% Crear la etiqueta y
ylabel({'f(x)'});
% Crear la etiqueta x
xlabel({'x'});
```

b) Use el método de bisección para determinar el máximo de esta función. Haga elecciones iniciales del Xi = 0 y Xu = 1 y realice iteraciones hasta que el error relativo aproximado sea menor a 5 %

Tabla 10. Ejercicio bisección b).

N°	Xi	Xu	Xr	f(Xi)	f(Xr)	f(Xi)*f(Xr)	Xi = Xr	Ea
1	0.0000	1.00	0.50000	2.00000	2.00000	4.00000 > 0	0 = 0.50000	--------
2	0.5000	1.00	0.75000	6.87500	6.87500	47.26562 > 0	0.75000	33.330
3	0.7500	1.00	0.87500	8.66943	8.66943	75.15908 > 0	0.87500	14.290
4	0.8750	1.00	0.93750	8.97314	8.97314	80.51719 > 0	0.93750	6.670
5	0.9375	1.00	0.96875	8.85842	8.85842	78.47156 > 0	0.96875	3.230

```
xi=0;
xu=1;
Ea=100;
Es=5;
i=1;
while (Ea > Es)
    fprintf('\nITERACION %d\n',i);
    fprintf('Xi: %.5f\n',round(xi,5))
    fprintf('Xu: %.5f\n',round(xu,5))
    xrn=round((xi+xu)/2,5);
    fprintf('Xr: %.5f\n',xrn)
    fxi=-2*xi.^6-1.5*xi.^4+10*xi+2;
    fprintf('f(Xi): %.5f\n',fxi)
    fxrn=-2*xi.^6-1.5*xi.^4+10*xi+2;
    fprintf('f(Xr): %.5f\n',fxrn)
    fas=fxi*fxrn;
    fprintf('f(Xi)*f(Xr): %.5f',fas)
    if fas>0
        fprintf(' > 0\n')
        xi=round(xrn,5);
        fprintf('Xi = Xr = %.5f\n',xi)
    elseif fas<0
        fprintf(' < 0\n')
        xu=round(xrn,5);
        fprintf('Xu = Xr = %.5f\n',xu)
    end
    if i>=2
        Ea=round(abs((xrn-xra)/xrn*100),2);
        fprintf('Ea = %.5f\n',Ea)
    end
    xra=xrn ;
    i=i+1;
  end;
```

1.14 La velocidad de un paracaidista que cae está dada por: $\mathbf{v} = \frac{\mathbf{gm}}{\mathbf{c}}(\mathbf{1} - \mathbf{e}^{-\left(\frac{\mathbf{c}}{\mathbf{m}}*t\right)})$

Donde g = 9.8 m/s^2. Para un paracaidista con coeficiente de arrastre de c = 15 kg/s, calcule la masa de modo que la velocidad sea v = 35 m/seg, t = 9 s. Utilice el método de la falsa posición para determinar m a un nivel de Es = 0.1%

$$\mathbf{f}(\mathbf{m}) = \frac{\mathbf{gm}}{\mathbf{c}}\left(\mathbf{1} - \mathbf{e}^{-\left(\frac{\mathbf{c}}{\mathbf{m}}*t\right)}\right) - v$$

Tabulando:

Tabla 11. Resultado ejemplo 1.14 a)2

m	***f (m)***
54	-2.61596
55	-2.15342
56	-1.69703
57	-1.24672
58	-0.80244
59	-0.36410
60	0.06835

```
m=54:1:60
g=9.8;
c=15;
v=35;
t=9;
for m=54:1:60;
fm=((g.*m/c)*(1-exp((-c./m)*t)))-v;
fprintf('%.1f',m)
fprintf('  %.5f\n',fm)
end;
```

Raíz aproximada = 60

$$x_1 = 58, x_u = 60$$

$$x_r = 60 - \frac{(0.608)(58 - 60)}{-0.8 + 0.068} = 59.81420765$$

$$x_{r2} = 59.8142 - \frac{(-0.0115)(58 - 59.81)}{-0.8 + 0.0115} = 59.84079423$$

$$E_c = \frac{59.84079423 - 59.81420765}{59.84079423}(100\%) = 0.044\%$$

Tabla 12. Resultado ejemplo 1.14 b)

Iteraciones	*Xi*	*Xu*	*Xr*	*Ec*
1	58	60	59.81420765	-
2	58	59.81420765	59.84104239	0.044%

1.15 Se carga una viga de la manera en que se aprecia en la siguiente figura. Emplee el método de bisección para resolver la posición dentro de la viga donde no hay momento

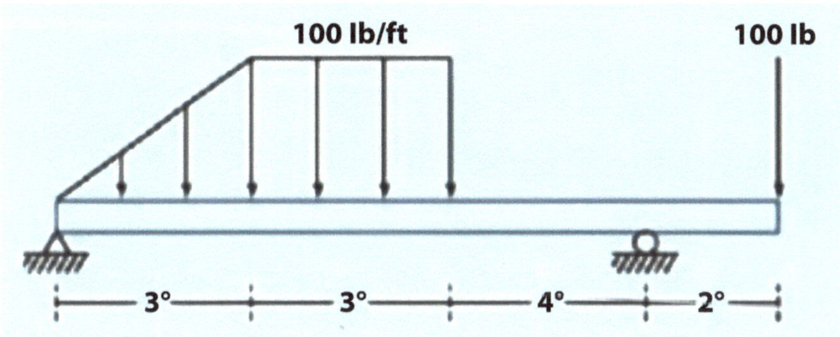

Figura 15. *Fuerzas en una viga*

Tabla 13. Resultados de ejercicio 1.15

Iteraciones	*Xi*	*Xu*	*Xr*	*Ea %*
1	2.5	3	2.75	-
2	2.5	2.75	2.625	4.761%
3	2.5	2.625	2.5625	2.439%
4	2.5625	2.625	2.59375	1.204%
5	2.59375	2.625	2.609375	0.598%
6	2.59375	2.609375	2.6015625	0.300%
7	2.3015625	2.609375	2.60546875	0.149%
8	2.60546875	2.609375	2.607421875	0.074%
9	2.607421875	2.609375	2.608398438	0.0374%
10	2.608398438	2.609375	2.608886719	0.018%
11	2.608398438	2.608886719	2.608642579	0.009%

$$x_r = \frac{2.5 + 3}{2} = 2.75$$

$$E_a = \frac{2.625 - 2.75}{2.625} x100 = 4.761$$

$$x_r = \frac{2.5 + 2.75}{2} = 2.625$$

$$E_a = \frac{2.5625 - 2.625}{2.5625} x100 = 2.439$$

$$x_r = \frac{2.5 + 2.625}{2} = 2.5625$$

$$E_a = \frac{2.59375 - 2.5625}{2.5625} x100 = 2.439$$

$$x_r = \frac{2.5625 + 2.625}{2} = 2.59375$$

$$E_a = \frac{2.59375 - 2.5625}{2.6093} x100 = 0.598$$

$$x_r = \frac{2.59375 + 2.625}{2} = 2.609375$$

$$E_a = \frac{2.6015625 - 2.59375}{2.6015625} x100 = 0.300$$

$$x_r = \frac{2.59375 + 2.609375}{2} = 2.6015625$$

$$E_a = \frac{2.60546875 - 2.6015625}{2.60546875} x100 = 0.149$$

$$x_r = \frac{2.6015625 + 2.609375}{2.60546875} = 2.60549875$$

$$E_a = \frac{2.607421875 - 2.60546875}{2.607421875} x100 = 0.074$$

$$x_r = \frac{2.60546875 + 2.609375}{2} = 2.607421875$$

$$E_a = \frac{2.608398438 - 2.607421875 + 3}{2.608398438} x100 = 0.037$$

$$x_r = \frac{2.607421875 + 2.609375}{2} = 2.608398438$$

$$E_a = \frac{2.608886719 - 2.608398438}{2.608886719} x100 = 0.018$$

$$x_r = \frac{2.608398438 + 2.609375}{2} = 2.608886719$$

$$E_a = \frac{2.608398438 + 2.609375}{2.608642579} x100 = 0.009$$

$$x_r = \frac{2.608398438 + 2.608886719}{2} = 2.608642579$$

1.16 Por un canal trapezoidal fluye agua a una tasa de $\mathbf{Q = 20\frac{m^3}{s^2}}$. La profundidad crítica para dicho canal satisface la ecuación $\mathbf{0 = 1 - \frac{Q^2}{gA^3}}$, donde $\mathbf{g = 9.81\frac{m}{s^2}}$, A = área de la sección transversal (m^2) y B = ancho del canal en la superficie (m). Para este caso, el ancho y el área de la sección transversal se seleccionan con la profundidad y por medio de $\mathbf{B = 3 + y\,;\, A = 3y + \frac{y^2}{2}}$.

Resuelva la profundidad crítica con el uso de los siguientes métodos:

a) Método gráfico
b) Método de bisección
c) Falsa posición
d) Gráfico

Tabla 14. Resultados ejercicio 1.16

N	*Xi*	*Xu*	*Xr*	*f(Xi)*f(Xr)*	*Ea %*
1	0.5	2.5	1.5	+	-
2	1.5	2.5	2	-	33.3%
3	1.5	2	1.75	-	14.3%
4	1.5	1.75	1.625	-	7.7%
5	1.5	1.625	1.5625	-	4%
6	1.5	1.5625	1.53125	-	2.04%
7	1.5	1.53125	1.516075	-	1%
8	1.5	1.516075	1.5080375	+	0.53%

SIMULACIÓN DE MODELOS FÍSICOS Y CONCEPTOS DE ECUACIONES DIFERENCIALES 2

2.1. CONCEPTOS BÁSICOS DE ECUACIONES DIFERENCIALES

Las ecuaciones diferenciales describen la relación entre una función desconocida y sus derivadas. Resolver una ecuación diferencial es encontrar una función que satisfaga la relación, por lo general mientras añade condiciones adicionales también. En este curso nos enfocaremos en una clase de problemas llamados problemas de valor inicial. En un problema de valor inicial canónico, el comportamiento del sistema se describe mediante una ecuación diferencial ordinaria (EDO) de la forma:

$$\dot{x} = f(x,t)$$

Donde f es una función conocida (es decir, algo que podemos evaluar dados x y t), x es el estado del sistema y $\dot{x}$ es la derivada temporal de x. Por lo común, x y $\dot{x}$ son vectores. Como su nombre indica, en un problema de valor inicial se nos da $x(t_0) = x_0$ en algún tiempo de inicio t_0, y deseamos seguir x.

El problema de valor inicial genérico es fácil de ver. En 2D, x.(t) traza una curva que describe el movimiento de un punto p en el plano. En cualquier punto x, la función f se puede evaluar como proporciona un vector de 2, por lo que f define un campo vectorial en el plano (ver Figura 16). El vector en x es la velocidad que debe tener el punto en movimiento p si alguna vez se mueve a través de x (que puede o no).

Piense en conducir p de un punto a otro, como una corriente oceánica. Dondequiera que depositemos inicialmente p, la «corriente» en ese punto se apoderará de él; p continúa donde lo descartamos al inicio, pero una vez que se deja caer, todo el movimiento futuro está determinado por f. La trayectoria barrida por p a través de f forma una curva integral del campo vectorial. Ver Figura 16.

Escribimos f como una función tanto de x como de t, pero la función derivada puede o no depender directamente del tiempo. Si lo hace, entonces no solo se mueve el punto p, sino también el propio campo vectorial, de modo que la velocidad de p no solo depende de dónde está, también de cuándo llega allí. En ese caso, la derivada $\dot{x}$ depende del tiempo de dos maneras: primero, los vectores derivados se mueven, y segundo, el punto p, ya que se mueve en una trayectoria x.(t), ve distintos vectores derivados en diferentes momentos. La dependencia del tiempo dual no debería generar confusión si se mantiene la imagen de una partícula flotante a través de un campo vectorial ondulante.

2.2. SOLUCIONES NUMÉRICAS

Los cursos estándar de introducción a ecuaciones diferenciales se enfocan en soluciones simbólicas, en las que el funcional, la forma de la función desconocida, debe ser adivinada. Por ejemplo, la ecuación diferencial $\dot{x} = -kx$, donde $\dot{x}$ se denota la derivada temporal de x, se satisface mediante $x = e^{-kt}$.

Por el contrario, nos ocuparemos en exclusivo de las soluciones numéricas, en las que tomamos valores discretos de los pasos de tiempo que comienzan con el valor inicial $x\ (t_0)$. Para dar un paso, usamos la función derivada.

La derivada función $\dot{x} = f\ (x,t)$ forma un vector campo.

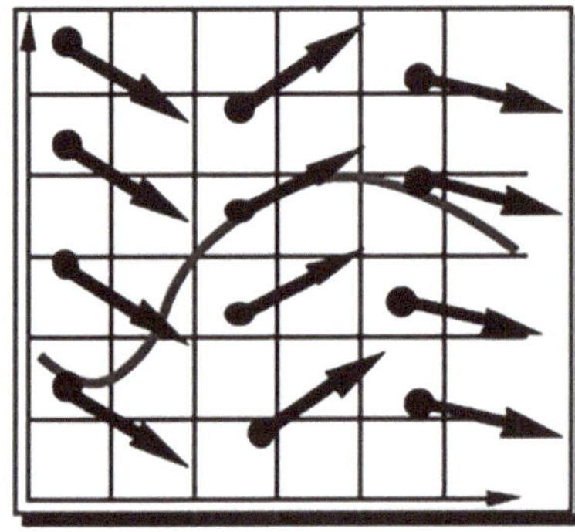

Figura 16. *La función derivada f (x,t) define el campo vectorial*

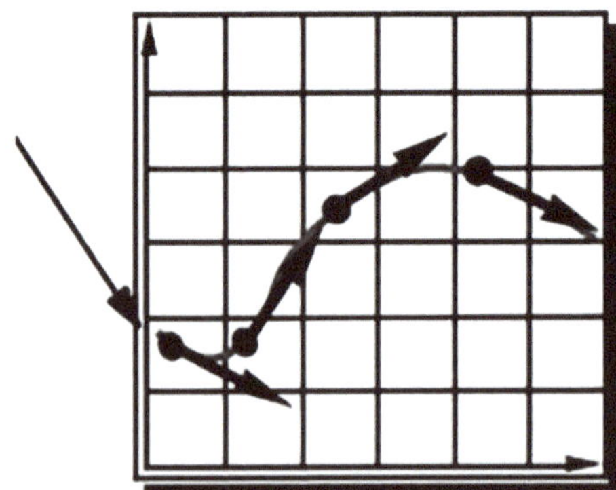

Figura 17. *Problema de valor inicial*

Un problema de valor inicial: a partir de un punto x_0, muévase con la velocidad especificada por el campo vectorial.

Número más simple:

- Método de solución
- Pasos de tiempo discreto
- Pasos más grandes
- Errores

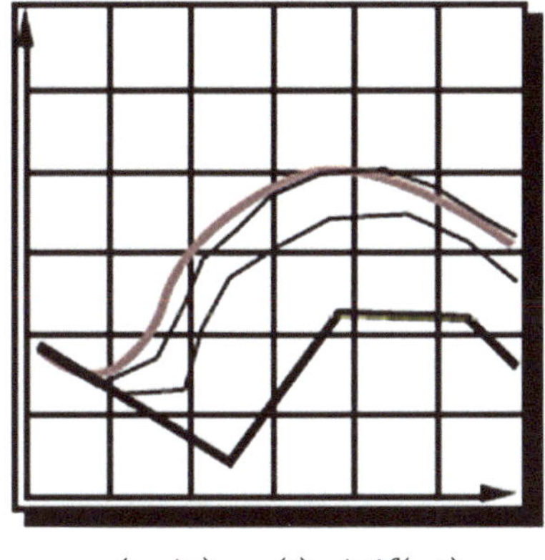

$$x(t+\Delta t) = x(t)+\Delta t^{*}f(x,t)$$

Figura 18. *Iteración Euler*

2.3. MÉTODO DE EULER GENERALIZADO

En la Figura 19. *Método de Euler*, en lugar de la verdadera curva integral, la solución aproximada sigue una trayectoria poligonal, obtenida al evaluar la derivada al comienzo de cada tramo. Aquí mostramos cómo se degrada la precisión de la solución a medida que aumenta el tamaño del paso de tiempo.

La función f es para calcular un cambio aproximado en x a Δx, durante un intervalo de tiempo t_1. Luego se incrementa x en x_1 para obtener el nuevo valor. Al calcular una solución numérica, la función derivada se considera como una caja negra: proporcionamos valores numéricos para x y t, recibiendo a cambio un valor numérico para $\dot{x}$. Los métodos numéricos operan al realizar una o más de estas evaluaciones derivadas en cada momento paso.

Los métodos de Runge-Kutta (RK) logran la exactitud del procedimiento de la serie de Taylor sin necesidad de calcular derivadas de orden superior.

$$y_{i+1} = y_i + \emptyset(x_i, y_i) * h$$

Donde:

$\emptyset(x_i, y_i, h)$ la función de incremento:

$\emptyset = a_1k_1 + a_2k_2 + \cdots + a_nk_n$

donde las a_i son constantes y las k_i son:

$k_1 = f(x_i, y_i)$

$k_2 = f(x_i + P_1 * h, y_i + q_{11}k_1 * h)$

$k_3 = f(x_i + P_2 * h, y_i + q_{22}k_2 * h)$

$k_n = f(x_i + P_n * h, y_i + q_{n-1,1}k_1 * h + q_{n-1,2} * k_2 * h + \cdots \dots \dots \dots + q_{n-1,n-1} * k_{n-1} * h)$

2.4. MÉTODO DE EULER SIMPLE

En esta sección analizaremos las ecuaciones diferenciales ordinarias (ODE) y encontraremos sus soluciones.

$\frac{dy}{dx} = f(x, t)$ .... (2.1)

Utilizamos las aproximaciones numéricas para encontrar las soluciones de estas ODE. El modelo matemático utilizado será así:

$y_{(i+1)} = y_{(i)} + h * f(x, t)$.. (2.2)

Donde:

$y_{(i+1)}$: valor nuevo de la trayectoria

$y_{(i)}$: valor anterior de la trayectoria

h: tamaño de paso de las iteraciones

$f(x, t)$: se usa para extrapolar desde un valor anterior $y_{(i)}$ a un nuevo valor $y_{(i+1)}$

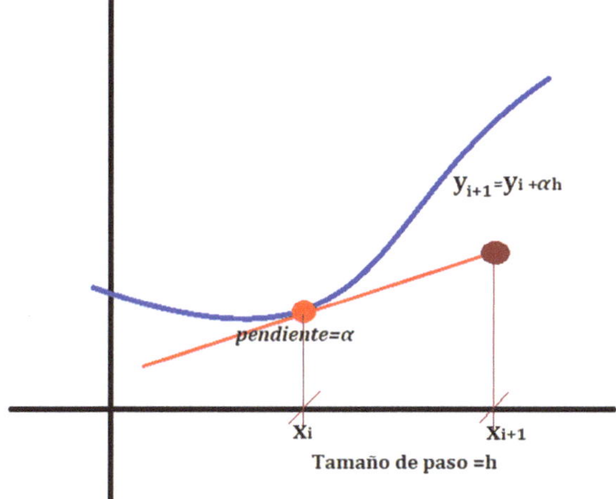

Figura 19. *Método Euler*

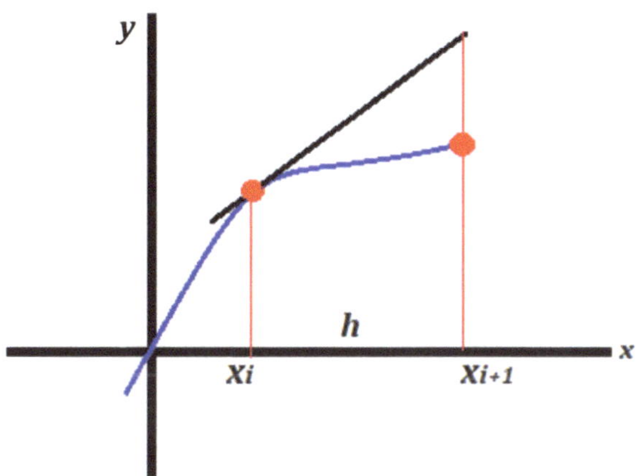

Figura 20. *Error de Euler*

Para la aplicación de este método de Runge-Euler, se toma la pendiente de la función, también llamada derivada de la función. Esta derivada es el promedio de las rectas de toda la trayectoria.

2.4.1. Generalizando la función Euler

Sea $\emptyset = f(x_i, y_i)$

Donde $f(x_i, y_i)$ es la ecuación diferencial evaluada en (x_i, y_i)

Reemplazar en la ecuación en la ecuación 2)

$y_{(i+1)} = y_{(i)} + h * f(x_i, y_i)$

La ecuación anterior representa el método de Euler (Euler-Cauchy o de punto pendiente)

Ejemplo 2.4.1. Con el método Euler, integre numéricamente la ecuación $\frac{dy}{dx} = -2x^3 + 12x^2 - 20x + 8.5$ desde $x = 0$ hasta $x = 4$ con un tamaño de paso 0.5. La condición inicial en $x = 0$ es $y = 1$.

Datos:

h = 0.5

$x_0 = 0$

$y_0 = 1$

Solución:

$y_{(i+1)} = y_{(i)} + h * f(x_i, y_i)$ .... (2.3)

Para i = 0 entonces

$y_{(1)} = y_{(0)} + (0.5) * f(x_0, y_0)$

$y_{(1)} = y_{(0)} + (0.5) * f(0,1)$

$f(0,1) = -2(0)^3 + 120^2 - 20(0) + 8.5 = 8.5 \ldots\ldots (\alpha)$

$y(0) = 1 \ldots\ldots (\beta)$

Ahora reemplazaremos las ecuaciones (α) y (β) en la ecuación (3)

Cuando $i = 0$

$y_{(i+1)} = y_{(i)} + h * f(x_i, y_i)$

$y_1 = y_0 + hf(0,1)$

$y_1 = 1 + (0.5) * (8.5) = 5.25$

Por otro lado, para encontrar la solución verdadera integraremos la función dada en el ejemplo:

$$\int dy = \int (-2x^3 + 12x^2 - 20x + 8.5)dx$$

$$y = -\frac{2x^4}{4} + \frac{12x^3}{3} - \frac{20x^2}{2} + 8.5x$$

$$y = -\frac{x^4}{2} + 4x^3 - 10x^2 + 8.5x + c$$

$$1 = -\frac{0^4}{2} + 4(0)^3 - 10(0)^2 + 8.5(0) + c$$

$$c = 1$$

Calcular en el punto inicial dado $x = 0.5, y = 1$

$$y(0.5) = -\frac{(0.5)^4}{2} + 4(0.5)^3 - 10(0.5)^2 + 8.5(0.5) + 1 = 3.21875$$

Cálculo del error relativo

$$E_t = (Valor\ Verdadero) - (Valor\ Aproximado)$$
$$E_t = (3.21875) - (5.25) = -2.03125$$

Error relativo porcentual

$$E_r = \frac{(Valor\ Verdadero) - (Valor\ Aproximado)}{(Valor\ Verdadero)} * 100\%$$
$$E_r = \frac{-2.03125}{(3.21875)} * 100\% = -63.106796\%$$
$$y(1) = y(0.5) + f(0.5, 5.25)0.5$$
$$y(1) = 3.21875 + [-2(0.5)^3 + 12(0.5)^2 - 20(0.5) + 8.5] * 0.5$$
$$y(1) = 5.875$$

2.4.2. Aplicación de Euler en computación gráfica

El método numérico más simple se llama método de Euler. Sea nuestro valor inicial para x denotado por $x_0 = x(t_0)$ y nuestra estimación de x en un tiempo posterior $t_0 + h$ por $x(t_0 + h)$; donde h es un parámetro de tamaño de paso. El método de Euler solo calcula $x(t_0 + h)$; dando un paso en la dirección de la derivada.

$$x(t_0 + h) = x_0 + h\dot{x}(t_0)$$

Puede utilizar la imagen mental de un campo vectorial 2D para visualizar el método de Euler. En vez de curva integral real, p sigue una trayectoria poligonal, cada tramo del cual se determina evaluando el vector f al principio, y escalado por h. Ver Figura 15.

Aunque simple, el método de Euler no es exacto. Considere el caso de una función 2D f cuyas curvas integrales son círculos concéntricos. Se supone que un punto p gobernado por f orbita eternamente sobre cualquiera que sea el círculo en el que comenzó. En cambio, con cada paso de Euler, p se moverá en línea recta a un círculo de mayor radio, de modo que su trayectoria seguirá una espiral hacia afuera. Reducir el tamaño del paso ralentizará la tasa que deriva hacia el exterior, pero nunca la eliminará.

2.4.2.1. Método Euler para analizar el tamaño de paso en dos problemas

Analizaremos el comportamiento de h, cuando $h > 1/k$, tenemos $|\Delta x| > |x|$, por lo que la solución oscila alrededor de cero. Más allá de $h = 2/k$ la oscilación diverge y el sistema explota. Ver Figura 21.

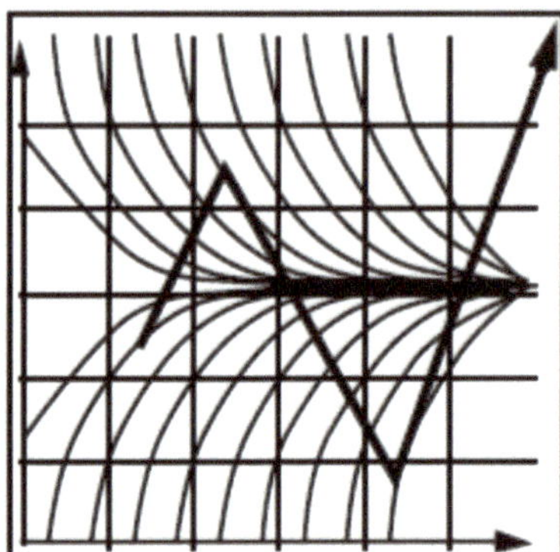

Figura 21. *Arriba: las curvas integrales reales forman círculos concéntricos, pero el método de Euler siempre es espiral hacia afuera, porque cada paso en la tangente del círculo actual conduce a un círculo de mayor radio. Contracción el tamaño de paso no soluciona el problema, solo reduce la velocidad a la que se acumula el error. Abajo: un tamaño de paso demasiado grande puede hacer que el método de Euler diverja.*

Por último, el método de Euler ni siquiera es eficiente. La mayoría de los métodos de solución numérica gastan casi todo su tiempo realizando evaluaciones derivadas, por lo que el costo computacional por paso está determinado por el número de evaluaciones por paso. Aunque el método de Euler solo requiere una evaluación por paso, la eficiencia real de un método depende del tamaño de los pasos que le permite tomar, mientras conserva precisión y estabilidad, así como del costo por paso. Métodos más sofisticados, incluso algunos que requieren hasta cuatro o cinco evaluaciones por paso, pueden superar en gran medida el método de Euler, porque su mayor costo por paso es más que compensado por los pasos más grandes que permiten.

Para entender cómo mejorar el método de Euler, necesitamos observar más de cerca el error que el método produce. La clave para comprender lo que sucede es la serie de Taylor: suponiendo que x(t) es suave, podemos expresar su valor al final del paso como una suma infinita que implica el valor y derivados al principio.

$$X(t_0+h) = x(t_0) + h\dot{x}(t_0) + \frac{h^2}{2!}\ddot{x}(t_0) + \frac{h^3}{3!}\dddot{x}(t_0) + \cdots \ldots\ldots\ldots\ldots\ldots + \frac{h^n}{n!}\left(\frac{\partial^n x}{\partial t^n}\right) + \cdots \ldots\ldots$$

Como se puede ver, obtenemos la fórmula de actualización de Euler al truncar la serie, descartando todo menos los dos primeros términos del lado derecho. Esto significa que el método de Euler sería correcto solo si todas las derivadas más allá de la primera fueran cero, es decir, si x(t) fuera lineal. El término de error, la diferencia entre el paso de Euler y la serie completa de Taylor no truncada, está dominado por el término principal $(h^2/2)x(t0)$. En consecuencia, podemos describir el error como $O(h^2)$ (léase «orden h al cuadrado»). Supongamos que cortamos nuestro tamaño de paso a la mitad; es decir, tomamos pasos de tamaño $h/2$. Aunque esto produce solo alrededor de un cuarto del error que obtuvimos con un tamaño de paso de h, tenemos que dar el doble de pasos sobre cualquier intervalo dado. Eso significa que el error que acumulamos en un intervalo de $t_0\ a\ t_1$ depende de forma lineal de h. Según la teoría, utilizando el método de Euler podemos calcular numéricamente x en un intervalo de e $t_0\ a\ t_1$ con un pequeño error como queramos, eligiendo una h convenientemente pequeña. En la práctica, una gran cantidad de pasos de tiempo podrían ser requeridos, dependiendo del error y la función *f*.

2.4.3. Ejercicios aplicación Euler

Ejemplo 2.4.3.1. Tomaremos el ejemplo de la ecuación de la paraca dística considerando que la solución analítica, o sea, la derivada ya resuelta, está dada por la siguiente ecuación que se demostró en los anteriores ítems.

$$v(t) = \frac{mg}{c}\left[1 - e^{-\frac{ct}{m}}\right]$$

Ahora compararemos las soluciones analíticas e iterativas para la caída de un objeto, con $m = 68.1\ kg,\ c = 12.5kg.\frac{m^2}{seg}$, y un tamaño de paso de 0.1. Entonces, antes de colocar la fórmula de Euler, necesitamos la función velocidad en su forma de derivada $\frac{dv}{dt} = \frac{mg-cv}{m}$. Además, recordemos que para aplicar el método Euler se necesita $\dot{x} = f(x, t)$. En nuestro ejemplo, la ecuación de derivada quedaría de la siguiente manera $\frac{dv}{dt} = g - \frac{c}{m} * V(t)$. Entonces:

$$v(t+1) = v(t) + \left(g - \frac{c}{m}V(t)\right) * Tamaño\_paso$$

A. Solución analítica

$$v(1) = \frac{68.1*9.81}{12.5}\left[1-e^{-\frac{12.5*0}{68.5}}\right] = 0$$
$$v(2) = \frac{68.1*9.81}{12.5}\left[1-e^{-\frac{12.5*0.10}{68.5}}\right] = 0.972$$
$$v(3) = \frac{68.1*9.81}{12.5}\left[1-e^{-\frac{12.5*0.20}{68.5}}\right] = 1.926$$

B. Solución Euler

$$v(1) = 0+\left(9.81-\frac{12.5}{68.1}*0\right) = 0$$
$$v(2) = 0+\left(9.81-\frac{12.5}{68.1}*0.10\right) = 0.981$$
$$v(3) = 0.981+\left(9.81-\frac{12.5}{68.1}*0.10\right) = 1.944$$

La solución quedaría de la siguiente manera:

Tiempo	Ve. analítica	Ve. Euler	Paso
0.00	0.000000	0.000000	0.100000
0.10	0.972052	0.981000	0.100000
0.20	1.926423	1.943993	0.100000
0.30	2.863437	2.889311	0.100000
0.40	3.783409	3.817276	0.100000
0.50	4.686648	4.728209	0.100000
0.60	5.573459	5.622421	0.100000
0.70	6.444141	6.500219	0.100000
0.80	7.298987	7.361905	0.100000
0.90	8.138285	8.207775	0.100000
1.00	8.962318	9.038118	0.100000
1.10	9.771364	9.853220	0.100000
1.20	10.565694	10.653361	0.100000
1.30	11.345578	11.438815	0.100000
1.40	12.111277	12.209851	0.100000
1.50	12.863049	12.966735	0.100000
1.60	13.601149	13.709726	0.100000
1.70	14.325824	14.439079	0.100000
1.80	15.037318	15.155044	0.100000
1.90	15.735872	15.857868	0.100000

2.00	16.421721	16.547791	0.100000
2.10	17.095095	17.225051	0.100000
2.20	17.756222	17.889879	0.100000
2.30	18.405325	18.542503	0.100000
2.40	19.042622	19.183149	0.100000
2.50	19.668328	19.812036	0.100000
2.60	20.282653	20.429379	0.100000
2.70	20.885805	21.035390	0.100000
2.80	21.477987	21.630278	0.100000
2.90	22.059399	22.214246	0.100000
3.00	22.630235	22.787496	0.100000

La gráfica de la solución sería:

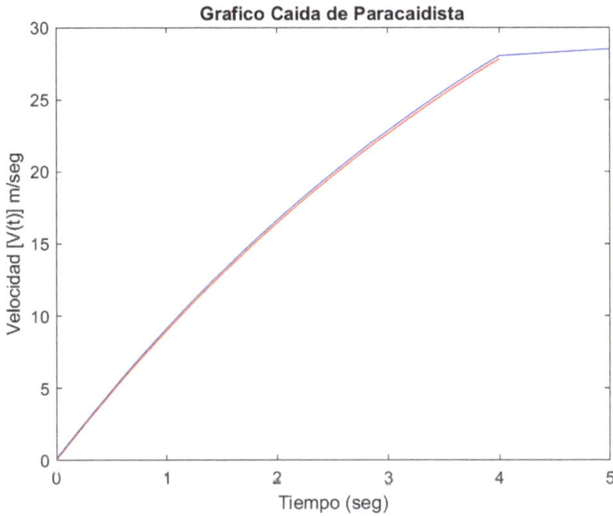

Figura 22. *Ejemplo del paracaidista Euler*

Para el mismo ejemplo, analizaremos el comportamiento de la solución analítica y la solución con Euler. Se nota que la solución analítica, representada por la línea roja, tiene una separación mínima de la solución Euler (línea de color azul), debido al tamaño de paso. En este caso, se colocó un tamaño de paso igual a h = 1. Entonces, mientras más pequeño es el tamaño de paso, más se ajusta a la solución real o analítica (ver Figura anterior).

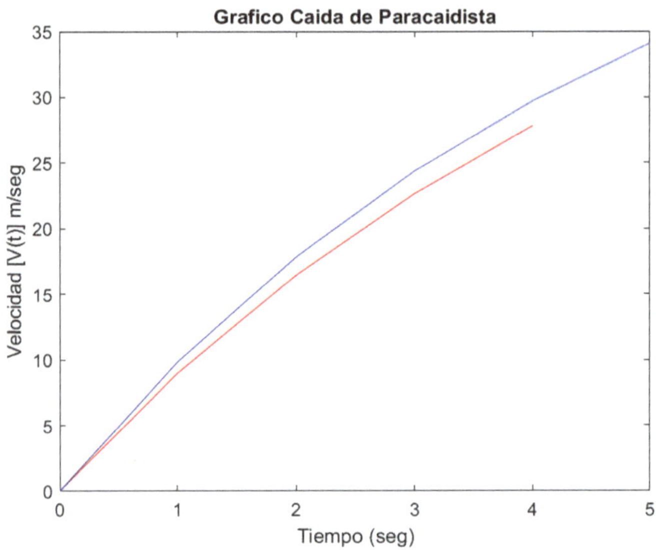

Figura 23. *Gráfica solución analítica y Euler, tamaño de paso 1*

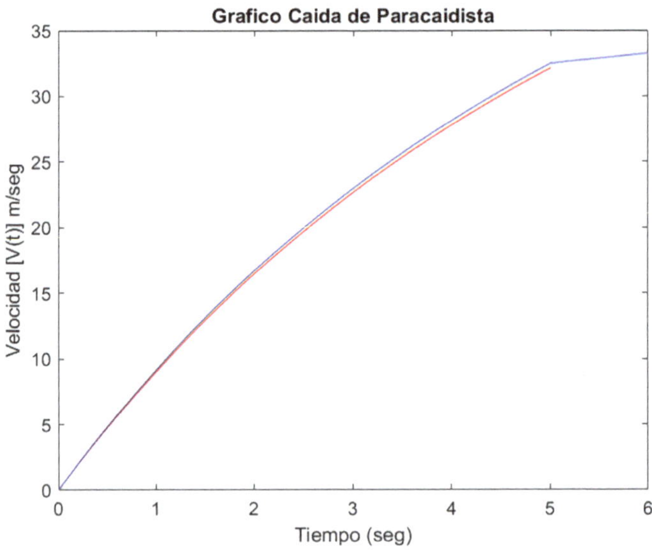

Figura 24. *Gráfica solución analítica y Euler, tamaño de paso 0.2*

Para seguir ejemplificando, dejaré aquí el código en MATLAB:

```
% METODO DE EULER
   clc;clear all;
   m=input('Ingrese la masa del objeto=');
   c=input('Ingrese el coeficiente de Resistencia=');
   tn=input('Ingrese el tiempo a evaluar=');
   V0=input('Ingrese la velocidad Inicial=');
   t_paso=input('Ingrese el tamaño de paso=');
   g=9.81; % gravedad
   i=1; %incrementamos la posicion de la velocidad
   fprintf('\n TIEMPO | VE. ANALITICA| VE. EULER| Paso
\n');
   V(i)=V0; %Velocidad Solución Analítica
   Ve(i)=V0; %Velocidad Solución Euler
   for t=0:t_paso:tn
      %Solucion Analítica
      V(i)=(g*m/c)*(1-exp((-c/m)*t));
      %Solucion con Euler
      Ve(i+1)=Ve(i)+ (g-(c/m)*Ve(i))*t_paso;
      fprintf('%.2f \t %f \t %f \t %f \n ',t,V(i),Ve(i),t_
         paso);
      T(i)=t;
      i=i+1;
   end
      plot(T,V,'r') %dibujar la grafica
      hold on
      T(i)=tn+1;
      plot(T,Ve,'b') %dibujar la grafica
      %Titulo del Grafico
      title('Grafico Caida de Paracaidista')
      %Etiqueta en X
      xlabel('Tiempo (seg)')
      %Etiqueta en Y
      ylabel('Velocidad [V(t)] m/seg')
```

Ejemplo 2.4.3.21. Evaluar la función $f'(x) = 6x^2 - 10x - 10$ con el método Euler entre los intervalos Xi = 0 hasta Xu = 4 y un tamaño de paso h = 0.3. Calcule la función real y compare con la solución de Euler.

Solución:

De la derivada de la función $f'(x) = 6x^2 - 10x - 10$, calculamos la función real

$f(x) = 2x^3 - 5x^2 - 10x$

$Xi = 0, \quad Xf = 4, \; h = 0.3$

$$X(i+1) = X(i) + f'(x) * h$$

Iteraciones:

$X(1) = X(0) + f'(0) * 0.3 = -3.0000$

$X(2) = -3.0000 + f'(0.3) * 0.3 = -6.7380$

$X(3) = -6.7380 + f'(0.6) * 0.3 = -10.8900$

Entonces la iteración con Euler y con el método analítico quedaría de la siguiente manera:

Tabla 15. Resultados Euler f(x)

Iteración	*dx/dt Euler*	*f(x)*
0	-3.0000	0
0.3000	-6.7380	-3.3960
0.6000	-10.8900	-7.3680
0.9000	-15.1320	-11.5920
1.2000	-19.1400	-15.7440
1.5000	-22.5900	-19.5000
1.8000	-25.1580	-22.5360
2.1000	-26.5200	-24.5280
2.4000	-26.3520	-25.1520
2.7000	-24.3300	-24.0840
3.0000	-20.1300	-21.0000
3.3000	-13.4280	-15.5760
3.6000	-3.9000	-7.4880
3.9000	8.7780	3.5880

Aplicación del método Euler para un tamaño de paso h = 0.3.

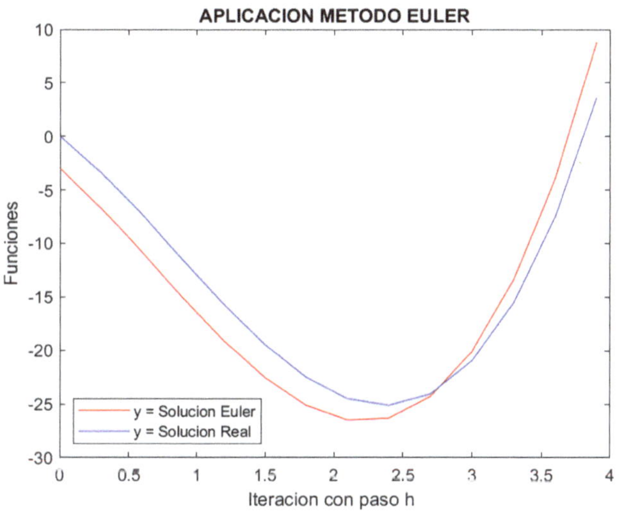

Figura 25. *Esta gráfica muestra la solución Euler con la real h = 0.3*

En la siguiente gráfica se muestra la iteración Euler a un tamaño de paso h = 0.01. Se ajusta más a la solución real porque el tamaño de paso es muy pequeño.

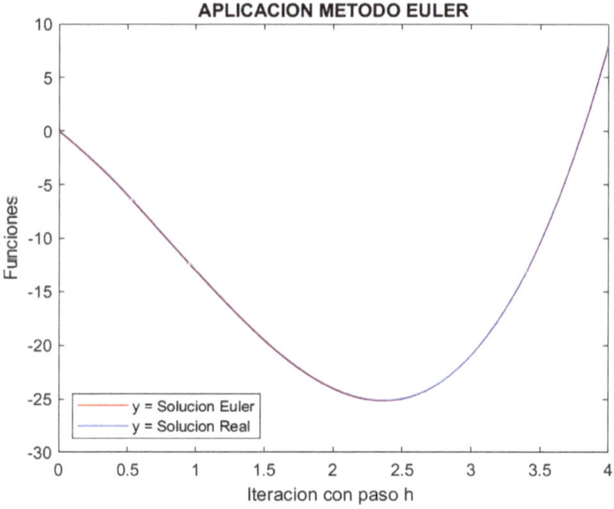

Figura 26. *La solución con Euler vs. real h = 0.01*

Ahora, a programar Euler con MATLAB.

Primera función de Euler:

```
function [Out]=metodoEuler(Xi,Xf,h)
   Y0=derivadaFun(Xi,0); %encontrar el valor inicial y0
   i=1;
   for X=Xi:h:Xf
      Ynuevo=Y0+f(X,Y0)*h;%Euler
      Y=derivadaFun(X,Y0); %Solucion Real
      Out(i,1)=X; %Almacenamos las iteraciones
      Out(i,2)=Ynuevo; %Almacenamos solución Euler
      Out(i,3)=Y; %Almacenamos solución Real
      Y0=Ynuevo; %Actualizamos la iteracion
             i=i+1;
   end
end
Función derivada para aplicar al método Euler:
function [outy]=f(x,y)
   outy=6*x.^2-10*x-10;%funcion df/dx
end
   Función real para comparar los resultados:
   function [outy]=derivadaFun(x,y)
   outy=2*x.^3-5*x.^2-10*x;%Funcion Real
end
   Función principal para procesar las funciones ya
      vistas:
   clc;clear all;
   fprintf('Iteracion |  dx/dt Euler |  f(x)')
   [Out]=metodoEuler(0,4,0.01) %mostramos la tabla Re-
sultados
   plot(Out(:,1),Out(:,2),'r') %Grafica Solucion Euler
   hold on
   plot(Out(:,1),Out(:,3),'b') %Grafica Solucion Real
   title('APLICACION METODO EULER')
   xlabel('Iteracion con paso h ')
   ylabel('Funciones')
   legend({'y = Solucion Euler','y = Solucion Re-
al'},'Location','southwest')
```

2.4.4. Aplicaciones de Euler en caída libre de objetos

Recordando el teorema:

Sea $F\ (x,\ y)$ de una función que representa la derivada de la función a evaluar, se considera para el tamaño de paso un, donde indica el avance de la pendiente a evaluar.

$$\emptyset_{i+1} = \emptyset_i + F(x,y) * h$$

Si tenemos un objeto suspendo en el aire y se le aplican fuerzas, entonces podrían existir muchas fuerzas externas e internas que afectan al objeto, como la fuerza de resistencia del aire, la gravedad y quizá alguna fuerza externa más, pero para este ejemplo solo se asignará a la fuerza debido al *peso* del objeto. Para ello, consideraremos la segunda ley de Newton:

$$F = ma$$

$$F = W = mg$$

Despejando la aceleración $a = \frac{F}{m} \quad => \frac{dv}{dt} = \frac{mg}{m}$

$$\frac{dv}{dt} = g \quad \text{.......................} \quad (4.1)$$

Partiendo de la ecuación anterior $dv = gdt => \int dv = \int gdt; \quad v = gt;$

$$\frac{dx}{dt} = gt \quad \text{.......................} \quad (4.1)$$

Ejemplo 2.1. Se tiene un gráfico triangular como el que se muestra en la figura con los vértices datos, una velocidad V_0 = [0,0] y una posición inicial P_0 = [0,0], tamaño de paso de h = 0.5 en un tiempo de $t_0 = 0$, hasta $t_n = 2.5$.

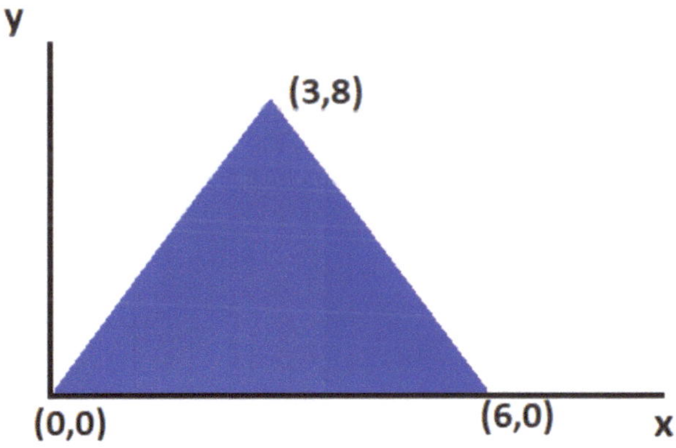

Figura 27. *Gráfico triángulo*

A. Solución numérica

Por teorema se tiene $\emptyset_{i+1} = \emptyset_i + F(x,t) * h$. Entonces, aplicaremos esta función a la velocidad del objeto y la posición.

a) Hallaremos las posiciones del objeto

Sabemos que la función posición $F(x,y) = [0,gt]$

$P_0 = [0{,}0]$

Primera iteración:

$t_0 = 0 \Rightarrow P(i+1) = P(i) + F(x,y) * h$

$P(1) = P(0) + g * (0) * 0.5 = [0{,}0] + [0{,}9.81 * 0] * 0.5$

$P(1) = [0{,}0]$

Segunda iteración:

$t_1 = 0.5 \Rightarrow P(2) = P(1) + F(x,y) * h$

$P(2) = [0{,}0] + [0{,}9.81 * 0.5] * 0.5$

$P(2) = [0{,}2.4525]$

Tercera iteración:

$t_1 = 1 \Rightarrow P(3) = [0{,}2.4525] + ([0{,}9.81 * 1] * 0.5)$

$P(3) = [0, 7.3575]$

Tabla 16. Resultados de Euler-triángulo

Salida de posiciones

X	*Y*
0	0
0	0
0	2.4525
0	7.3575
0	14.7150
0	24.5250

Salida de velocidades

X	*Y*
0	0
0	4.9050
0	9.8100
0	14.7150
0	19.6200
0	24.5250

B. Solución aplicada

Paso 1. Primero crearemos una función Euler para evaluar las posiciones y las velocidades del objeto.

```
function [OutP,OutV]=EulerMetod(P0,t0,tn,h)
V=zeros(size(P0)) %Vector de velocidades
g=9.81;
F=@(X,t)[0,g]; %funcion Velocidad
F1=@(X,t)[0,g*t];%Funcion Posicion
P=P0;
frame=[];
frame1=[];
for t=t0:h:tn
   frame=[frame;P]; %Acumular las posiciones
   frame1=[frame1;V]; %Acumular las velocidades
   V=V+F(P,t)*h; %Euler Velocidad
   P=P+F1(P,t)*h; %Euler Posicion
end
OutP=frame;
OutV=frame1
```

Paso 2. El segundo punto es la creación del método gráfico.

```
function GraficarTriangulo(X,Y,P)
%Graficando un objeto
axis([-50, 50 -50 50]);
fontsize = 10;
tstart=-30; %Inicio del eje x,y
tend=30;    %Final del eje x,y
Y0=Y;
for i=1 : length(P)
   fill(X,Y,'b','LineWidth',0.001)
   Y=Y0+P(i,2);
   title('Metodo Euler')
   xTitulo=strcat('Posicion X');
   yTitulo="Posicion Y";
   xlabel(xTitulo, 'Fontsize', fontsize);
   ylabel(yTitulo, 'Fontsize', fontsize);
```

```
        xlim([tstart tend]);
        ylim([tstart  tend]);
        pause(0.5);
    end
end
```

Paso 3. Creamos nuestra función principal, en la que llamaremos a la función Euler.m y a la función GraficarTriangulo.m

```
clear all;clc;
P0=[0,0];
t0=0;
tn=2.5;
h=0.5;
[OutP,OutV]=EulerMetod(P0,t0,tn,h);
OutP
OutV
%Graficando el triangulo
X=[0 3 6] %Puntos Iniciales del triángulo x
Y=[0 8 0]  %Puntos Inicial del triángulo Y
GraficarTriangulo(X,Y,OutP)
```

Resultado

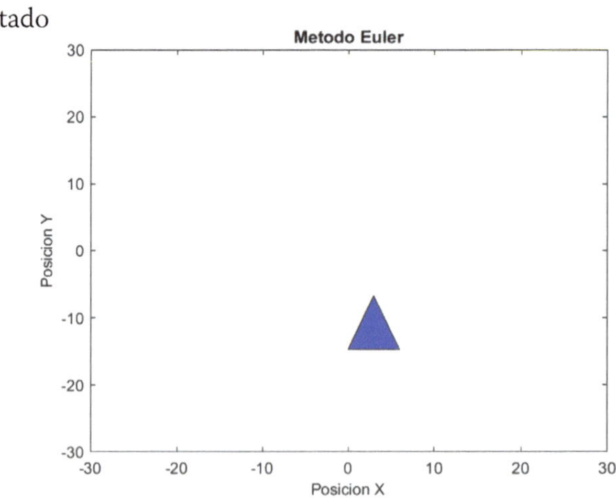

Figura 28. *Movimiento triángulo*

2.5. MÉTODO DE PUNTO MEDIO

Si fuéramos capaces de evaluar $\ddot{x}$, así como $\dot{x}$, podríamos lograr una precisión de $O(h^3)$ en lugar de $O(h^2)$ solo conservando un término adicional en la serie de Taylor truncada:

$$x(t_0 + h) = x_0 + \mathrm{h}\dot{x}(t_0) + \frac{h}{2}\ddot{x}(t_0) + O(h^3)$$

Recuerde que la derivada temporal $\dot{x}$ está dada por una función $f(x(t), t)$. Para simplificar lo que sigue, supondremos que la función derivada f depende del tiempo solo indirectamente a través de x, por lo que $\dot{x} = f(x(t))$. La regla de la cadena da entonces:

$$\ddot{x} = \frac{\partial f}{\partial x}\dot{x} = f'f$$

Para evitar tener que evaluar f', que a menudo sería complicado y costoso, podemos aproximar el término de segundo orden solo en términos de f, y sustituir la aproximación en la ecuación 1, dejándonos con el error $O(h^3)$. Para ello, realizamos otra expansión de Taylor, esta vez de la función de f.

$$f(x_0 + \Delta x) = f(x_0) + \Delta x f'(x_0) + O(\Delta x^2)$$

Primero introducimos en esta expresión, eligiendo:

$$\Delta x = \frac{h}{2}f(x_0)$$

De modo que:

$$f\left(x_0 + \tfrac{h}{2}f(x_0)\right) = f(x_0) + \tfrac{h}{2}f(x_0)f'(x_0) + O(h^2) = f(x_0) + \tfrac{h}{2}\ddot{x}(t_0) + O(h^2).$$

Donde $x_0 = x(t_0)$. Ahora podemos multiplicar ambos lados por h (convirtiendo el término $O(h^2)$ en $O(h^3)$, y reorganizar, cediendo.

$$\frac{h}{2}x + O(h^3) = h(f(x_0 + \frac{h}{2}f(x_0)) - f(x_0)$$

Sustituyendo el lado derecho en la ecuación 1 da la fórmula de actualización.

$$\boldsymbol{X(t_0 + h) = x(t_0) + h(f(x_0 + \frac{h}{2}f(x_0))}$$

Esta fórmula evalúa primero un paso de Euler. Luego, realiza una revisión de la segunda derivada en el punto medio del paso, usando la evaluación del punto medio para actualizar x. De ahí el nombre de método del punto medio.

El método del punto medio es correcto dentro de $O(h^3)$, pero requiere dos evaluaciones de f. Ver figura 29 en este caso seria para una vista pictórica del método.

a. Calcule un paso de Euler.

$$\Delta x = \Delta t\, f(x,t)$$

b. Evalúe f en el punto medio.

$$f_{mid} = f(\frac{x+\Delta x}{2},\frac{t+\Delta t}{2})$$

c. Dé un paso usando el valor de punto medio.

$$x_{(x+\Delta x)} = x_{(t)} + x + \Delta t f_{mid}$$

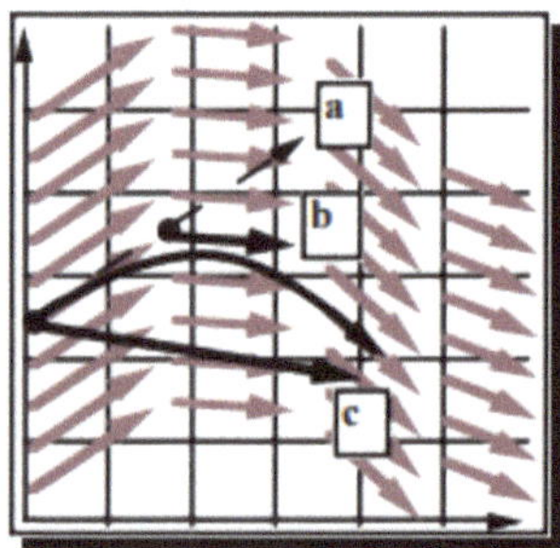

Figura 29. *Euler punto medio.*

El método del punto medio es un método de solución de segundo orden: a) se calcula un paso de Euler, b) en la derivada se evalúa de nuevo el punto medio del paso, y la segunda evaluación se usa para calcular el paso. La curva integral, la solución real, se muestra como c).

2.6. RUNGE-KUTTA

2.6.1. Runge-Kutta Euler simple

Ejemplo 2.6.1.1: $\frac{dy}{dx} = 2x^2 - 5x + 10,\ x = 0, y = 4, h = 0.5$

A. Solución analítica

$$\int dy = \int (2x^2 - 5x + 10)dx$$

$$y = \frac{2x^3}{3} - \frac{5x^2}{2} + 10x + C$$

Entonces reemplazamos los valores iniciales para calcular el valor C.

$$4 = \frac{2(0)^3}{3} - \frac{5(0)^2}{2} + 10(0) + C$$

$$C = 4$$

La ecuación de y con la solución analítica quedaría de la siguiente manera:

$$y = \frac{2x^3}{3} - \frac{5x^2}{2} + 10x + 4$$

B. Solución con Euler

$$f(x, y) = \frac{dy}{dx} = 2x^2 - 5x + 10,\ x = 0, y = 4,\ h = 0.5$$

Primera iteración: $i = 0$

$y(i + h) = y(i) + f(x, y) * h$ *(ecuación de Euler)*

$y(0 + 0.5) = y(0) + \boldsymbol{f(0, 4)} * 0.5$

$\boldsymbol{f(0, 4)} = 2(0)^2 - 5(0) + 10 = 10$

$y(0.5) = 4 + (\mathbf{10}) * 0.5 = 9$

Segunda iteración: $i = 1$

$y(1) = y(0.5) + \boldsymbol{f(0.5, 4)} * 0.5$

$\boldsymbol{f(0.5, 4)} = 2(0.5)^2 - 5(0.5) + 10 = 8$

$y(1) = 9 + (\mathbf{8}) * 0.5 = 13$

Tercera iteración: $i - 2$

$y(1.5) = y(1) + \boldsymbol{f(1, 4)} * 0.5$

$\boldsymbol{f(0.5, 4)} = 2(1)^2 - 5(1) + 10 = 7$

$y(1.5) = 13 + (\mathbf{7}) * 0.5 = 16.5$

Cuarta iteración: $i = 3$

$y(2) = y(1.5) + \boldsymbol{f(1, 4)} * 0.5$

$\boldsymbol{f(0.5, 4)} = 2(1.5)^2 - 5(1.5) + 10 = 7$

$y(2) = 16.5 + (\mathbf{7}) * 0.5 = 20$

Los resultados de las siguientes iteraciones se muestran a continuación en una tabla:

Tabla 17. Resultados del método Euler simple

Iteración	*x*	*f(x,y)*	*f'(x,y)*	*y(i+h)*
0	0	4.000	10.000	9.000
1	0.5	8.458	8.000	13.000
2	1	12.167	7.000	16.500
3	1.5	15.625	7.000	20.000
4	2	19.333	8.000	24.000
5	2.5	23.792	10.000	29.000
6	3	29.500	13.000	35.500
7	3.5	36.958	17.000	44.000
8	4	46.667	22.000	55.000
9	4.5	59.125	28.000	69.000
10	5	74.833	35.000	86.500
11	5.5	94.292	43.000	108.000
12	6	118.000	52.000	134.000
13	6.5	146.458	62.000	165.000
14	7	180.167	73.000	201.500

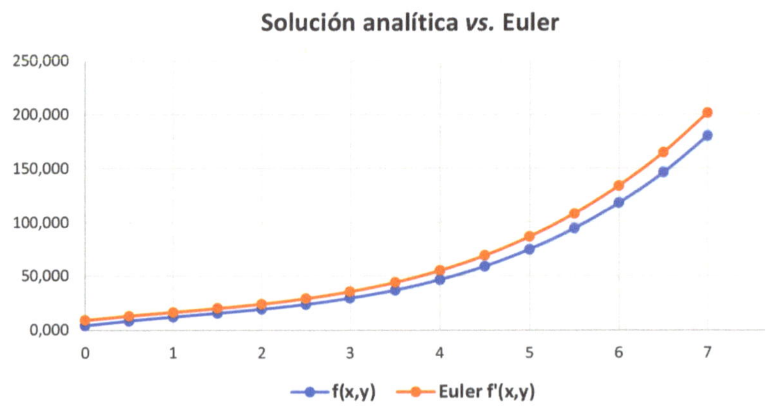

Figura 30. *Gráfica de comparación de solución analítica y Euler simple*

2.6.2. Métodos de Runge-Kutta de segundo orden

$y_{(i+1)} = y_{(i)} + (a_1 k_1 + a_2 k_2)h$

Donde:

$$k_1 = f(x_i, y_i)$$
$$k_2 = f(x_i + p_i h, y_i + q_{11} k_1 * h)$$

Calculamos los parámetros:

$$a_1 + a_2 = 1$$
$$a_2 p_1 = \frac{1}{2}$$
$$a_2 q_{11} = \frac{1}{2}$$

Despejaremos estas tres ecuaciones con tres incógnitas para encontrar los valores de las variables.

$$a_1 = 1 - a_2$$
$$p_1 = q_{11} = \frac{1}{2}$$

2.6.3. Método de Heun

$$y'_i = f(x_i, y_i)$$

$y^0{}_{(i+1)} = y_i + f(x_i, y_i) * h$ la ecuación del predictor

$y'_{i+1} = f(x_{i+1}, y^0{}_{i+1})$

$y_{i+1} = y_i + \frac{f(x_i, y_i) + f(x_{i+1}, y^0{}_{i+1})}{2} * h$ ecuación correctora

Ejemplo 2.6.3.1. Con el método de Heun integre $y' = 4e^{0.8x} - 0.5y$ desde x = 0 hasta x = 10, con un tamaño de paso igual a 1. La condición inicial es en x = 0, y = 2.

A. Solución analítica

$y' = 4e^{0.8x} - 0.5y$

Esta ecuación diferencial tiene la forma:

$\frac{d}{dx}y(x) = 4e^{\frac{4}{5}x} - \frac{y(x)}{2} \Rightarrow y' + P(x)y = Q(x)$

$$P(x) = \frac{1}{2}; \qquad Q(x) = 4e^{\frac{4}{5}x}$$

A esta ecuación se le llama linealidad homogénea, ecuación diferencia de primer orden.

Entonces resolveremos la EDO:

$$y' + P(x)y = 0$$

$$\frac{dy}{y} = -P(x)dx$$

$$\int \frac{dy}{y} = -\int P(x)dx$$

$$\ln(y) = -\int P(x)dx$$

$$|y| = e^{-\int P(x)dx}$$

Entonces las soluciones para esta ecuación son:

$$y_1 = e^{-\int P(x)dx}$$

$$y_2 = -e^{-\int P(x)dx}$$

Reemplazamos el valor entonces:

$$\int P(x)dx = \int \frac{1}{2}dx = \frac{x}{2} + C1$$

Esto quiere decir que la solución es lineal homogénea:

$$y_1 = e^{C1-\frac{x}{2}}$$

$$y_2 = -e^{C1-\frac{x}{2}}$$

Ya encontramos la solución de la ecuación homogénea correspondiente, ahora tenemos que resolver nuestra ecuación heterogénea.

$$y' + P(x)y = Q(x)$$

Para esta ecuación se utilizará el método de variación de la constante arbitraria. Entonces consideraremos que C es la función de x:

$$y = C(x)e^{-\frac{x}{2}}$$

Sustituimos en la ecuación lineal usando las reglas:

a. Diferenciación de producto
b. Derivada de una función compuesta

$$d\frac{C(x)}{dx} = Q(x)e^{\int P(x)dx}$$

Reemplazamos Q(x) y P(x) en esta ecuación. Colocamos la ecuación diferencial más simple para C(x):

$$d\frac{C(x)}{dx} = 4e^{\frac{13x}{10}}$$

Entonces:

$$C(x) = \int 4e^{\frac{13x}{10}}dx = \frac{40e^{\frac{13x}{10}}}{13} + C1$$

Reemplazamos este valor en:

$$y = C(x)e^{-\frac{x}{2}}$$

$$y = \left[\frac{40e^{\frac{13x}{10}}}{13} + C1\right] * e^{-\frac{x}{2}}$$

La solución de la ecuación quedaría de la siguiente forma:

$$y = \frac{40e^{\frac{4x}{5}}}{13} + C1 * e^{-\frac{x}{2}}$$

Para encontrar el valor de C1, reemplazamos su valor inicial x = 0, y = 2

$$2 = \frac{40e^{\frac{4(0)}{5}}}{13}e^{-\frac{(0)}{2}} + C1 * e^{-\frac{(0)}{2}}$$

$$C1 = 2 - \frac{40(1)}{13} = -\frac{14}{13}$$

$$y = \frac{40e^{\frac{4x}{5}}}{13}e^{-\frac{x}{2}} - \frac{14}{13}e^{-\frac{x}{2}}$$

$$y = \frac{40e^{0.8x}}{13}e^{-0.5x} - \frac{14}{13}e^{-0.5x}$$

B. Solución método Heun

Para calcular y0, reemplazaremos los valores iniciales.

Cuando i = 0

$$x_0 = 0, y_0 = 2$$

$$y'_0 = f\ (x_0, y_0)$$

$$y'_0 = 4e^{0.8(0)} - 0.5(2) = 3$$

Calcula en la función predictor:

$$y^0{}_{(1)} = y_0 + \ f\ (x_0, y_0) * (1)$$

$$y^0{}_{(1)} = 2 + \ 3 * (1) = 5$$

Ahora reemplazamos en la siguiente:

$y'_{i+1} = f\ (x_{i+1}, y^0{}_{i+1})$

X = 1

$y'_1 = f\ (x_1, y^0{}_1) = f(1,5)$

$f(1,5) = 4e^{0.8(1)} - 0.5(5) = 6.40021164$

$y_{i+1} = y_i + \frac{f\ (x_i, y_i) + f\ (x_{i+1}, y^0{}_{i+1})}{2} * h$

Ecuación correcta:

$\frac{f\ (x_i, y_i) + f\ (x_{i+1}, y^0{}_{i+1})}{2} = \frac{f\ (x_0, y_0) + f\ (x_1, y^0{}_1)}{2} = \frac{3 + 6.40021164}{2} = 4.701082$

$y_1 = y_0 + 4.7010 * (1) = 2 + 4.701082 = 6.701082$

Cuando i = 1

$$x_1 = 1, y_1 = 6.701082$$

$$y'_1 = f\ (x_1, y_1)$$

$$y'_1 = 4e^{0.8(1)} - 0.5(6.701082) = 5.521$$

Calcula en la función predictor:

$y^0{}_{(2)} = y_1 + \ f\ (x_1, y_1) * (1)$

$y^0{}_{(2)} = 6.701082 + \ 5.521 * (1) = 12.25233$

Ahora reemplazamos en la siguiente:

$y'_{i+1} = f\ (x_{i+1}, y^0{}_{i+1})$

X = 2

$y'_2 = f\ (x_2, y^0{}_2) = f(2,12.25233)$

$f(1,5) = 4e^{0.8(2)} - 0.5(12.25233) = 13.68596$

$\frac{f\ (x_1, y_1) + f\ (x_2, y^0{}_2)}{2} = \frac{5.521 + 13.68596}{2} = 9.603482$

$y_2 = y_1 + 9.603482 * (1) = 6.701082 + 9.603482 = 16.30456$

El resultado quedaría de la siguiente manera:

Tabla 18. Resultados con método Heun

X	*Y (verdadero)*	*Y (Heun)*	*Error*
0	2	2	0.70154073
1	6.19463138	6.70108186	0.58938901
2	14.8439219	16.3197819	0.56128733
3	33.6771718	37.1992489	0.55363276
4	75.3389626	83.3377673	0.55150124
5	167.905909	185.814935	0.55090406
6	373.824591	413.753319	0.55073647
7	832.048733	920.959057	0.55068941
8	1851.81116	2049.71589	0.5506762
9	4121.31347	4561.779	0.55067248
10	9172.17117	10152.4586	0.55067144

Implementación del código en MATLAB:

```
%Autor: Yhon Fuentes Huaman
%Metodo - Heun
%Datos de entrada
clc;clear all;
x0=0;
y0=2;
h=1;
yi=y0;
xf=10;
fprintf("X \t Y(Verdadero) \t Y(Heun)\t Error\n");
i=1;
for xi=x0:h:xf
dy=f(xi,yi);
%Para extrapolar linealment yi+1:
xi_1=xi+h;
y0i_1=yi+f(xi,yi)*h;
dyi_1=f(xi_1,y0i_1);
yi_1=yi+((dy+dyi_1)/2)*h;
Ea=abs((yi_1-yi)/yi_1);
fprintf("%.0f \t %.4f \t %.4f \t %.4f \n",xi,fv(xi),yi,Ea);
pointgraf(i,1)=xi; %valores de X
pointgraf(i,2)=fv(xi); %Y Verdadero
pointgraf(i,3)=yi;  %Y Heun
pointgraf(i,4)=Ea;  %Error
yi=yi_1;
xi=xi_1;
i=i+1;
end
plot(pointgraf(:,1),pointgraf(:,2),'r') %Grafica Solucion
Real
hold on
plot(pointgraf(:,1),pointgraf(:,3),'b') %Grafica Solucion
Heun
title('APLICACION DEL METODO HEUN')
xlabel('Iteracion con paso h ')
ylabel('Funciones')
legend({'y = Solucion Analitica','y = Solucion Heun'},'Loca-
tion','southwest')
```

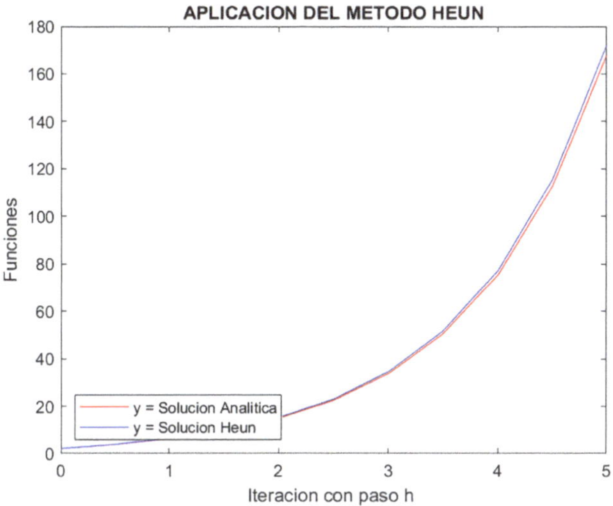

Figura 31. *Resultados del método Heun y analítico*

Ejemplo 2.6.3.2. Con el método de Heun, integre $y' = 5e^{-2x} - \left(\frac{1}{3}\right) y$ desde x = 0 hasta x = 5, con un tamaño de paso igual a 0.5. La condición inicial es en x = 0, y = 3.

La solución de la ecuación quedaría de la siguiente forma:

$$y = C1 * e^{-\frac{x}{3}} - 3e^{-2x}$$

Tabla 19. Resultados Heun

H	*Y (verdadero)*	*Y (Heun)*	*Error*
0	3	3	0.258
0.5	3.9753	4.0432	0.0164
1	3.8932	3.9779	0.1132
1.5	3.4898	3.5733	0.1519
2	3.0256	3.1022	0.1681
2.5	2.5874	2.6557	0.175
3	2.1998	2.2601	0.178
3.5	1.8657	1.9185	0.1793
4	1.5806	1.6268	0.1799
4.5	1.3384	1.3788	0.1801
5	1.1331	1.1683	0.1802

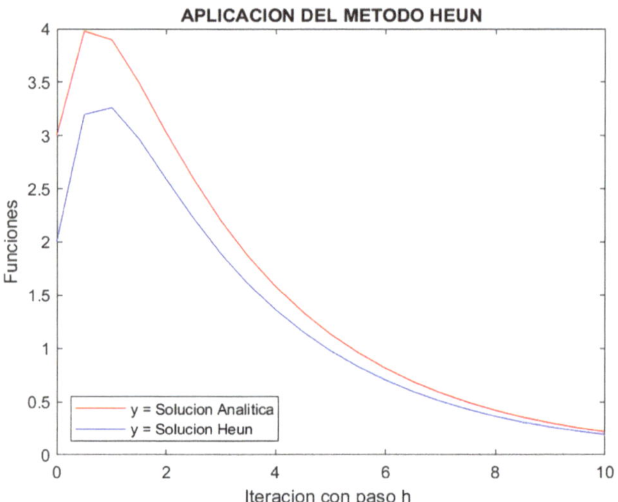

Figura 32. *Gráfico de ejemplo 2 Heun*

Ejemplo 2.6.3.3. Dada la ecuación $\frac{dy}{dx} = x/y$, encontrar las soluciones aplicando el método Heun, con la condición inicial y = 2 en x = 1, con un tamaño de paso igual a 0.1, hasta x = 4

A. Solución analítica

$$\frac{dy}{dx} = \frac{x}{y}$$

$$y\,dy = x\,dx$$

$$\int y\ dy = \int x\ dx$$

$$\frac{y^2}{2} + c1 = \frac{x^2}{2} + c2$$

$$\frac{y^2}{2} = \frac{x^2}{2} + k$$

Remplazando y = 2 y x = 1 para hallar K:

$$\frac{2^2}{2} = \frac{1^2}{2} + k$$

$$2 = \frac{1}{2} + k$$

$$k = \frac{3}{2}$$

Queda la ecuación de la siguiente forma:

$$\frac{y^2}{2} = \frac{x^2}{2} + \frac{3}{2}$$

$$y^2 = x^2 + 3$$

$$y = \sqrt{x^2 + 3}$$

B. Solución Heun

Datos:

$$\frac{dy}{dx} = \frac{x}{y}$$

$$Xo = 1$$

$$Yo = 1$$

$$Xf = 2$$

$$h = 0.1$$

Primera iteración:

$$x_1 = 1$$

$$y_1 = 2$$

$$x_{i+1}^0 = x_1 + h = 1+0.1 = 1.01$$

$$y_{i+1}^0 = y_1 + \left(\frac{dy}{dx}\right)_1 * h = 2 + (\frac{1}{2}) * 0.1 = 2.05$$

Segunda iteración:

$$x_2 = x_1 + h = 1 + 0.1 = 1.01$$

$$y_2 = y_1 + \frac{h}{2}\left[\left(\frac{dy}{dx}\right)_1 + \left(\frac{dy}{dx}\right)_{i+1}\right] = 2 + \frac{0.1}{2}\left[(\frac{1}{2}) + (\frac{1.01}{2.05})\right] = 2.052$$

$$x_{i+1}^0 = x_1 + h = 1+0.1 = 1.02$$

$$y_{i+1}^0 = y_1 + \left(\frac{dy}{dx}\right)_2 * h = 1.01 + (\frac{1.01}{2.052}) * 0.1 = 2.105$$

Tercera iteración:

$$x_3 = x_2 + h = 1.01 + 0.1 = 1.02$$

$$y_3 = y_1 + \frac{h}{2}\left[\left(\frac{dy}{dx}\right)_1 + \left(\frac{dy}{dx}\right)_{i+1}\right] = 1 + \frac{0.1}{2}\left[(\frac{1.1}{2.052}) + (\frac{1.02}{2.105})\right] = 2.107$$

$$x_{i+1}^0 = x_1 + h = 1.2+0.1 = 1.03$$

$$y_{i+1}^0 = y_1 + \left(\frac{dy}{dx}\right)_2 * h = 1.01 + (\frac{1..2}{2.107}) * 0.1 = 2{,}164$$

Realizar lo mismo hasta la décima iteración.

Tabla 20. Resultado iteración Heun

h	*Y (verdadero)*	*Y (Heun)*	*Error*
0	2	2	0.0253
0.1	2.0518	2.0518	0.0262
0.2	2.1071	2.1071	0.027
0.3	2.1656	2.1656	0.0276
0.4	2.2271	2.2271	0.028
0.5	2.2913	2.2913	0.0283
0.6	2.358	2.358	0.0284
0.7	2.4269	2.4269	0.0284
0.8	2.498	2.498	0.0284
0.9	2.571	2.571	0.0283
1	2.6458	2.6458	0.0281

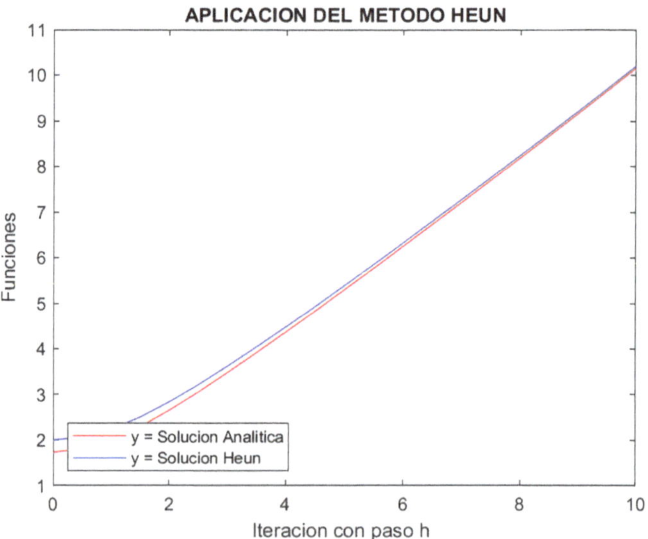

Figura 33. *Solución Heun ejemplo h = 2*

Ejemplo 2.6.3.4. Dada la ecuación diferencial $\frac{dy}{dx} = x\sqrt{y} \quad y(1)$ aplique los métodos de Runge-Kutta de segundo orden para aproximar y (1.6) usando $h = 0.2$

A. Forma analítica

$$\frac{dy}{dx} = x\sqrt{y}$$

$$\frac{1dy}{\sqrt{y}} = xdx$$

$$\int \frac{1dy}{\sqrt{y}} = \int xdx$$

$$\int y^{\frac{-1}{2}} dy = \int xdx$$

$$\frac{y^{\frac{-1}{2}+1}}{\frac{1}{2}} + C_1 = \frac{x^2}{2} + C_2$$

$$2y^{\frac{1}{2}} = \frac{x^2}{2} C$$

$$\sqrt{y} = \frac{x^2}{4} + C$$

$$y = \left(\frac{x^2}{4} + C\right)^2$$

$$= \sqrt{4} = \frac{1}{4} + C \rightarrow 2 - \frac{1}{4} = C \rightarrow C = \frac{7}{4}$$

B. Método de Heun

Fórmula general:

$$y_{i+1}^{0} = y_i + f(x_i, y_i)h$$

$$y_{i+1} = y_i + \frac{f(x_i, y_i) + f(x_{i+1}, y_{i+1}^{0})}{2} h$$

Primera iteración (***i* = 0**):

Condición inicial

$x_0 = 1, \quad y_0 = 4$

Entonces

$x_0 = 1$

$y_0 = 4$

$k_1 = f(x_0, y_0) = x_0\sqrt{y_0} = 1\sqrt{4} = 2$

$k_2 = f(x_0 + h, y_0 + k_1 * h)$

$k_2 = f(1.2, 4.4) = 1.2\sqrt{4.4} = 2.51714$

$y_1 = y_0 + \frac{h}{2}(k_1 + k_2)$

$y_1 = 4 + \frac{0.2}{2}(2 + 2.51714)$

$y_1 = 4.45171$

Iteración	x_1	y_1	y_{i+1}
0	1	4	4.45171

Segunda iteración (***i*** **= 1**):

$$x_1 = x_0 + h = 1.2 \quad y_1 = 4.45171$$

$$k_1 = f(x_1, y_1) = 1.2\sqrt{4.45171}$$

$$= 2.53189$$

$$k_2 = f(x_1 + h, y_1 + k_1 * h)$$

$$k_2 = f(1.4, 4.95809) = 3.11734$$

$$y_2 = y_1 + \frac{h}{2}(k_1 + k_2) = 5.01663$$

Iteración	x_1	y_1	y_{i+1}
0	1	4	4.45171
1	0.2	4.45171	5.01663

Tercera iteración (***i*** **= 2**):

$$x_2 = x_1 + h = 1.4 \quad y_2 = 5.01663$$

$$k_1 = f(x_1, y_1) = 1.4\sqrt{5.01663}$$

$$= 3.13569$$

$$k_2 = f(x_2 + h, y_2 + k_1 * h)$$

$$k_2 = f(1.6, 5.64376) = 3.80105$$

$$y_3 = y_2 + \frac{h}{2}(k_1 + k_2) = 5.71030$$

Iteración	x_1	y_1	y_{i+1}
0	1	4	4.45171
1	1.2	4.45171	5.01663
2	1.4	5.01663	5.71030

Mostramos la comparación de la solución analítica y la solución computacional aplicando el método Heun.

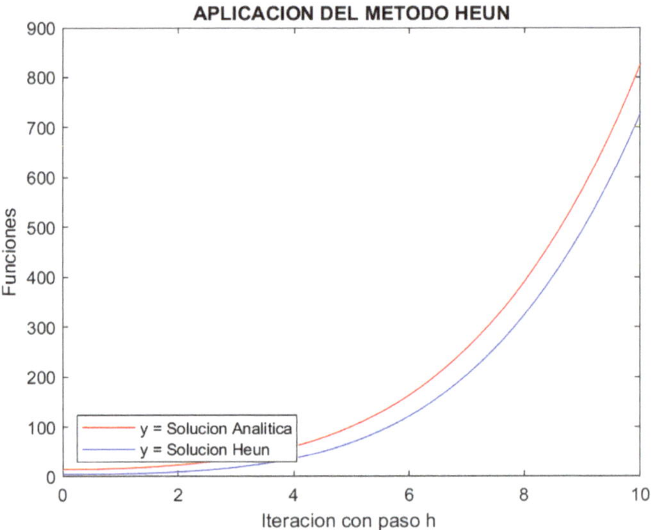

Figura 34. *Resolución ejemplo con Heun*

C. Método de Ralston

Primera iteración (***i* = 0**):

$$x_0 = 1, \; y_0 = 4$$

$$k_1 = f(x_0, y_0) = x_0\sqrt{y_0} = 1\sqrt{4} = 2$$

$$k_2 = f\left(x_0 + \frac{3}{4}\,h\,, y_0 + \frac{3}{4}\,k_1 \,.\, h\right)$$

$$k_2 = f(1.15{,}4.3) = 2.38469$$

$$y_1 = y_0 + \left(\frac{1}{3}k^1 \,, \frac{2}{3}\,k_2\right)h$$

$$= 4 + \left(\frac{2}{3} + 1.58979\right).\, 0.2 = 4.45129$$

i	x_i	y_i	y_{i+1}
0	1	4	4.45129

Segunda iteración (***i* = 1**):

$$x_1 = x_0 + h = 1.2\,, \; y_1 = 4.45129$$

$$k_1 = f(x_1, y_1) = 1.2\sqrt{4.45129} = 2.53176$$

$$k_2 = f\left(x_1 + \frac{3}{4}\,h\,, y_1 + \frac{3}{4}\,k_1 \,.\, h\right)$$

$$k_2 = f(1.35{,}483105) = 2.96725$$

$$y_2 = y_1 + f\left(\frac{1}{3}k_1 \,, \frac{2}{3}\,k_2\right)h = 5.01570$$

i	x_i	y_i	y_{i+1}
0	1	4	4.45129
1	1.2	4.45129	5.01570

Tercera iteración (***i* = 2**):

$$x_2 = x_1 + h = 1.4\,, \; y_2 = 5.01570$$

$$k_1 = f(x_2, y_2) = 1.4\sqrt{5.0157}$$

$$= 3.16540$$

$$k_2 = f\left(x_2 + \frac{3}{4}\,h\,, y_2 + \frac{3}{4}\,k_1 \,.\, h\right)$$

$$k_2 = f(1.55{,}5.48610) = 3.63545$$

$$y_3 - y_2 + f\left(\frac{1}{3}k_1 \,, \frac{2}{3}\,k_2\right)h = 5.69545$$

i	x_i	y_i	y_{i+1}
0	1	4	4.45129
1	1.2	4.45129	5.01570
2	1.4	5.01570	5.69545

D. Método de punto medio

Primera iteración (***i* = 0**):

$$x_0 = 1, \quad y_0 = 4$$

$$k_1 = f(x_0, y_0) = x_0\sqrt{y_0} = 1\sqrt{4} = 2$$

$$k_2 = f\left(x_0 + \frac{1}{2}h\,, y_0 + \frac{1}{2}k_1 * h\right)$$

$$k_2 = f(1.1\,{,}4.2) = 1.1\sqrt{4.2} = 2.25432$$

$$y_1 = y_0 + k_2 h = 4.45086$$

Segunda iteración (***i*** **= 1**):

$$x_1 = x_0 + h = 1.2 \quad y_1 = 4.45086$$

$$k_1 = f(x_1, y_1) = 1.2\sqrt{4.45086}$$

$$= 2.53164$$

$$k_2 = f\left(x_1 + \frac{1}{2}h \,, y_1 + \frac{1}{2}k_1 * h\right)$$

$$k_2 = f(1.3 \,, 4.70402) = 2.81953$$

$$y_2 = y_1 + k_2 h = 5.01476$$

Iteración	x_1	y_1	y_{i+1}
0	1	4	4.45086
1	1.2	4.45086	5.01476

Tercera iteración (***i*** **= 2**):

$$x_2 = x_1 + h = 1.4 \quad y_2 = 5.01476$$

$$k_1 = f(x_2, y_2) = 1.4\sqrt{5.01476}$$

$$= 3.13511$$

$$k_2 = f\left(x_2 + \frac{1}{2}h \,, y_2 + \frac{1}{2}k_1 * h\right)$$

$$k_2 = f(1.5 \,, 5.32827) = 3.46245$$

$$y_2 = y_1 + k_2 h = 5.70725$$

Iteración	x_1	y_1	y_{i+1}
0	1	4	4.45086
1	1.2	4.45086	5.01476
2	1.4	5.01476	5.70725

Resumen

Tabla 21. Tabla de resultados de los tres métodos

x_i	*Heun*	*Ralston*	*Punto medio*
1	4	4	4
1.2	4.45171	4.45129	4.45086
1.4	5.01663	5.01570	5.01476
1.6	5.7121	5.69545	5.70725

E. Gráfico de comparación de los tres métodos

En este grafico se muestran los resultados de los tres métodos aplicados Heun, Ralston y punto medio, estas tres no divergen mucho en sus resultados.

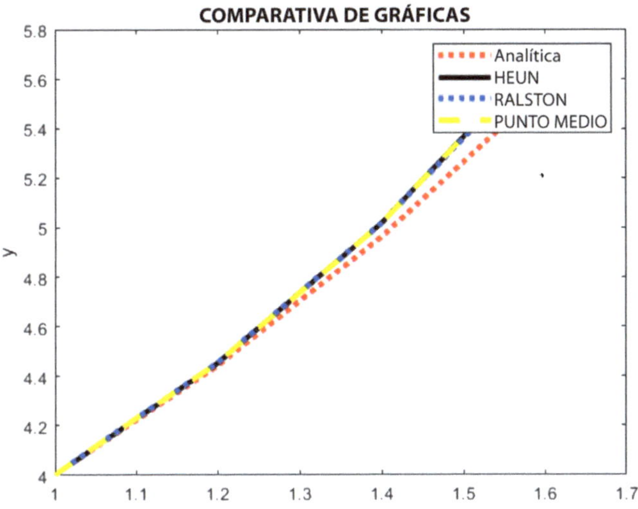

Figura 35. *Comparación de tres métodos*

F. Código de la comparación de los algoritmos en MATLAB

```
clear
clc
% Solucion analitica
x=[1:0.2:1.6];
y=(((x.^2/4)+1).^2);
plot(x,y,’g:’,’LineWidth’,3);
title(‘comparativa de graficas’);
xlabel(‘x’);ylabel(‘y’);hold on;
% Solucion HEUN
x1=[1:0.2:1.6];
y1-[4 4.45171 5.01663 5.71030];
plot(x1,y1,’k’,’LineWidth’,3);
legend(‘Analitica’,’HEUN’);
% Solucion RALSTON
x1=[1:0.2:1.6];
y1=[4 4.45129 5.01570 5.69545];
plot(x1,y1,’b:’,’LineWidth’,3);
legend(‘Analitica’,’HEUN’,’RALSTON’);
% Solucion PUNTO MEDIO
x1=[1:0.2:1.6];
y1=[4 4.45086 5.01476 5.70725];
plot(x1,y1,’y--’,’LineWidth’,3);
legend(‘Analitica’,’HEUN’,’RALSTON’,’PUNTO MEDIO’);
```

2.6.4. Método del punto medio ($a_2 = 1$)

Para la aplicación del método punto medio de Euler, se define que $a_2 = 1$. Entonces tendremos que $a_1 = 0$; por lo tanto, $p_1 = 1 = q_{11} = \frac{1}{2}$, de modo que nuestra ecuación para la aplicación del método del punto medio quedará como:

$$y_{(i+1)} = y_{(i)} + k_2 h$$

Donde:

$$k_1 = f\,(x_i, y_i)$$

$$k_2 = f\,(x_0 + \frac{1}{2}h, y_i + \frac{1}{2}k_1 h)$$

2.6.5. Método de Ralston $a_2 = 2/3$

Para la aplicación del método de Ralston de Euler, se define que $a_2 = 2/3$, entonces tendremos que $a_1 = 1/3$; por lo tanto, $p_1 = 1 = q_{11} = 3/4$, de modo que nuestra ecuación para la aplicación del método del Ralston quedará como:

$$y_{(i+1)} = y_{(i)} + \left(\frac{1}{3}k_1 + \frac{2}{3}k_2\right)h$$

Donde:

$$k_1 = f\,(x_i, y_i)$$

$$k_2 = f\,(x_i + \frac{3}{4}h, y_i + \frac{3}{4}k_1 * h)$$

Ejemplo 2.6.5.1. Encontrar las raíces de la ecuación diferencial $\frac{dy}{dx} = x - y + 2$, con el método Ralston, con un tamaño de paso de $h = 0.1$ y valores iniciales de $x = 0$, $y = 2$.

Solución:

Iteración i = 0:

$$\boldsymbol{k_1 = f\,(x_i, y_i)} \Rightarrow k1 = f(0{,}2) = 0 - 2 + 2 = 0$$

$$k_2 = f\,(x_i + \frac{3}{4}h, y_i + \frac{3}{4}k_1 * h)$$

$$k_2 = f\left(0 + \frac{3}{4}(0.1), 2 + \frac{3}{4}(0) * (0.1)\right) = f\left(0 + \frac{3}{4}(0.1), 2 + \frac{3}{4}(0) * (0.1)\right)$$

$$k2 = f\,(0.075, 2) = 0.075 - 2 + 2 = 0.075$$

$$\boldsymbol{y_1 = y_0 + \left(\frac{1}{3}k_1 + \frac{2}{3}k_2\right)h}$$

$$y_1 = 2 + \left(\frac{1}{3}(0) + \frac{2}{3}(0.075)\right)(0.1) = 2.005$$

Iteración i = 1:

$$k_1 = f\,(x_1, y_1) => k1 = f(0.1{,}2.005) = 0.1 - 2.005 + 2 = 0.095$$

$$k_2 = f\left(0.1 + \frac{3}{4}(0.1), 2.005 + \frac{3}{4}(0.095) * (0.1)\right)$$

$$k2 = f\,(0.175, 2.01213) = 0.175 - 2.01213 + 2 = 0.16287$$

$$y_2 = y_1 + \left(\frac{1}{3}k_1 + \frac{2}{3}k_2\right)h$$

$$y_2 = 2.005 + \left(\frac{1}{3}(0.095) + \frac{2}{3}(0.16287)\right)(0.1) = \mathbf{2.019025}$$

Las soluciones de las iteraciones realizadas con el método analítico Ralston se muestran en la siguiente tabla:

Tabla 22. Solución ejemplo Ralston

X	*Y (verdadero)*	*Y(Ralston)*	*Error*
0	2	2	0.0025
0.1	2.0048	2.005	0.0069
0.2	2.0187	2.019	0.0109
0.3	2.0408	2.0412	0.0143
0.4	2.0703	2.0708	0.0172
0.5	2.1065	2.1071	0.0197
0.6	2.1488	2.1494	0.0218
0.7	2.1966	2.1972	0.0235
0.8	2.2493	2.25	0.0248
0.9	2.3066	2.3072	0.0259
1	2.3679	2.3685	0.0267

La siguiente figura muestra la solución analítica y la gráfica con el método Ralston:

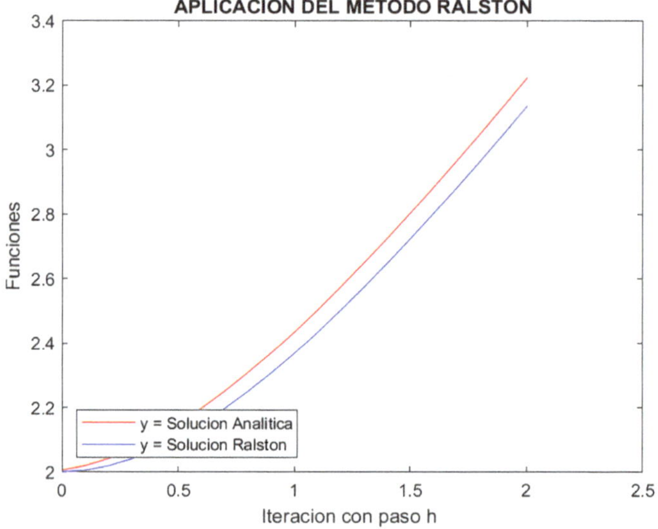

Figura 36. *Gráfica real vs. Ralston*

B. Simulación del modelo Ralston

Para modelar en cálculo del método Ralston se utilizó el programa MATLAB. Se muestra a continuación el código del programa:

```
%AUTOR: YHON FUENTES H.
clc;clear all;
h=0.1;
xi=0;
hi=xi;
yi=2;
xf=2;
i=1;
Ea=100;
fprintf("X \t Y(Verdadero) \t Y(RALSTON)\t Error\n");
for x=xi:h:xf
    k1=f(xi,yi);
```

```
    k2=f(xi+(3*h/4),yi+(3*k1*h/4));
    yi_1=yi+((1*k1/3)+(2*k2/3))*h;
    Ea=abs((yi_1-yi)/yi_1);
    datos(i,1)=xi; %Valores de X
    datos(i,2)=yi_1; %M. Ralston
    datos(i,3)=fv(xi);%Tabulacion Real
    datos(i,4)=Ea;  %Error
    fprintf("%.3f \t %.4f \t %.4f \t %.4f\n",xi,f-
       v(xi),yi,Ea);
    i=i+1;
    hi=hi+h;
    xi=hi;
    yi=yi_1;
end

plot(datos(:,1),datos(:,2),'r') %Grafica   Solucion
    RAlston
hold on
plot(datos(:,1),datos(:,3),'b')  %Grafica  Solucion
    Real
title('APLICACION DEL METODO RALSTON')
xlabel('Iteracion con paso h ')
ylabel('Funciones')
legend({'y  =  Solucion  Analitica','y  =  Solucion
    Ralston'},
'Location','southwest')
```

2.6.6. Método de Runge-Kutta de tercer orden

$$y_{(i+1)} = y_{(i)} + \frac{1}{6}(k_1 + 4k_2 + k_3)h$$

Donde:

$$k_1 = f\,(x_i, y_i)$$

$$k_2 = f\left(x_i + \frac{1}{2}h, y_i + \frac{1}{2}k_1 * h\right)$$

$$k_3 = f\,(x_i + h, y_i - k_1 h + 2k_2 * h)$$

Esta ecuación diferencial ordinaria se aplica solo en función de la variable x. Este método de Runge-Kutta de tercer orden se reduce a la regla de Simpson 1/3.

Ejemplo 2.6.6. Encontrar las raíces de la ecuación diferencial $\frac{dy}{dx} = x - y + 2$, con el método Ralston, con un tamaño de paso de $h = 0.1$, y valores iniciales de $x = 0$, $y = 2$.

A. Solución analítica

$$\frac{dy}{dx} = x - y + 2$$

$$\frac{d}{dx}y(x) = x - y(x) + 2$$

La ecuación tiene la forma de una EDO:

$$y' + P(x)y = Q(x)$$

Donde: $P(x) = 1$

$Q(x) = x + 2$

Esta ecuación se denomina lineal homogénea, ecuación de primer orden. Entonces desarrollaremos la solución de la ecuación lineal.

$$y' + P(x)y = 0$$

Despejando:

$\frac{dy}{y} = P(x)dx$, integramos la ecuación:

$$\int \frac{dy}{y} = \int P(x)dx$$

$$\log(|y|) = -\int P(x)dx$$

$$|y| = e^{-\int P(x)dx}$$

Las soluciones a esta ecuación serán:

$$y_1 = e^{-\int P(x)dx}$$

$$y_2 = -e^{-\int P(x)dx}$$

Ahora encontraremos la integral de $\int P(x)dx$:

$$\int 1dx = x + C$$

$$y_1 = e^{-x+c_1}; \qquad y_2 = -e^{-x+c_2}$$

Entonces, para cualquier constante C no igual a cero:

$$y = C\,e^{-x}$$

Otra vez encontramos la solución de la ecuación homogénea correspondiente. Ahora hay que resolver nuestra ecuación heterogénea:

$$y' + P(x)y = Q(x)$$

Utilizaremos el método de variación de la constante arbitraria. Ahora consideremos que C es la función de x.

$$y = C(x)\, e^{-x}$$

Sustituimos en la ecuación lineal usando las reglas:

- De diferenciación del producto
- Derivada de una función compuesta

Entonces encontramos:

$$\frac{d}{dx}C(x) = Q(x)\, e^{\int P(x)dx}$$

Sustituimos $Q(x)$ y $P(x)$ en esta ecuación y recibimos la ecuación diferencial simple de C(x).

$$\frac{d}{dx}C(x) = (x+2)e^{x}$$

Es decir, C(x) =

$$\int (x+2)e^{x}\, dx = (x+1)e^{x} + C$$

Sustituimos C(x) en: $y = C(x)\, e^{-x}$

$$e^{-x}((x+1)e^{x} + C) = y$$

$$y = x + 1 + \frac{C}{e^{x}}$$

Por último, calculamos el valor de la constante para este ejemplo $x = 0$, $y = 2$.

$2 = 0 + 1 + \frac{C}{e^{0}}$ entonces $C - 1$.

La solución de esta ecuación por el método analítico es:

$$y = x + 1 + \frac{1}{e^{x}}$$

B. Solución Runge-Kutta tercer orden

$$\frac{dy}{dx} = f(x, y) = x + y - 2$$

Iteración i = 0:

$$\boldsymbol{k_1 = f\,(x_i, y_i)} => k1 = f(0{,}2) = 0 - 2 + 2 = 0$$

$$\boldsymbol{k_2 = f\,(x_i + \frac{1}{2}h, y_i + \frac{1}{2}k_1 * h)}$$

$$k_2 = f\left(0 + \frac{1}{2}(0.1), 2 + \frac{1}{2}(0) * (0.1)\right) = f\,(0.05, 2)$$

$$k2 = f\,(0.05, 2) = 0.05 - 2 + 2 = 0.05$$

$$\boldsymbol{k_3 = f\,(x_i + h, y_i - k1 * h + 2k_2 * h)}$$

$$k_3 = f\,(0 + 0.1, 2 - (0) * (0.1) + 2(0.05) * (0.1))$$

$$k_3 = f\,(0.1, 2.01)$$

$$\boldsymbol{k_3 = 0.1 - 2.01 + 2 = 0.09}$$

$$\boldsymbol{y_1 = y_0 + \frac{1}{6}(k_1 + 4k_2 + k_3)h}$$

$$y_1 = 2 + \frac{1}{6}(0 + 4(0.05) + 0.09)(0.1)$$

$$\boldsymbol{y_1 = 2.00483}$$

Iteración i = 1:

$$Xi = 0 + 0.1 = 0.1$$

$$\boldsymbol{k_1 = f\,(x_i, y_i)} => k1 = f(0.1{,}2.00483) = 0.1 - 2.00483 + 2 = 0.09517$$

$$\boldsymbol{k_2 = f\,(x_i + \frac{1}{2}h, y_i + \frac{1}{2}k_1 * h)}$$

$$k_2 = f\left(0.1 + \frac{1}{2}(0.1), 2.00483 + \frac{1}{2}(0.09517) * (0.1)\right) = f\,(0.15, 2.00959)$$

$$k_2 = f\,(0.15, 2.00959) = 0.15 - 2.00959 + 2 = 0.14041$$

$$\boldsymbol{k_3 = f\,(x_i + h, y_i - k1 * h + 2k_2 * h)}$$

$$k_3 = f\,(0.1 + 0.1, 2.00483 - (0.09517) * (0.1) + 2(0.14041) * (0.1))$$

$$k_3 = f\,(0.2, 2.02352)$$

$$\boldsymbol{k_3 = 0.2 -} 2.02352 \boldsymbol{+ 2 = 0.1765}$$

$$\boldsymbol{y_2 = y_1 + \frac{1}{6}(k_1 + 4k_2 + k_3)h}$$

$$y_2 = 2.00483 + \frac{1}{6}(0.09517 + 4(0.14041) + 0.1765)(0.1)$$

$$\boldsymbol{y_2 = 2.01872}$$

Las soluciones de las iteraciones realizadas con el método analítico Runge-Kutta tercer orden se muestran en la siguiente tabla.

Tabla 23. Solución ejemplo Runge-Kutta tercer orden

X	*Y (verdadero)*	*Y(RK3)*	*Error*
0	2.00483333	2	0.00241084
0.1	2.01872336	2.00483742	0.0068806
0.2	2.04080819	2.01873075	0.01082161
0.3	2.07030794	2.04081822	0.01424897
0.4	2.10651697	2.07032005	0.01718905
0.5	2.14879677	2.10653066	0.01967604
0.6	2.19656961	2.14881164	0.02174884
0.7	2.24931274	2.1965853	0.02344855
0.8	2.30655314	2.24932896	0.02481643
0.9	2.36786283	2.30656966	0.02589242
1	2.43285455	2.36787944	0.02671418
1.1	2.5011779	2.43287108	0.02731647
1.2	2.5725158	2.50119421	0.02773079
1.3	2.64658138	2.57253179	0.02798538
1.4	2.72311505	2.64659696	0.02810519
1.5	2.80188194	2.72313016	0.02811214
1.6	2.8826695	2.80189652	0.02802526
1.7	2.96528546	2.88268352	0.02786105
1.8	3.04955579	2.96529889	0.02763364
1.9	3.13532306	3.04956862	0.02735516
2	3.22244482	3.13533528	0.02703592

Luego comparamos los valores encontrados con RK3 y la solución analítica en el siguiente gráfico:

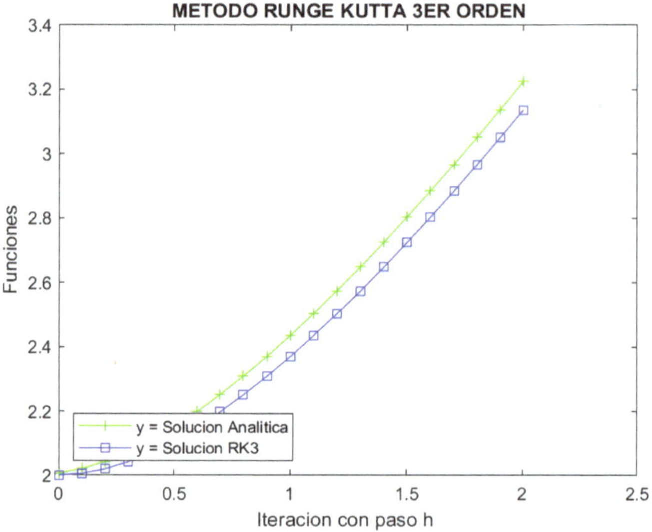

Figura 37. *Ejemplo RK3*

2.6.7. Método de Runge-Kutta de cuarto orden

Si evaluamos los errores de la aplicación de Runge-Kutta, tendremos un error de $O(h^3)$. Evaluando f unas cuantas veces más, podemos eliminar órdenes cada vez más altas de derivados. El procedimiento más popular para hacer esto es un método llamado Runge-Kutta de orden 4 y tiene un error por paso de $O(h^5)$ (el método del punto medio podría llamarse Runge-Kutta de orden 2). No derivaremos el método de Runge-Kutta de cuarto orden, pero la fórmula para calcular y(i + 1) se muestra a continuación:

$$y_{(i+1)} = y_{(i)} + \frac{1}{6}(k_1 + 2k_2 + 2k_3 + k_4)h$$

Donde:

$$k_1 = f\,(x_i, y_i)$$

$$k_2 = f\,\left(x_i + \frac{1}{2}h, y_i + \frac{1}{2}k_1 * h\right)$$

$$k_3 = f\,(x_i + \frac{1}{2}h, y_i + \frac{1}{2}k_2 h)$$

$$k_3 = f\,(x_i + h, y_i + k_3 * h)$$

Esta ecuación diferencial ordinaria se aplica solo en función de la variable x. Este método de Runge-Kutta de cuarto orden se reduce a la regla de Simpson 1/3. Además, su aplicación se asemeja al método de Heun o punto medio.

2.6.8. Método de Runge-Kutta de orden superior

Existen otros métodos antes de este orden, un ejemplo es el de Runge-Kutta de cuarto orden, que tiene una secuencia de pasos parecidos a los vistos con anterioridad. Pero si queremos tener resultados más exactos, se recomienda el método RK de quinto orden de Butcher (1964).

$$y_{(i+1)} = y_{(i)} + \frac{1}{90}(7k_1 + 32k_3 + 12k_4 + 32k_5 + 7k_6)h$$

Donde:

$$k_1 = f\ (x_i, y_i)$$

$$k_2 = f\ \left(x_i + \frac{1}{4}h, y_i + \frac{1}{4}k_1 * h\right)$$

$$k_3 = f\ \left(x_i + \frac{1}{4}h, y_i + \frac{1}{8}k_1 * h + \frac{1}{8}k_2 * h\right)$$

$$k_4 = f\ (x_i + \frac{1}{2}h, y_i - \frac{1}{2}k_2 h + k_3 h)$$

$$k_5 = f\ (x_i + \frac{3}{4}h, y_i + \frac{3}{16}k_1 h + \frac{9}{16}k_4 h)$$

$$k_6 = f\ (x_i + h, y_i - \frac{3}{7}k_1 h + \frac{2}{7}k_2 h + \frac{12}{7}k_3 h - \frac{12}{7}k_4 h + \frac{8}{7}k_5 h)$$

Ejemplo 2.6.8. Encontrar las raíces de la ecuación diferencial $\frac{dy}{dx} = x - y + 2$, con el método Ralston, con un tamaño de paso de h = 0.1 y valores iniciales de $x = 0, y = 2$.

A. Solución Runge-Kutta de orden superior

$$\frac{dy}{dx} = f(x,y) = x + y - 2$$

Iteración i = 0:

$$x_i = 0 ; y_i = 2$$

$$k_1 = f\ (x_i, y_i) = (0{,}2) = 0 - 2 + 2 = 0$$

$$k_2 = f\ \left(x_i + \frac{1}{4}h, y_i + \frac{1}{4}k_1 * h\right) = f\left(0 + \frac{1}{4}(0.1), 2 + \frac{1}{4}(0) * (0.1)\right) = f(0.025{,}2)$$

$$\mathbf{k_2 = 0.025 - 2 + 2 = 0.025}$$

$$k_3 = f\ \left(x_i + \frac{1}{4}h, y_i + \frac{1}{8}k_1 * h + \frac{1}{8}k_2 * h\right)$$

$$k_3 = f\left(0 + \frac{1}{4}(0.1), 2 + \frac{1}{8}(0) * (0.1) + \frac{1}{8}(0.025) * (0.1)\right)$$

$$k_3 = f(0.025, 2.003125) = 0.025 - 2.003125 + 2 = \mathbf{0.02469}$$

$$k_4 = f(x_i + \frac{1}{2}h, y_i - \frac{1}{2}k_2h + k_3h)$$

$$k_4 = f(0 + \frac{1}{2}(0.1), 2 - \frac{1}{2}(0.025)(0.1) + (0.02469)(0.1))$$

$$k_4 = f(0.05, 2.001219) = \mathbf{0.048781}$$

$$k_5 = f(x_i + \frac{3}{4}h, y_i + \frac{3}{16}k_1h + \frac{9}{16}k_4h)$$

$$k_5 = f(0 + \frac{3}{4}(0.1), 2 + \frac{3}{16}(0)(0.1) + \frac{9}{16}(0.048781)(0.1))$$

$$k_5 = f(0.075, 2.002744) = 0.075 - 2.002744 + 2 = \mathbf{0.0723}$$

$$k_6 = f(x_i + h, y_i - \frac{3}{7}k_1h + \frac{2}{7}k_2h + \frac{12}{7}k_3h - \frac{12}{7}k_4h + \frac{8}{7}k_5h)$$

$$k_6 = f(0 + 0.1, 2 - \frac{3}{7}(0)(0.1) + \frac{2}{7}(0.025)(0.1) + \frac{12}{7}(0.02469)(0.1) - \frac{12}{7}(0.048781)(0.1) + \frac{8}{7}(0.0723)(0.1))$$

$$k_6 = f(0.1, 2.004847) = 0.1 - 2.004847 + 2 = \mathbf{0.0952}$$

$$y_1 = y_0 + \frac{1}{90}(7k_1 + 32k_3 + 12k_4 + 32k_5 + 7k_6)h$$

$$y_1 = 2 + \frac{1}{90}[7(0) + 32(0.02469) + 12(0.048781) + 32(0.0723) + 7(0.0952)](0.1)$$

$$y_1 = 2.00484$$

Iteración i = 1:

$$x_1 = 0 + 0.1 = 0.1$$

$$k_1 = f(x_1, y_1) = (0.1, 2.00484) = 0.1 - 2.00484 + 2 = \mathbf{0.09516}$$

$$k_2 = f\left(x_i + \frac{1}{4}h, y_i + \frac{1}{4}k_1 * h\right)$$

$$f\left(0.1 + \frac{1}{4}(0.1), 2.00484 + \frac{1}{4}(0.09516) * (0.1)\right) = f(0.125, 2.007219)$$

$$k_2 = 0.125 - 2.007219 + 2 = \mathbf{0.117781}$$

$$k_3 = f\left(x_i + \frac{1}{4}h, y_i + \frac{1}{8}k_1 * h + \frac{1}{8}k_2 * h\right)$$

$$k_3 = f\left(0.1 + \frac{1}{4}(0.1), 2.00484 + \frac{1}{8}(\mathbf{0.09516}) * (0.1) + \frac{1}{8}(\mathbf{0.117781}) * (0.1)\right)$$

$$k_3 = f(0.125, 2.00750) = 0.125 - 2.00750 + 2 = \mathbf{0.11750}$$

$$k_4 = f\,(x_i + \frac{1}{2}h, y_i - \frac{1}{2}k_2h + k_3h)$$

$$k_4 = f\,(0.1 + \frac{1}{2}(0.1), 2.00484 - \frac{1}{2}(\mathbf{0.117781})(0.1) + (\mathbf{0.11750})(0.1))$$

$$k_4 = f\,(0.15, 2.01070) = \mathbf{0.1393}$$

$$k_5 = f\,(x_i + \frac{3}{4}h, y_i + \frac{3}{16}k_1h + \frac{9}{16}k_4h)$$

$$k_5 = f\,(0.10 + \frac{3}{4}(0.1), 2.00484 + \frac{3}{16}(\mathbf{0.09516})(0.1) + \frac{9}{16}(\mathbf{0.1393})(0.1))$$

$$k_5 = f\,(0.175, 2.01627) = 0.175 - 2.002744 + 2 = \mathbf{0.1587}$$

$$k_6 = f\,(x_i + h, y_i - \frac{3}{7}k_1h + \frac{2}{7}k_2h + \frac{12}{7}k_3h - \frac{12}{7}k_4h + \frac{8}{7}k_5h)$$

$$k_6 = f\,(0.1 + 0.1,$$
$$2.00484 - \frac{3}{7}(\mathbf{0.09516})(0.1) + \frac{2}{7}(\mathbf{0.117781})(0.1)$$
$$+ \frac{12}{7}(\mathbf{0.11750})(0.1) - \frac{12}{7}(\mathbf{0.1393})(0.1) + \frac{8}{7}(\mathbf{0.1587})(0.1))$$

$$k_6 = f\,(0.2, 2.01853) = 0.2 - 2.004847 + 2 = \mathbf{0.1815}$$

$$y_2 = y_1 + \frac{1}{90}(7k_1 + 32k_3 + 12k_4 + 32k_5 + 7k_6)h$$

$$y_2 = 2.00484 + \frac{1}{90}[7(\mathbf{0.09516}) + 32(\mathbf{0.11750}) + 12(\mathbf{0.1393}) + 32(\mathbf{0.1587})$$
$$+ 7(\mathbf{0.1815})](0.1)$$

$$\mathbf{y_2 = 2.01867}$$

Las soluciones de las iteraciones realizadas con el método iterativo RK orden superior se muestran en la siguiente tabla.

Tabla 24. Solución ejemplo Runge-Kutta de orden superior

X	*Y (verdadero)*	*Y (RK_OrdenSup)*	*Error*
0	2	2	0.0024
0.1	2.0048	2.0048	0.0069
0.2	2.0187	2.0187	0.0108
0.3	2.0408	2.0408	0.0142
0.4	2.0703	2.0703	0.0172
0.5	2.1065	2.1065	0.0197
0.6	2.1488	2.1488	0.0217
0.7	2.1966	2.1966	0.0234
0.8	2.2493	2.2493	0.0248

0.9	2.3066	2.3066	0.0259
1	2.3679	2.3679	0.0267
1.1	2.4329	2.4329	0.0273
1.2	2.5012	2.5012	0.0277
1.3	2.5725	2.5725	0.028
1.4	2.6466	2.6466	0.0281
1.5	2.7231	2.7231	0.0281
1.6	2.8019	2.8019	0.028
1.7	2.8827	2.8827	0.0279
1.8	2.9653	2.9653	0.0276
1.9	3.0496	3.0496	0.0274
2	3.1353	3.1353	0.027

Luego comparamos los valores encontrados con RK orden superior y la solución analítica en el siguiente gráfico:

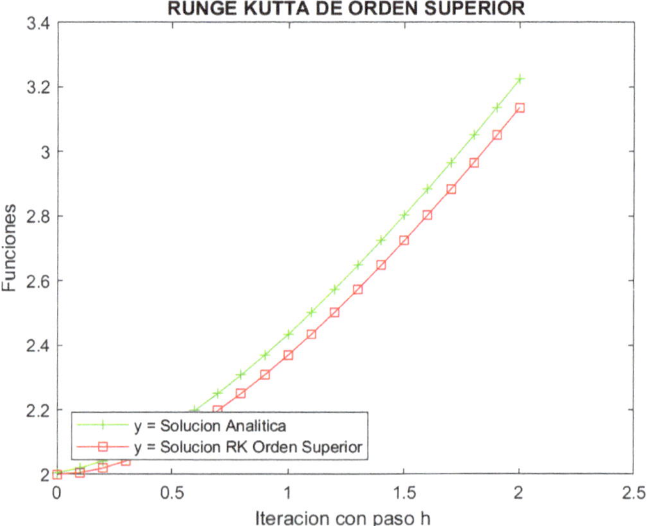

Figura 38. *Ejemplo RK de orden superior*

Según los resultados mostrados con los métodos analizados anteriormente, encontramos que uno de los más exactos es el método de Runge-Kutta de orden superior. Esto debido a la cantidad de divisiones presentada en su modelo matemático.

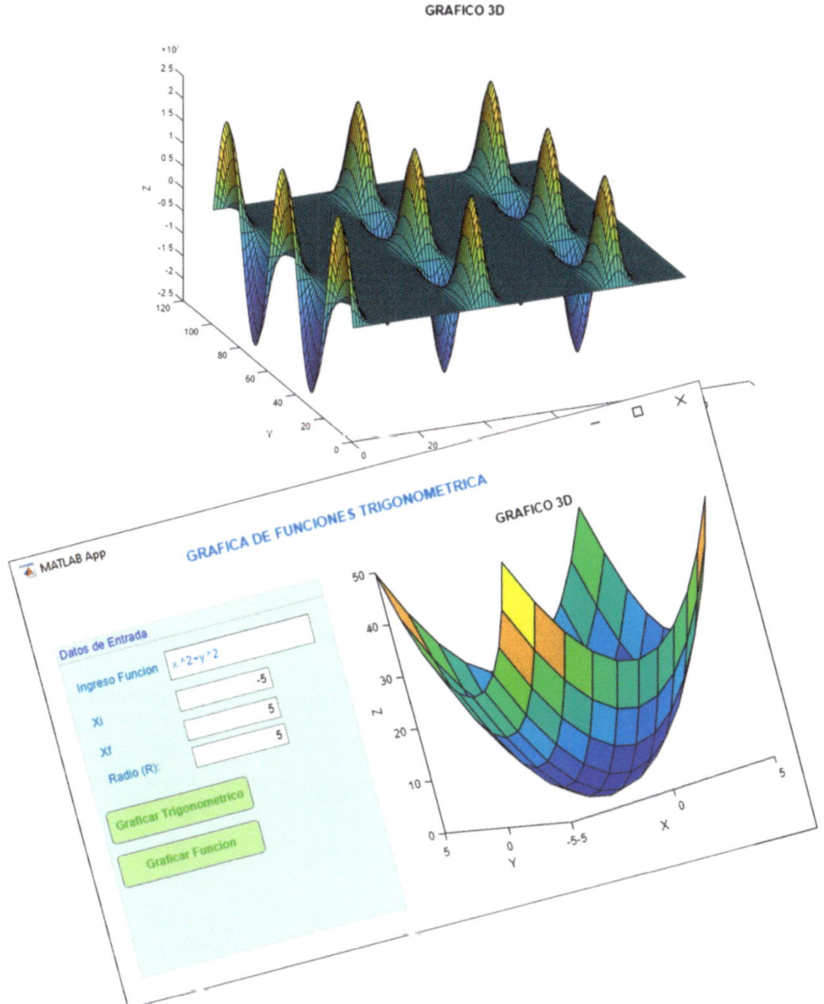
GRAFICO 3D
MATLAB App
GRAFICA DE FUNCIONES TRIGONOMETRICA
Datos de Entrada
Ingreso Funcion
x.^2+y.^2
Xi
-5
Xf
5
Radio (R):
5
Graficar Trigonometrico
Graficar Funcion
GRAFICO 3D

2.1. Resuelva de forma analítica la ecuación $\frac{dy}{dx} = yx^2 - 1.1y$ con los siguientes valores iniciales, en el intervalo de x = 0 a 2:

$$\frac{dy}{dx} = yx^2 - 1.1y \quad \rightarrow \quad \frac{dy}{dx} = y(x^2 - 1.1)$$

$$\frac{dy}{y} = x^2 - 1.1\,dx \quad \rightarrow \quad \int \frac{dy}{y} = (x^2 - 1.1)\,dx$$

$$ln\,y = \frac{10x^3 - 33x}{30} + C \quad \rightarrow \quad y = e^{\frac{10x^3 - 33x}{30}}$$

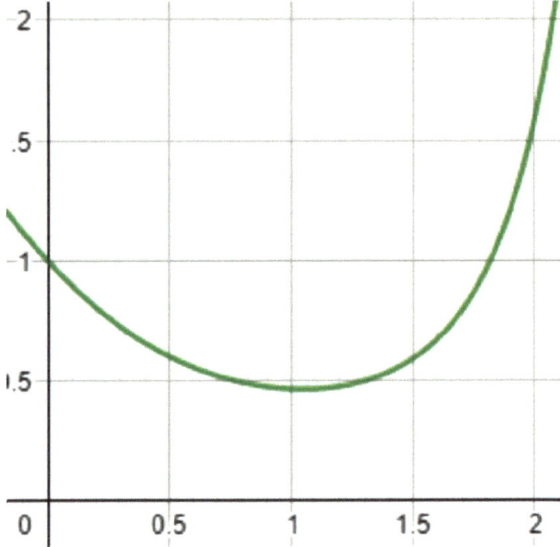

Figura 39. *Gráfico ecuación logarítmica*

2.2. Utilice el método de Euler con h = 0.5 y 0.25 para resolver el anterior ejercicio. Grafique los resultados en el mismo Grid para comparar de forma visual la exactitud de los dos tamaños de paso.

Tabla 25. Tabulación paso 0.5

x	*y + 1*	*Error*
0.5	0.259	0.46
1	0.246	0.39
1.5	0.387	0.71
2	0.948	0.149

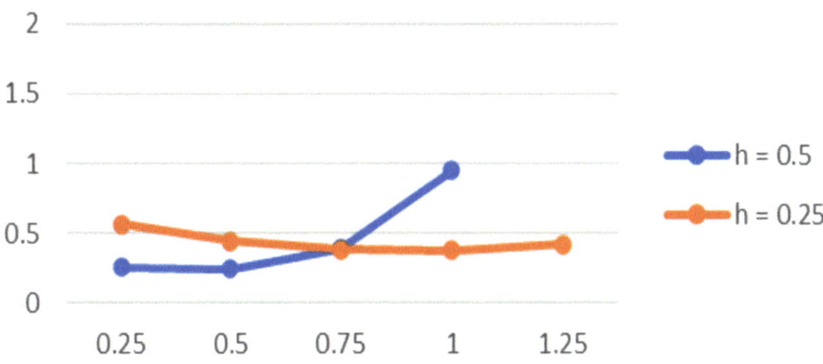

Figura 40. *Gráfico compuesto h = 0.5 y 0.25*

Tabla 26. Con tamaño de paso de 0.25

x	*y + 1*	*Error*
0.35	0.564	0.72
0.5	0.444	0.55
0.75	0.385	0.48
1	0.375	0.5
1.25	0.4183	0.62
1.5	0.539	0.86
1.75	0,803	0.125
2	1.3845	0.187

2.3. Emplee el método de Heun con h = 0.5 para resolver el problema 2.1. Itere el corrector hasta que Es = 1%.

Primera iteración:

$$\frac{dy}{dx} = yx^2 - 1.1y \quad \rightarrow \quad y = e^{\frac{10x^3 - 33x}{30}} \quad \rightarrow \quad y = e^{\frac{x^3}{3} - 1.1x}$$

$$f(x_0, y_0) = -1.1$$

$$y_0 = 1 - 1.1(0.5) = 0.45$$

$$f(x_0, y_0) = (0.45)(0.5)2 - 1.1(0.45) = -0.3825$$

$$y_1 = 1 + \frac{-1.1 - 0.3825}{2}(0.5) = 0.62938 \qquad y(0.5) = 0.6015$$

$$Es\ \frac{0.6015 - 0.62938}{0.6015}\%100 = -4.63\%$$

Segunda iteración:

$$f(x_1, y_1) = (0.62938)(0.5)^2 - 1.1(0.62938) = -0.53497$$

$$y_1 = 1 - \frac{(-1.1) \pm 0.53497}{2}(0.5) = 0.59126$$

$$Es = \frac{0.6015 - 0.59126}{0.6015} * 100\% = 1.7\%$$

Tercera iteración:

$$f(x_1, y_1) = (0.59126)(0.5)^2 - 1.1(0.59126) = -0.50257$$

$$y_2 = 1 - \frac{(-1.1) \pm 0.5027}{2}(0.5) = 0.59936$$

$$Es = \frac{0.6015 - 0.59936}{0.6015} * 100\% = 0.356\%$$

Cuarta iteración:

$$f(x_1, y_1) = (0.59936)(0.5)^2 - 1.1(0.59936) = -0.50946$$

$$y_2 = 0.59936 + (-0.50946)(0.5) = 0.34463$$

$$f(x_1, y_2) = 0.34463 - 1.1(0.34463) = -0.03446$$

$$y2 = 0.59936 + \frac{(-0.03446) + (-0.50946)}{2} * (0.5) = 0.46338 \rightarrow y(1)$$

$$= 0.46456$$

$$Es = \frac{0.46456 - 0.46338}{0.46456} * 100\% = 0.25\%$$

Quinta iteración:

$$f(x_2, y_2) = (0.46338)(0.5)2 - 1.1(0.46338) = -0.04634$$

$$y_3 = 0.46338 + (-0.04634)(0.5) = 0.44021$$

$$f(x_1, y_3) = 0.44021(1.5)^2 - 1.1(0.44021) = 0.50624$$

$$y3 = 0.46338 + \frac{(0.50624) + (-0.04634)}{2} * (0.5) = 0.57836 \rightarrow y(1.5)$$

$$= 0.59156$$

$$Es = \frac{0.59156 - 0.57836}{0.59156} * 100\% = 2.23207\%$$

2.4. Emplee el método del punto medio con h = 0.5 y 0.25, para resolver el problema 2.1.

$h = 0.5$

$k_1 = -1.1$

$k_2 = -0.752$

$\mathbf{y(0.5) = 0.624}$

$k_1 = -0.53$

$k_2 = -0.264$

$\mathbf{y(1) = 0.492}$

$k_1 = -0.049$

$k_2 = 0.221$

$\mathbf{y(1.5) = 0.602}$

$k_1 = 0.692$

$k_2 = 1.52$

$\mathbf{y(2) = 1.362}$

$h = 0.25$

$k_1 = -1.1$

$k_2 = -0.935$

$\mathbf{y(0.25) = 0.766}$

$k_1 = 0.0478$

$k_2 = 0.063$

$y(0.5) = 0.0781$

$k_1 = -0.66$

$k_2 = -0.495$

$y(0.75) = 0.657$

$k_1 = 0.369$

$k_2 = -0.235$

$y(1) = 0.598$

$k_1 = -0.0598$

$k_2 = 0.0086$

$y(1.25) = 0.0619$

$k_1 = 0.0286$

$k_2 = 0.0517$

$y(1.5) = 0.0748$

$k_1 = 0.086$

$k_2 = 0.13$

$y(1.75) = 0.107$

2.5. Use el método de RK clásico de cuarto orden con h = 0.5 para resolver el problema 2.1.

Tabla 27. Resultado RK cuarto orden

x	***Y***	***k1***	***ym***	***k2***	***ym***	***k3***	***ye***	***k4***	***phi***
0	1	-1.2	0.7	-0.79625	0.800938	-0.91107	0.544467	-0.51724	-0.85531
0.5	0.572344	-0.54373	0.436412	-0.27821	0.50279	-0.32053	0.412079	-0.08242	-0.30394
1	0.420375	-0.08407	0.399356	0.144767	0.456567	0.165505	0.503128	0.528284	0.177459
1.5	0.509104	0.534559	0.642744	1.197111	0.808382	1.505611	1.26191	3.533348	1.578892
2	**1.29855**	**3.635941**	**2.207535**	**8.526606**	**3.430202**	**13.24915**	**7.923127**	**40.01179**	**14.53321**

2.6. Repita los problemas 2.1. a 2.5., pero para el problema de valores iniciales siguiente, en el intervalo de x = 0 a 1:

I. Analítico

$$\frac{dy}{dx} = (1 + 2x)\sqrt{y} \quad \rightarrow \quad \int \frac{dy}{\sqrt{y}} = \int (1 + 2x) dx$$

Despejar Y, luego reemplazar:

$$y = \left(\frac{x+x^2}{2}\right)^2$$

II. Clásico

$k_1 = 1 \quad k_1 = 2.749555$

$k_2 = 1.767050 \quad k_2 = 4.013573$

$k_3 = 1.78699222 \quad k_3 = 4.252505$

$k_4 = 2.752087 \quad k_4 = 6.0121878$

Tabla 28. Resultados problema 2.6

X	*Y*	*X*	*Y*
0	1	0.5	1.890014
1	2	1	3.997840

2.7. Utilice los métodos de a) Euler y b) Heun (sin iteración) para resolver:

$$\frac{d^2y}{dt^2} - 0.5t + y = 0$$

Donde: y (0) = 2 y , y´(0) = 0. Resuelva de x = 0 a 4, con h = 0.1. Compare los métodos al graficar las soluciones.

Tabla 29. Resultados del ejercicio 2.7

i	x_i	y_{i-1}	$y_{i-1\ Real}$	*Error %*
1	0.1	0.99995	0.99995	100.4
2	0.2	0.99993	0.99993	100.6
3	0.3	0.9996	0.9996	100.3
4	0.4	0.9989	0.9989	100.1
5	0.5	0.99743	0.99743	100.2
6	0.6	0.994728	0.994728	100.5
7	0.7	0.990318	0.990318	100.9
8	0.8	0.983649	0.983649	101.6
9	0.9	0.974107	0.974107	102
10	1	0.961037	0.9610377	103
11	1.1	0.94376	0.94376	105
12	1.2	0.921581	0.921581	107
13	1.3	0.893811	0.893811	110
14	1.4	0.859781	0.859781	114
15	1.5	0.818858	0.818858	118
16	1.6	0.770459	0.770459	122
17	1.7	0.714073	0.7140705	128
18	1.8	0.649268	0.6492607	135
19	1.9	0.575695	0.575695	142
20	2	0.4931505	0.49315	150
21	2.1	0.4015237	0.401523	159
22	2.2	0.3008448	0.300844	169
23	2.3	0.1912849	0.191284	180
24	2.4	0.0731621	0.0731622	192

2.8. Resuelva la ecuación que se presenta a continuación, de t = 0 a 3, con h = 0.1, con los métodos de a) Heun (sin corrector), y b) RK y Ralston de segundo orden:

$$\frac{dy}{dt} = ysen^3(t) \text{ y } y(0) = 1$$

Resolver con los dos métodos:

a) Heun (sin corrector)

Tabla 30. Resultados del ejemplo 2.8

1	*y*	*k1*	*y0*	*k2*	*0*
0.1	1.00049	0.00997	1.001496	0.03949	0.02473
0 2	1.00297	0.03959	1.0069	0.08759	0.063589
0.3	1.00933	0.088147	1.01815	0.15306	0.120604
0.4	1.02139	0.1549	1.0 368$	0.23477	0.194$3
0.5	1.04087	0.23924	1.064798	0.331&5	0.28555
2.9	4.52726	0.25914	4.5 5318	0.0902	0.1747
3	4.54472	0.0905	4.55 377	0.00 786	0.04918

b) RK y Ralston de segundo orden

Tabla 31. RK y Ralston b

1	*y*	*k1*	*y0*	*k2*	*0*
0	1	0	1	0.005614	0.003743
0.1	1.000374	0.00997	1.001122	0.03035	0.023555
0.2	1.00273	0.039577	0.005698	0.0741158	0.062631
0 3	1.008993	0.088118	1.015602	0.136249	0.120205
04	1.021013	0.154833	1.032626	0.21598	0.195599
0.5	1.040571	0.239175	1.058511	0.31306	0.28843
2.9	4.77986	0 .2736	4.800376	0.131997	0.179198
3	4.79778	0.095647	4.804941	0.021276	0.046033

2.9. Solucione de forma numérica la ecuación dada, de t = 0 a 3:

$$\frac{dy}{dt} = -y + t^3(t)$$

$$y(0) = 1$$

Utilice el método de RK de tercer orden, con un tamaño de paso de 0.5.

Primera iteración:

$k_1 = f(0,1) = -1$
$k_2 = f(0.25, 0.75) = -0.6875$
$k_3 = f(0.5, 2.1875) = -1.9375$
$y_1 = y(0.5) = 1 + \left(\frac{1}{6}\right)(-1 - 0.6875 - 1.9375)(0.5) = 0.697916$

Segunda iteración:

$k_1 = f(0.5, 0.697916) = -0.447916$
$k_2 = f(0.75, 0.585937) = -0.023437$
$k_3 = f(1, 0.945311) = 0.054689$
$y_2 = y(1) = y_1 + \frac{1}{6}(k_1 + 4k_2 + k_3)h = 0.67295$

Tercera iteración:

$k_1 = f(1, 0.667295) = 0.332705$
$k_2 = f(1.25, 0.750471) = 0.812029$
$k_3 = f(1.5, 1.318626) = 0.0931374$
$y_3 = y(1.5) = y_2 + \frac{1}{6}(k_1 + 4k_2 + k_3)h = 0.507613$

Cuarta iteración:

$k_1 = f(1.5, 0.507613) = 1.742387$
$k_2 = f(1.75, 0.943209) = 2.119291$
$k_3 = f(2, 1.755710) = 2.24429$
$y_4 = y(2) = y_3 + \frac{1}{6}(k_1 + 4k_2 + k_3)h = 0.133405$

2.10. Use los métodos de a) Euler y b) RK de cuarto orden para resolver:

$$\frac{dy}{dx} = -2y + 4e^{-x}; \quad \frac{dz}{dx} = -\frac{yz^2}{3}$$

Con $x = 0$ *a* 1, con un tamaño de paso de 0.2, con $y\ (0) = 2$, y $z\ (0) = 4$.

(a) Euler

Tabla 32. Resultado ejemplo 2.10 a

x	*y*	*z*	*dyldy*	*dzldx*
o	2.0000	4.0000	1.00	-16.00
0.2	2.2000	0.8000	-0.31	-0.70
0.4	2.1387	0.6592	-0.93	-0.46
0.6	1.9536	0.5663	-1.16	-0.31
0.8	l.7209	0.5036	-1.20	-0 22
1	1.4819	0.4600	-1.12	-0.16

(b) RK de cuarto orden, para resolver:

Tabla 33. Resultado ejemplo 2.10 b

x	*y*	*z*	*kl1*	*k12*	*k21*	*k22*	*k31*	*k32*	*k41*	*k42*	*phi!*	*phi2*
0	2.000	4.000	1.000	-16.000	0.324	-6.048	0.459	-11.714	-0.090	-0.123	0.413	-8.608
0.2	2.083	2 278	-0.071	-5.406	-0 447	-3.134	-0.372	-3.934	-0.665	-1.686	-0.396	-3.538
0.4	2.003	1.571	-0.655	2.472	-0.843	-1.698	-0.806	-1.884	-0.941	-2.438	-0.816	2.012
0.6	1.840	1.168	-0.937	-1.256	-1.010	-0.950	-0.996	-1.002	-1.036	2 207	-0.997	- 1.228
0.8	1.641	0.923	-1.035	-0.699	-1.042	-0 559	-1.040	-0.577	-1.026	-1.667	-1.038	-0.773
1	1.433	0.768	-1.027	-0.423	-0 997	-0.351	-1. 003	-0.358	-0 960	-1.143	-0 998	-0.497

2.11. Calcule el primer paso del ejemplo 2.13 con el método de RK de cuarto orden adaptativo, con h = 0.5. Verifique si el ajuste del tamaño del paso está bien.

$y' = -2x^3 + 12x^2 - 20x + 8.5 \quad \rightarrow \quad h = 0.5 \quad y1 = 0.3704188$

$h = 0.25 \qquad y1 = 0.3704096$

$\Delta = 6.08\ x\ 10^{-7} \qquad y2 = 0.370409$

$\frac{dy}{dx} = -0.3$

$y = 0.5 + 0.5(-0.3) = 0.65$

$\Delta = 0.00065$

$h = 0.5 \left(\frac{0.00065}{9.119} x\ 10^{-6}\right)^{0.2} = 1.1737$

2.12. Si e = 0.001, determine si se requiere ajustar el tamaño del paso para la función

$$\frac{dy}{dx} = 4e^{x}-0,5(y)$$

$$\Delta p = Y2 - Y1 = -0.24335$$

$$\frac{dy}{dx} = 4e^{0}-0,5(2) = 3$$

$$y = 2 + 2(3) = 8$$

$$\Delta n = 0.001(8) = 0.008$$

$$\Delta p > \Delta n$$

2.13. Use el enfoque de RK-Fehlberg para llevar a cabo el mismo cálculo de la ecuación y' = $-2x^3 + 12x^2 - 20x + 8.5$, de x = 0 a 1, con h = 1.

Tabla 34. Resultado ejemplo 2.13

	X	*y*	*f(x,y)*	*k*
k1	2	3	3	
k2	0 25	2.75	3.510611	3.510611
k3	0.375	3.268609	3.765131	3.765131
k4	0.923077	5.636774	5.552467	5.552467
k5	1	5.878223	5.963052	5.963052
k6	0 .5	3.805418	4.06459	4.06459

$$y_1 = 2 + (\frac{25}{216}3 + \frac{1408}{2565}3.765131 + \frac{2197}{4104}5.552467 - \frac{1}{5}5.963052)1$$

$$= 6.193807$$

$$y_1 = 2 + (\frac{6656}{12825}3.765131 + \frac{28561}{56430}5.552467 - \frac{9}{50}5.963052 + \frac{2}{55}4.06459)1$$

$$= 6.194339$$

$$E_a = 6.194339 - 6.193807 = 0.000532$$

MÉTODOS ABIERTOS Y CERRADOS PARA LA SOLUCIÓN DE ECUACIONES NO LINEALES 3

La idea de este capítulo es encontrar las raíces o soluciones de ecuaciones no lineales. Para ello, aplicaremos técnicas y métodos numéricos que nos aproximen a encontrar las soluciones de ecuaciones no lineales complejas.

3.1. MÉTODOS CERRADOS

Dentro de los métodos cerrados se tendrán dos valores que encierren nuestra solución o las posibles raíces de nuestra ecuación. Como entrada inicial se tendrá un x_i y un x_f, que serán los valores que encierren nuestras raíces. Estos métodos son iterativos; es decir, de acuerdo con su funcionamiento, sus valores irán cambiando, hasta encontrar una posible solución o raíz. En el caso de no encontrar rápido la raíz o solución, existirán formar de parar las iteraciones. La primera será por *márgenes de error* y la segunda será por el máximo *de iteraciones.*

3.1.1. Método gráfico

El método gráfico se basa en la gráfica de una función $f(x) = 0$ para observar dónde intersecta la función $f(x)$ en eje X. Este valor nos indicará adónde se aproxima nuestra solución.

Ejemplo 3.1. Se tiene un objeto en caída libre con una aceleración $a(t) = gt^2 + 4t$, donde t es el tiempo de bajada el objeto y g es la gravedad de la tierra.

Para la aplicación de esta ecuación.

Solución:

Tabla 35. Resultado aceleración

T	*a(t)*
-3	76.29
-2	31.24
-1	5.81
0	0
1	13.81
2	47.24
3	100.29

Si notamos, la función V(t) = 0 en X = 0 en ; por lo tanto, una de las soluciones a esta función es 0.00

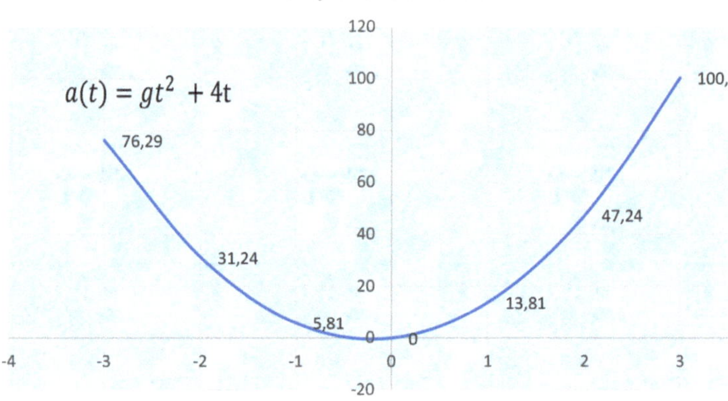

Figura 41. *Aceleración vs. tiempo ejemplo 3.1*

3.1.2. Método de bisección

La forma de aplicar el método de la bisección es la *búsqueda incremental.* Esto quiere decir que va a encerrar las raíces en un intervalo, luego calculará la posible raíz de la ecuación dividiendo el intervalo inferior *xi* más el intervalo inferior *xf* entre 2. Después se vuelve a evaluar la raíz y así sucesivamente hasta encontrar la posible raíz exacta. Por esta razón, este método usa la técnica de búsqueda incremental.

Funcionamiento del método

Paso 1: Encuentre dos intervalos que encierren la solución de la ecuación, a los que llamaremos *xi* y *xf*. Estos dos intervalos [*xi, xf*] evaluados en la función tienen que arrojar soluciones con *signos opuestos*. En algunos casos no sucede esto, pero lo recomendable es que los intervalos sean opuestos.

$$f(x_i)\,f(x_f) < 0$$

Paso 2: Hallar la posible raíz de la ecuación, a la que llamaremos x_r. Donde:

$$x_r = \frac{x_i + x_f}{2}$$

Paso 3: En este paso tendremos tres evaluaciones a realizar, para así encontrar en qué subintervalo se encuentra la solución de nuestra ecuación.

a) Si $f(x_i)\,f(x_r) < 0$, entonces la raíz se encuentra dentro del subintervalo inferior o izquierdo. Por lo tanto, a $x_f = x_r$ y volveremos al paso 2.

b) Si $f(x_i)\,f(x_r) > 0$, entonces la raíz se encuentra dentro del subintervalo superior o derecho. Por lo tanto, asignaremos $x_i = x_r$ y volveremos al paso 2.

c) Si $f(x_i)\,f(x_r) = 0$, la raíz es igual a x_r; termina el cálculo.

3.1.3. Método de falsa posición

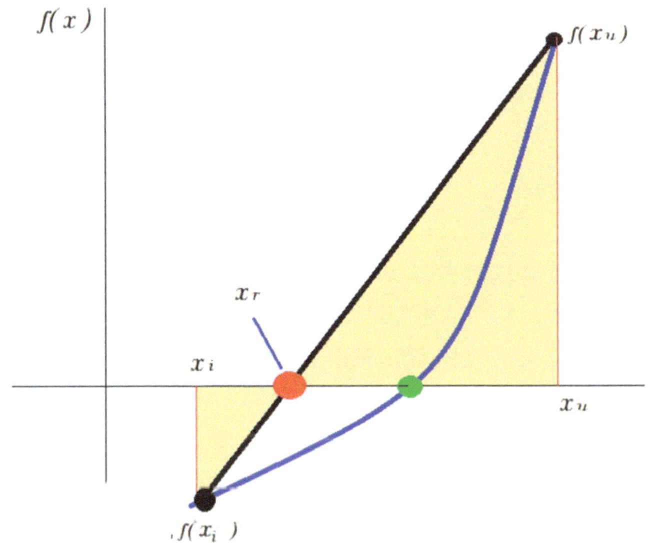

Figura 42. *Método de la falsa posición*

Como se ve en la gráfica anterior, aplicaremos proporcionalidad de triángulo, ya que comparten ángulos. Entonces por proporcionalidad tendremos lo siguiente:

$$x_f = xu$$

Por proporcionalidad de triángulo se tiene la siguiente ecuación: $\frac{x_f - x_r}{x_r - x_i} = \frac{f(x_f)}{f(x_i)}$, a la que le sumaremos a cada miembro una unidad para despejar x_r:

$$\frac{x_r - x_f}{x_r - x_i} = \frac{f(x_f)}{f(x_i)}$$

Ahora asociación de la raíz x_r : $x_r[f(x_i) - f(x_f)] = x_f f(x_i) - x_i f(x_f)$

Seguidamente despejaremos el valor de x_r:

$$x_r = \frac{x_f f(x_i) - x_i f(x_f)}{f(x_i) - f(x_f)}$$

Ahora sumaremos y restaremos a cada miembro x_f:

$$x_r = x_f + \frac{x_f f(x_i) - x_i f(x_f)}{f(x_i) - f(x_f)} - x_f$$

Multiplicamos la base al valor de la diferencia y sumamos al numerador, entonces nos queda la siguiente ecuación.

$$x_r = x_f + \frac{x_f f(x_i) - x_i f(x_f) - x_f f(x_i) + x_f\, f(x_f)}{f(x_i) - f(x_f)}$$

$$\boldsymbol{x_r = x_f - \frac{f(x_f)(x_i - x_f)}{f(x_i) - f(x_f)}}$$

3.2. MÉTODOS ABIERTOS

Los métodos abiertos comparten una característica principal: tienen un valor inicial de iteración. A diferencia de los métodos cerrados, estas no encierran la solución, sino que empiezan con un valor inicial. De ahí, parten iterando hasta encontrar las posibles soluciones. Los métodos abiertos se caracterizan por usar una fórmula para encontrar la posible la raíz.

3.2.1. Método punto fijo

Como los métodos abiertos usan una fórmula, esta puede desarrollarse como una iteración simple de punto fijo (también llamada iteración de un punto o sustitución sucesiva o método de punto fijo).

Sea nuestra ecuación $2x - x^2 + 15 = 0$, a esta ecuación la llamaremos $f(x)$. Al modificar esta ecuación en una ecuación despejada de x o, colocamos a x o en la parte izquierda y todo lo demás en el lado derecho.

Tendremos una ecuación de la siguiente forma: $x = P(x)$

Para nuestro ejemplo: $x = \frac{x^2 - 15}{2}$

Donde $P(x) = \frac{x^2-15}{2}$

Ahora, para iterar, tendríamos que tener una forma general que se podría colocar de la siguiente manera:

$$x_{i+1} = P(x_i)$$

En caso de tener ecuaciones trigonométricas $cos(x) = 0$, tenemos que formar un x despejado:

$$x + cos(x) = x$$
$$x = x + cos(x)$$
$$P(x_i) = x + cos(x)$$

Como se vio con anterioridad, para parar las iteraciones se usará el manejo de errores.

$$\varepsilon_a = \left|\frac{x_{nuevo} + x_{anterior}}{x_{nuevo}}\right| * 100\%$$

Ejemplo 3.2. Sea la función anterior $f(x) = 2x - x^2 + 15$, aplicar el método de punto fijo para calcular las posibles raíces de la ecuación. Con $x_0 = -2$ y 10 iteraciones.

$$x_{i+1} = P(x_i)$$

$$x = \frac{x^2 - 15}{2}$$

Entonces nuestra función se convertiría en una función iterativa de punto fijo de la siguiente manera:

$$x_{i+1} = \frac{{x_i}^2 - 15}{2}$$

Como vemos, la posible raíz de la ecuación es $x_r = 3$ y 5 Ahora iteramos la función como indica el problema $x_o = -2$.

Tabla 36. Resultado de punto fijo		
Xi	***X(i+1)***	***Ea***
-2	-5.5	1.00
-1	-7	0.214
0	-7.5	0.067
1	-7	0.071
2	-5.5	0.273
3	-3	0.833
4	0.5	7.000
5	5	0.900
6	10.5	0.524
7	17	0.382
8	24.5	0.306

2.2.2. Método de Newton Raphson

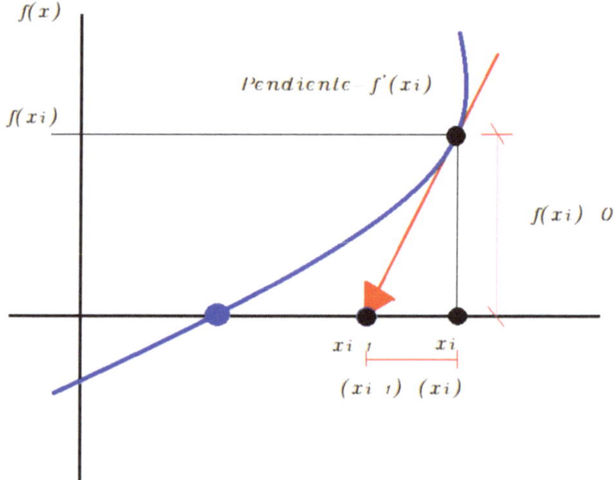

Figura 43. *Gráfica de Newton Raphson*

En la gráfica anterior se muestra la extrapolación de una tangente a la función en x_i (que es la pendiente de la función). La recta se traza hasta cruzar el eje x, para obtener una estimación de la raíz en x_{i+1}. Esto se realizará las veces que sea necesario hasta encontrar una raíz con un menor margen de error.

Por teorema de pendiente tenemos la siguiente expresión:

$$m = f'(x_i) = \frac{(f(x_i) - 0)}{(x_i - x_{i+1})}$$

Despejamos el valor de la iteración x_{i-1}

$$x_{i+1} = x_i - \frac{f(x_i)}{f'(x_i)}$$

A esta ecuación la llamaremos la ecuación de Newton Raphson.

Ejemplo 3.3. Dada la función función $f(x_i) = x^9 - x + 1$, hallar la raíz de la función con el método de Newton Raphson, con valor inicial de $x_o = 0$.

Solución:

Primera iteración:

$$x_{i+1} = x_i - \frac{f(x_i)}{f'(x_i)}$$

$$x_1 = x_0 - \frac{f(x_0)}{f'(x_0)}$$

$$x_1 = 0 - \frac{f(0)}{f'(0)}$$

Para ello, calculamos el valor de $f'(x) = 9x^8 - 1$

$$f'(0) = 9(0)^8 - 1 = -1$$

Entonces:

$$x_1 = 0 - \frac{1}{-1} = 1$$

Segunda iteración:

$$x_2 = x_1 - \frac{f(x_1)}{f'(x_1)}$$

$$x_2 = (1) - \frac{(1)}{8} = 0.875$$

Y así hasta que quede como en la siguiente tabla:

Tabla 37. Resultados del ejemplo Raphson

X_0	f(x)	f'(x)	X(i+1)	Ea
0.0000	1.0000	-1.0000	1.0000	1.0000
1.0000	1.0000	8.0000	0.8750	0.1429
0.8750	0.4257	2.0925	0.6716	0.3029
0.6716	0.3562	-0.6276	1.2392	0.4580
1.2392	6.6494	49.0320	1.1035	0.1229
1.1035	2.3236	18.7947	0.9799	0.1262
0.9799	0.8531	6.6512	0.8516	0.1506
0.8516	0.3840	1.4905	0.5940	0.4337
0.5940	0.4152	-0.8605	1.0765	0.4482
1.0765	1.8651	15.2321	0.9541	0.1283

Aplicando la computación, se implementó el algoritmo en MATLAB.

```
%METODO DE NEWTON RAPSHON
clc;clear all;
syms x
fu=input('Ingrese la funcion=');%leer la funcion
f1=diff(fu,x) %Es la derivada de la función
f=inline(fu) %%convertir en una func a tabular
f1_=inline(f1)  %CONVERTIMOS EN UNA FUNCIÓN A TABULAR
x0=0;%valor inicial a iterar
x1=-10:10;
y=feval(f,x1); %Tabular la funcion f(x)
plot(x1,y,'-rs')
hold on
y1=feval(f1_,x1);
plot(x1,y1,'-g+')
title('METODO DE NEWTON RAPHSON')
xlabel('x ')
ylabel('f(x)')
```

```
   legend({'f(x)',' derivada f(x)'},'Location','sou-
thwest')
   grid off
   Es=0.01;
   Ea=100;
   Xi=x0;
   iter=1;
   fprintf('Nº \t X(i+1) \t f(Xi) \t der_f(Xi) \t Error
\n');
   while(Ea>=Es)
      Xi_1=Xi-feval(f,Xi)/feval(f1_,Xi);
      Ea=abs((Xi_1-Xi)/Xi_1);
      fprintf('\n %d) \t %6.6f \t %6.6f \t %6.6f \t
      %6.6f',iter,Xi_1,feval(f,Xi),feval(f1_,Xi),Ea);
      Xi=Xi_1;
      Pxy(iter,1)=iter; %guardando la iteracion
      Pxy(iter,2)=Xi; %guardando la Raiz de la ecuacion
      iter=iter+1;
end
   figure();
   plot(Pxy(:,1), Pxy(:,2),'-rs');
   title('METODO DE NEWTON RAPHSON')
   xlabel('Iteracion ')
   ylabel('Xr : Raiz')
   legend({'Xr = Evaluacion de Raices',},'Loca-
tion','southwest')
```

De esta implementación se obtuvieron los siguientes resultados, después de cien iteraciones:

N°	X(i+1)	f(Xi)	der_f(Xi)	Error
1)	1.000000	1.000000	-1.000000	1.000000
2)	0.875000	1.000000	8.000000	0.142857
3)	0.671577	0.425658	2.092480	0.302903
4)	1.239155	0.356211	-0.627599	0.458036
5)	1.103541	6.649443	49.031980	0.122890
6)	0.979910	2.323600	18.794710	0.126165
7)	0.851641	0.853150	6.651250	0.150614
8)	0.593997	0.384032	1.490549	0.433747
9)	1.076507	0.415209	-0.860519	0.448218
10)	0.954065	1.865051	15.232148	0.128337
11)	0.818715	0.700874	5.178252	0.165320
12)	0.394427	0.346555	0.816793	1.075706
13)	1.003442	0.605804	-0.994728	0.606926
14)	0.878852	1.027964	8.250815	0.141764
15)	0.681888	0.433931	2.203096	0.288851
16)	1.286015	0.349984	-0.579323	0.469766
17)	1.145282	9.334821	66.330128	0.122880
18)	1.018731	3.244807	25.640431	0.124224
19)	0.895533	1.163050	9.440465	0.137570
20)	0.721123	0.474921	2.723019	0.241858
21)	1.691142	0.331610	-0.341860	0.573588
22)	1.504074	112.449870	601.119317	0.124374
23)	1.338390	38.889330	234.720169	0.123793
24)	1.191750	13.441491	91.662746	0.123047
25)	1.060999	4.657400	35.620395	0.123234

Figura 44. *Vista de resultados de la iteración con Raphson*

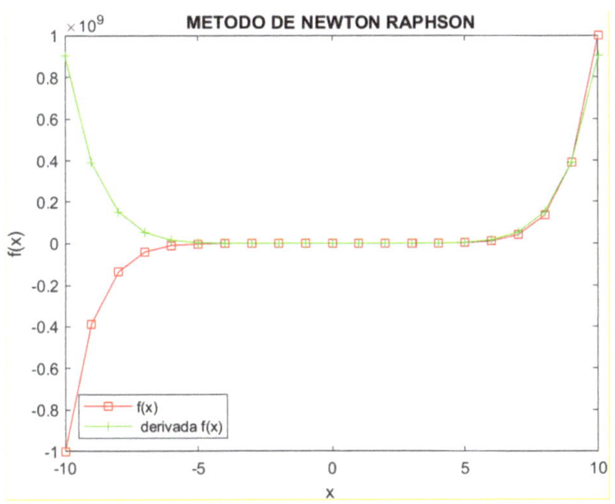

Figura 45. *Gráfico f(x) y f'(x)*

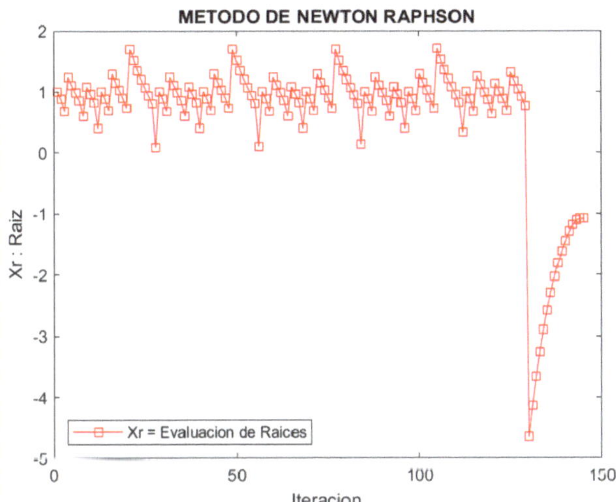

Figura 46. *Gráfico del error Raphson*

Ejemplo 3.4. Dada la función $f(x_i) = e^{-x} - x + 1$, hallar la raíz de la función con el método de Newton Raphson, con valor inicial de $x_o = 0$.

$$x_{i+1} = x_i - \frac{f(x_i)}{f'(x_i)}$$

Calcular la derivada de la función:

$$f'(x) = -e^{-x} - 1$$

Iteración i = 0:

$$x_1 = x_0 - \frac{f(x_0)}{f'(x_0)}$$

$$f(x_0) = f(0) = e^{-0} - 0 + 1 = 2$$

$$f'(x_0) = -e^{-0} - 1 = -2$$

$$x_1 = 0 - \left(\frac{2}{-2}\right)$$

$$x_1 = 1$$

Iteración i = 1:

$$x_2 = x_1 - \frac{f(x_1)}{f'(x_1)}$$

$$f(x_1) = f(1) = e^{-1} - 1 + 1 = 0.367879$$

$$f'(x_1) = -e^{-1} - 1 = -1.367879$$

$$x_1 = 1 - \frac{0.367879}{-1.367879}$$

$$x_1 = 1.2689$$

Tabla 38. Solución Raphson

Iter	*Raíz*	*f(Xi)*	*f_deriv*	*Error*
2	1	0.3679	-1.3679	1.000000
3	1.2689	0.0122	-1.2811	0.211942
4	1.2785	0	-1.2785	0.007441
5	1.2785	0	-1.2785	0.000008
6	1.2785	0	-1.2785	0.000000
7	1.2785	0	-1.2785	0.000000
8	1.2785	0	-1.2785	0.000000
9	1.2785	0	-1.2785	0.000000
10	1.2785	0	-1.2785	0.000000
11	1.2785	0	-1.2785	0.000000

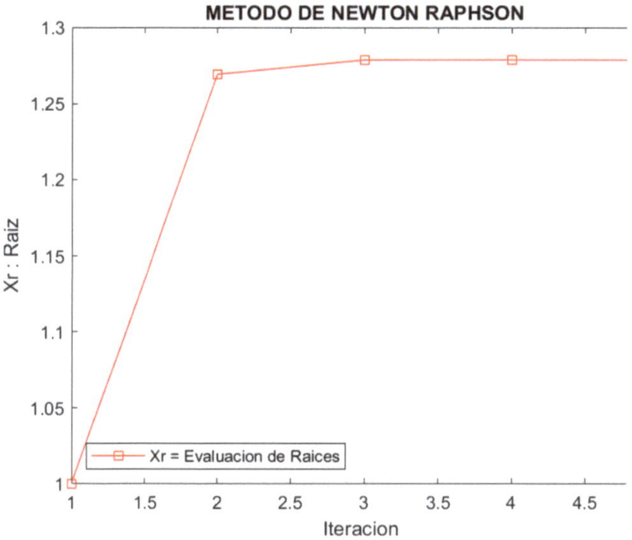

Figura 47. *Raphson ejemplo 2*

3.2.3. Método Halley

En esta investigación científica de Bateman (Bateman y Halley's, 1938), el método Halley se aplica para entender aproximaciones de soluciones de ecuaciones complejas. Esto ayudó a Brook Taylor en su teorema. Taylor escribió una carta a un colega donde decía: «Estaba pensando en cómo aplicar el método del Dr. Halley a la ecuación de Kepler cuando se me ocurrió la forma de extender su método de extracción de raíces a todos los problemas...».

Su investigación muestra, probablemente, la manera más simple de «redescubrir» el método de Halley. A continuación, emplearemos el método de Taylor de una función, como se mostró en los resultados de la aplicación de los métodos Newton Raphson o Halley. Partiendo de una aproximación $x0$ de la solución de una ecuación f(x) = 0, buscamos una aproximación mejor de la forma $x_0 + \varepsilon$. Lo ideal sería $f(x_0 + \varepsilon) = 0$. Teniendo esto en cuenta y usando el desarrollo de Taylor, llegamos a:

$$0 = f(x_0 + \varepsilon) = f(x_0) + f'(x_0)\varepsilon + \frac{f''(x_0)\,\varepsilon^2}{2} + \frac{f'''(x_0)\,\varepsilon^3}{6} + \cdots$$

El método de Newton o Halley de truncar el binomio de Newton se extiende ahora al desarrollo de Taylor. De esta manera, truncando (7) en el segundo sumando, se llega al método de Newton. Si añadimos un término más, es decir, si truncamos (7) en el término con potencias en ε2, se obtiene:

$$0 = f(x_0 + \varepsilon) = f(x_0) + f'(x_0)\varepsilon + \frac{f''(x_0)\,\varepsilon^2}{2}$$

Y de aquí:

$$\varepsilon \cong \left(\frac{2}{1 \pm \sqrt{1 - 2Lf(x0)}}\right) * \frac{f(x)}{f'(x)} + f'(x0)\varepsilon + \frac{f''(x0)\,\varepsilon^2}{2}$$

Entonces, si no queremos evitar restas en estos dos valores semejantes, lo que haremos será sacar la raíz cuadrada con signo >0. Por tanto, la nueva aproximación pasa a ser:

$$x_1 = x_0 - \left(\frac{2}{1 \pm \sqrt{1 - 2Lf(x_0)}}\right) * \frac{f(x_0)}{f'(x_0)}$$

Otra denominación para este método es Euler o Halley. Estos métodos también fueron estudiados por Traub (1964) y Melam (1997). Se analizaron expresiones del cálculo de hallar la raíz cúbica $f(x) = x^3 - a^3 - b$, que era conocida por Halley (y por Lagny).

$$x_1 = \frac{a}{2} + \sqrt{\frac{a^2}{2} - \frac{b}{3a}}$$

El método resultante es el que se conoce como método de Halley (5):

$$x_{n+1} = x_n - \left(\frac{2}{2 - Lf(x_n)}\right) * \frac{f(x_n)}{f'(x_n)}$$

Donde:

$$Lf(x_n) = \frac{f(x_n)f''(x_n)}{f'(x_n)^2}$$

Ejemplo 3.5. Dada la función función $f(xi) = x^9 - x + 1$, hallar la raíz de la función con el método de Newton Raphson, con valor inicial de $x_0 = 0$.

$$x_{n+1} = x_n - \left(\frac{2}{2 - Lf(x_n)}\right) * \frac{f(x_n)}{f'(x_n)}$$

Aplicando la fórmula del método de Halley, se tendrán los siguientes resultados:

N°	X(i+1)	Lf	f(xi)	der_f(xi)	der2_f(xi)	Error
1)	1.000000	0.000000	1.000000	-1.000000	-1.000000	1.000000
2)	0.714286	1.125000	1.000000	8.000000	8.000000	0.400000
3)	0.582455	14.991786	0.334115	-0.390157	-0.390157	0.226337
4)	1.458406	0.897606	0.425261	-0.880782	-0.880782	0.600622
5)	1.170690	0.884819	29.388888	183.191308	183.191308	0.245765
6)	0.934771	0.908475	3.959582	30.752590	30.752590	0.252382
7)	0.337075	1.519217	0.610166	4.246671	4.246671	1.773182
8)	1.009005	0.023671	0.662981	-0.998500	-0.998500	0.665933
9)	0.734475	1.096600	1.075020	8.669154	8.669154	0.373777
10)	0.674696	48.104573	0.327725	-0.237819	-0.237819	0.088601
11)	0.175334	4.312677	0.354276	-0.613538	-0.613538	2.848050
12)	1.000132	0.000302	0.824666	-0.999992	-0.999992	0.824689
13)	0.714599	1.124557	1.001053	8.009474	8.009474	0.399569
14)	0.584170	15.199211	0.333992	-0.388010	-0.388010	0.223273
15)	1.477114	0.918937	0.423752	-0.877945	-0.877945	0.604519
16)	1.185520	0.884875	32.998233	202.964083	202.964083	0.245963
17)	0.948026	0.903991	4.440205	34.116679	34.116679	0.250514
18)	0.489510	1.399703	0.670536	4.872261	4.872261	0.936685
19)	1.097442	0.263744	0.512104	-0.970329	-0.970329	0.553954
20)	0.862811	0.948957	2.211619	17.936353	17.936353	0.271938
21)	1.210354	3.311905	0.402186	1.764192	1.764192	0.287142
22)	0.969651	0.898160	5.364238	40.451769	40.451769	0.248237
23)	0.618345	1.256341	0.788124	6.033429	6.033429	0.568140
24)	2.599544	1.506449	0.394870	-0.807652	-0.807652	0.762133
25)	2.079840	0.888721	5419.345143	18767.098145	18767.098145	0.249877
26)	1.664639	0.888134	727.149941	3150.237375	3150.237375	0.249424

Figura 48. *Datos de los resultados de aplicar el método Halley*

Si ploteamos nuestros datos, tendríamos unos ajustes parecidos al método de Newton Raphson:

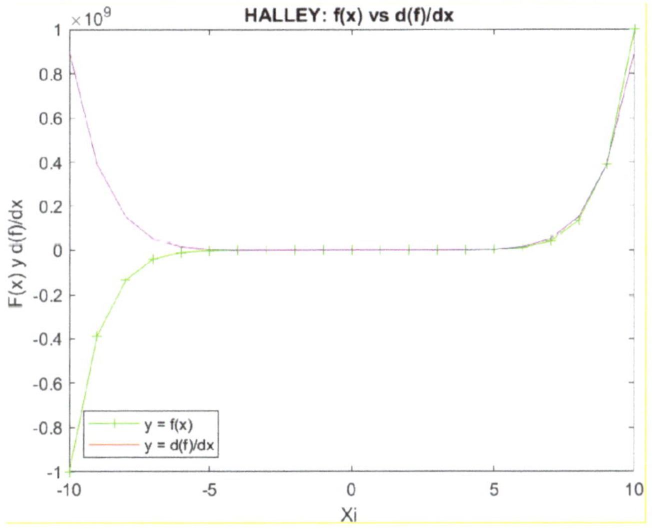

Figura 49. *Método Halley gráfico de función*

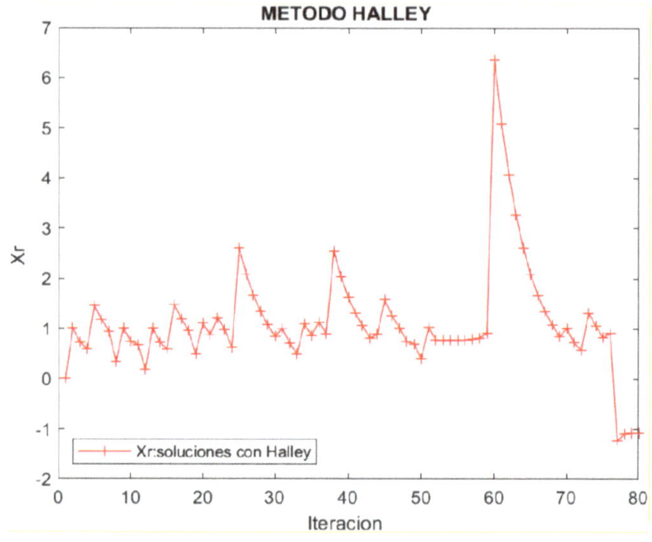

Figura 50. *Gráfico de (Xr) con Halley*

3.2.4. Método de secante

El método de secante es un método abierto que corta la función en dos puntos consecutivos, este método toma dos puntos iniciales para su evaluación.

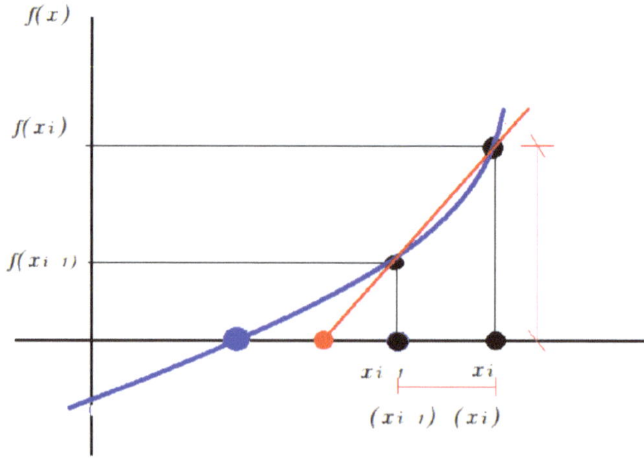

Figura 51. *Método de secante*

Tomando la ecuación del método de Newton Raphson $x_{i+1} = x_i - \frac{f(x_i)}{f'(x_i)}$, reemplazaremos la derivada de la función. Según el gráfico, la derivada de la función es:

$$f'(x_i) = m = \frac{f(x_{i-1}) - f(x_i)}{x_{i-1} - x_i}$$

Entonces reemplazaremos este valor en la función de Raphson:

$$f'(x_i) = m = \frac{f(x_{i-1}) - f(x_i)}{x_{i-1} - x_i}$$

$$x_{i+1} = x_i - \frac{f(x_i)}{\frac{f(x_{i-1}) - f(x_i)}{x_{i-1} - x_i}},$$

$$x_{i+1} = x_i - \frac{f(x_i)[x_{i-1} - x_i]}{f(x_{i-1}) - f(x_i)}$$

A esta función la llamaremos la función del ***método de secante.***

Ejemplo 3.6. Dada la función $f(x_i) = e^{-x} - x + 1$, hallar la raíz de la función con el método de la secante, con valor inicial de de $x_{-1} = 0$, $x_0 = 0.1$.

$$x_{i+1} = x_i - \frac{f(x_i)[x_{i-1} - x_i]}{f(x_{i-1}) - f(x_i)}$$

Solución:

$x_{-1} = 0, \ x_0 = 0.1$

Iteración i = 0:

$$x_1 = x_0 - \frac{f(x_0)[x_{-1} - x_0]}{f(x_{-1}) - f(x_0)}$$

$f(x_{-1}) = e^{-(0)} - (0) + 1 = 2$

$f(x_0) = e^{-(0.1)} - (0.1) + 1 = 1.8048$

$$x_1 = 0.1 - \frac{(1.8048)[0 - 0.1]}{2 - 1.8048} = 1.0245$$

Iteración i = 1:

$$x_2 = x_1 - \frac{f(x_1)[x_0 - x_1]}{f(x_0) - f(x_1)}$$

$f(x_0) = 1.8048$

$f(x_1) = e^{-(1.0245)} - (1.0245) + 1 = 0.3345$

$$x_2 = 1.0245 - \frac{(0.3345)[0.1 - 1.0245]}{1.8048 - 0.3345} = 1.2348$$

Tabla 39. Ejemplo de secante

Iter	*Raiz*	*f(Xi)*	*Error*
2	1.0248	0.3341	0.90241871
3	1.2349	0.056	0.170116
4	1.2772	0.0016	0.03313748
5	1.2785	0	0.00100173
6	1.2785	0	0.00000483
7	1.2785	0	0
8	1.2785	0	0
9	1.2785	0	0

Resultados de la iteración con el método de secante.

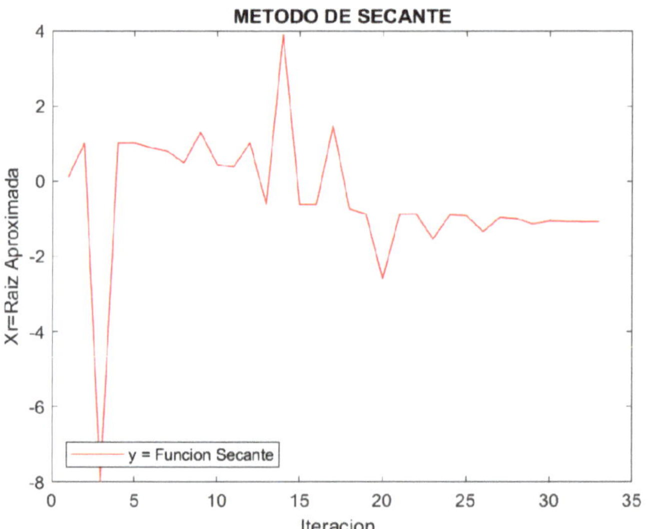

Figura 52. *Ejemplo de secante*

APLICACIONES EN LA INGENIERÍA 4
DESARROLLO DE PROBLEMAS DE APLICACIÓN EN LAS ÁREAS DE INGENIERÍA

4.1. MECÁNICA DE FLUIDOS

En esta parte del capítulo desarrollaremos algunos ejemplos de la mecánica de fluidos, el comportamiento de algunos fluidos en estudio.

Analizaremos las propiedades de un fluido, así como su velocidad, viscosidad, presión, caudal, etc.

4.1.1. Presión

La presión se define como la cantidad de fuerza que se ejerce sobre una unidad de área de alguna sustancia. Esta definición se denota con la siguiente fórmula (White, 2008):

$$P = \frac{F}{A}$$

Donde:

P: presión que ejerce la sustancia (Pascal)

F: fuerza que se aplica a la sustancia (Newton)

A: área donde se aplica la fuerza (m^2)

Ejemplo 4.1. Se tiene un recipiente de diámetro 40 cm y se aplica una fuerza de 20 N. Calcular la presión ejercida por la sustancia.

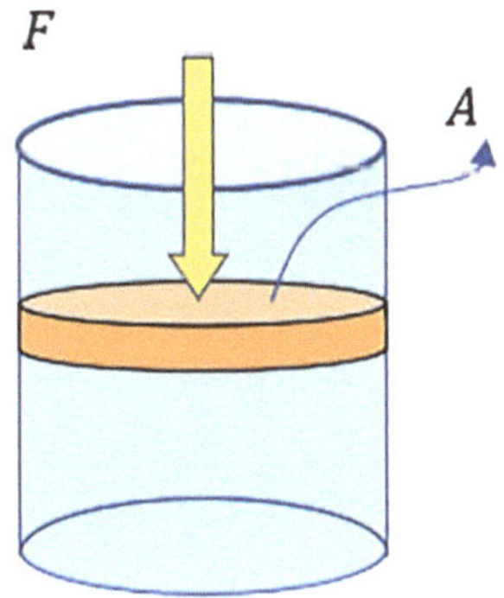

Figura 53. *Recipiente circular*

```
%Calculo de Presion P=F/A
D=0.4  %metros
F=20   %Newton

A=(pi*D.^2)/4
P=F/A
fprintf("La presion ejercida en la sustancia es:%.4f",P)
```

Solución:

$$A = \frac{\pi * D^2}{4}$$

$$A = \frac{\pi * (40cm)^2}{4} = 0.1257m^2$$

$$P = \frac{20N}{0.1257m^2} = 159.1089Pa$$

```
%Calculo de Presion P=F/A
D=0.4  %metros
F=20   %Newton

A=(pi*D.^2)/4
P=F/A
fprintf("La presion ejercida
en la sustancia es:%.4f",P)
```

Ejemplo 4. 2. Se tiene un reservorio rectangular de 50 x 20 m y fondo plano. Cuando el reservorio se llena a una altura de 2 m sobre la base, ¿cuál es la fuerza ocasionada por el agua en el fondo? Analizar las fuerzas en los extremos de reservorio.

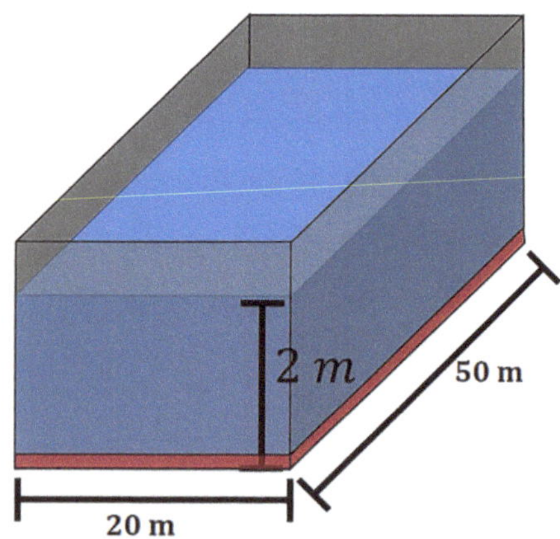

Figura 54. *Reservorio rectangular de presión*

Solución:

Datos:

$$g = 9.81\, m/s^2$$

$$\rho = 1000\, kg/m^3$$

Fórmula presión:

$$P = \rho g h$$

$$P = (1000)(9.81)(2) = \frac{19620kg}{m^2 s^2}$$

$$F = P * A = (19620)(1000)$$

$$F = 19620kN$$

```
%Calculo de F=P*A
clc;
g=9.81;  %metros
Largo=50  %Largo Reservorio
Ancho=20  %Ancho
h=2       %Altura de llenado
densidad=1000 %densida agua
P=g*densidad*h

A=Largo*Ancho
F=P*A
fprintf("La Fuerza ejercida en
la Base es:%.4f\n",F)
fprintf("La Fuerzas en los ex-
tremos son los mismo:%.4f\n",F)
```

4.1.2. Ecuación de Bernoulli

Este teorema afirma que, en un fluido ideal que circula en un conducto, la energía mecánica por unidad de volumen del fluido es constante en todos los tramos del tubo o conducto, sin importar que el conducto cambie su topología en los tramos, ya sea sección transversal, área y altura.

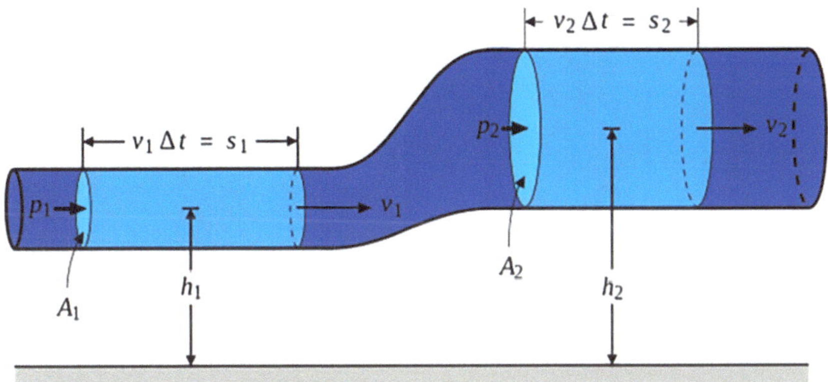

Figura 55. *Tubo con fluido, análisis Bernoulli*

Donde h1, h2 son los niveles de referencia, la llamaremos z.

Existen tres formas de energía que se consideran siempre que se analizan los problemas de un flujo en tuberías.

A. Energía potencial

Debido a su elevación, la energía potencial del elemento en relación con el nivel de referencia z está dada por:

$$Ep = wz$$

Donde w es el peso de la sustancia o fluido.

B. Energía cinética

Debido a la velocidad, existe una energía de movimiento llamada energía cinética de la sustancia.

$$Ec = \frac{wv^2}{2g}$$

C. Energía de flujo

A este tipo de energía también se le conoce como energía de presión o trabajo del fluido. Esto nos indica el trabajo necesario para mover el elemento del fluido a través de cierta sección contra la presión p. Se dará por la siguiente ecuación:

$$Ef = \frac{wp}{\gamma}$$

La ecuación se demuestra de la siguiente manera:

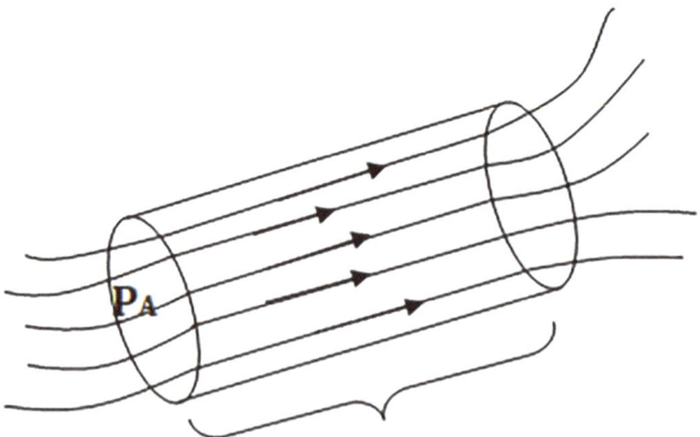

Figura 56. *Elemento de un fluido*

Mientras un fluido se mueve a través de una sección, la fuerza sobre la sustancia es *P. A.* donde *P* es la presión en la sección y *A* es el área de esta sección. Al mover el elemento a través de la sección, la fuerza recorre una distancia L igual a la longitud del conducto. Se aplica un trabajo en todo este tramo.

$$Trabajo = F * d$$

Sabemos que el trabajo es igual a fuerza por distancia. En este caso, la fuerza será la ejercida por la presión y la distancia será la longitud recorrida:

$$Trabajo = P * A * L = P * V$$

Donde V es el volumen de la sustancia o elemento. Asociamos esta fórmula con el peso (*w*):

$$w = \gamma V$$

Reemplazando en la fórmula de trabajo:

$$Trabajo = P * V = \frac{Pw}{\gamma}$$

Entonces, en todo el conducto existirán tres tipos de energías que tendrá el elemento o sustancia.

$$E = Ef + Ep + Ec$$

$$E = \frac{wP}{\gamma} + wz + \frac{wv^2}{2g}$$

Ahora analizaremos las energías que existirán. Primero en la sección 1:

$$E1 = \frac{wP_1}{\gamma} + wz_1 + \frac{wv_1{}^2}{2g}$$

Ahora en la sección 2:

$$E2 = \frac{wP_2}{\gamma} + wz_2 + \frac{wv_2{}^2}{2g}$$

Entonces, por principio de conservación de energía, tendríamos lo siguiente:

$$E1 = E2$$

$$\frac{wP_1}{\gamma} + wz_1 + \frac{wv_1{}^2}{2g} = \frac{wP_2}{\gamma} + wz_2 + \frac{wv_2{}^2}{2g}$$

Esta ecuación es conocida como la ecuación de Bernoulli (Mott, 2006).

Ejemplo 4.3. En la siguiente figura se muestra el tanque de un inodoro. Tiene dimensiones de 15 cm x 35 cm, que contiene agua a una altura h = 25 cm encima de la válvula de desagüe. La válvula tiene un diámetro de 4.5 cm.

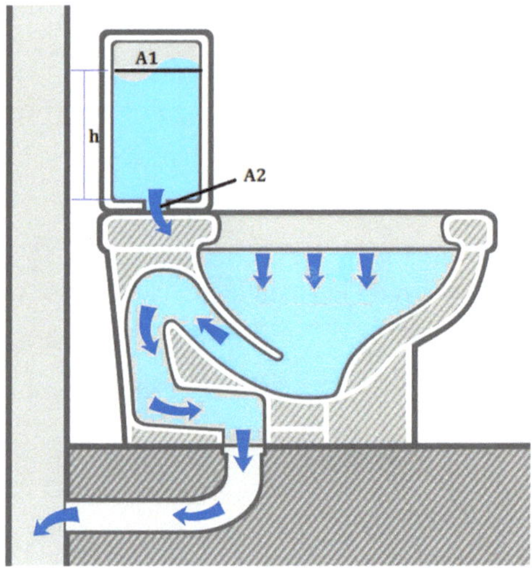

Figura 57. *Diseño en corte de un tanque de un inodoro.*

a) Calcular la velocidad inicial en la válvula cuando esta se abre en función a la altura de agua contenida en el tanque.

Solución:

Aplicando la ecuación de Bernoulli:

$$\frac{wP_1}{\gamma} + wz_1 + \frac{wv_1^{\,2}}{2g} = \frac{wP_2}{\gamma} + wz_2 + \frac{wv_2^{\,2}}{2g}$$

Vamos a reducir nuestra ecuación de Bernoulli sabiendo lo siguiente:

$w = mg$ (peso)

$\gamma = \rho g$ (peso específico)

Entonces reemplazamos este valor en la ecuación de Bernoulli:

$$\frac{\cancel{m}gP_1}{\rho g} + \cancel{m}gz_1 + \frac{\cancel{m}\cancel{g}v_1^{\,2}}{2g} = \frac{\cancel{m}\cancel{g}P_2}{\rho g} + \cancel{m}gz_2 + \frac{\cancel{m}\cancel{g}v_2^{\,2}}{2g}$$

Nuestra ecuación simplificada quedaría de la siguiente manera:

$$\frac{P_1}{\rho} + gz_1 + \frac{v_1^{\,2}}{2} = \frac{P_2}{\rho} + gz_2 + \frac{v_2^{\,2}}{2}$$

Tenemos por continuidad *P1* = *P2* = *Patm*. Entonces, por ser el mismo fluido en las dos áreas, las densidades son iguales y *z*1 = 0 se simplificaría de la siguiente forma:

$$\frac{P_1}{\rho} + gz_1 + \frac{{v_1}^2}{2} = \frac{P_2}{\rho} + gz_2 + \frac{{v_2}^2}{2}$$

$$\frac{{v_1}^2}{2} = gh + \frac{{v_2}^2}{2}$$

$$\frac{{v_1}^2}{2} - \frac{{v_2}^2}{2} = gh$$

De la continuidad del fluido:

$$v_2 . A_2 = v_1 A_1$$

$$v_1 = \frac{v_2 A_1}{A_2}$$

Entonces la velocidad en el punto 2 será:

$$\frac{(\frac{v_2 A_1}{A_2})^2}{2} - \frac{{v_2}^2}{2} = gh$$

$$v_2 = \sqrt{\frac{2gh}{1 - (\frac{A_2}{A_1})^2}}$$

Reemplazando los valores iniciales:

$$A1 = (0.15\,m)(0.25\,m) = 0.0375m^2$$

$$A2 = (\pi)\left(\frac{0.045m^2}{4}\right) = 1.59043x10^{-3}m^2$$

$$v_2 = \sqrt{\frac{2(9.80)(0.25)}{1 - (\frac{1.59043x10^{-3}m^2}{0.0375m^2})^2}}$$

$$v_2 = 2.21559\frac{m}{s}$$

Ahora realizaremos la implementación del método de Bernoulli en MATLAB:

```
%P_1/?+gz_1+?v_1?^2/2=P_2/?+gz_2+?v_2?^2/2
%dimensión del tanque
largo=0.15    %largo del tanque
ancho=0.25    %ancho del tanque
h=0.25        %altura de agua
D=0.045       %Diametro de la válvula
A1=largo*ancho  %Area del Tanque
A2=pi*(D^2)/4   %Área de la Válvula

V1=(A1/A2).^2  %Velocidad en el Tanque
V2=sqrt((2*g*h)/(1-(A2/A1).^2)) %velocidad en la válvula
```

4.1.3. Ley de Poiseuille

La ley de Poiseuille, conocida también como la ley de Hagen-Poiseuille, es la que permite determinar el flujo laminar estacionario F de un líquido incompresible y uniformemente viscoso, llamado fluido newtoniano, a través de una sección circular que lo contenga. Y esta definición se modela con la siguiente fórmula:

$$Q = \mathcal{F} = \frac{\Delta P}{\mathcal{R}}$$

$$\mathcal{R} = \frac{8\eta L}{\pi r^4}$$

Donde:

$\mathcal{F}$: flujo laminar, también conocido como caudal de volumen

ΔP: diferencia de presiones en la tubería

$\mathcal{R}$: resistencia al flujo

η: viscosidad

L: longitud de la tubería

r: radio

Ejemplo 4.1.3.1. En una tubería de 2 m de largo y 20 cm de diámetro se aplica una diferencia de presión de 3000 pa. Si la sustancia contenida en la tubería es mercurio, ¿cuál es la resistencia al flujo y el caudal que fluye por esta tubería?

$$\eta_{(Mercurio\ es)} = 0.0016\ Pas.seg$$

$$D = 2r => r = \frac{D}{2}$$

$$r = \frac{0.2}{2} = 0.1$$

$$\mathcal{R} = \frac{8(0.0016)(2)}{\pi(0.1)^4} = 81.4873$$

$$Q = \mathcal{F} = \frac{30000}{81.4873} = 368.1555\frac{m^3}{seg}$$

Ahora lo veremos en una aplicación desarrollada en Visual Basic:

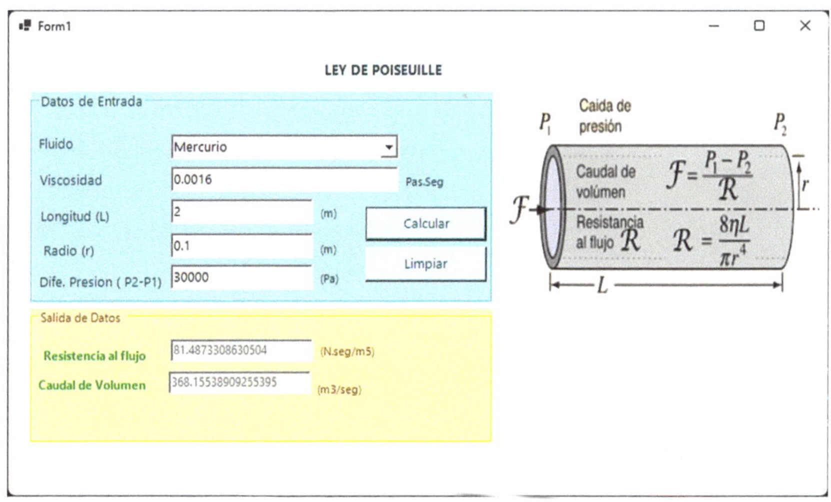

Figura 58. *Programa Poiseuille*

Aquí les dejo una porción del código a implementar dentro del botón calcular:

```
    Private Sub btn_Calcular_Click(sender As Object, e As
 EventArgs) Handles btn_Calcular.Click
        Dim n As Double
        Dim L As Double
        Dim r As Double
        Dim Re As Double
        Dim Q As Double
        Dim P2_p1 As Double
        viscosidad = Double.Parse(txtViscosidad.Text)
        n = viscosidad
        L = Double.Parse(txt_Longitud.Text)
        r = Double.Parse(txt_Radio.Text)
        P2_p1 = Double.Parse(txt_diferenciaPresion.Text)
        Re = (8 * n * L) / (Math.PI * Math.Pow(r, 4))
        Q = P2_p1 / (Re)
        'Imprimiendo los resultados
        txt_ResistenciaFlujo.Text = Re.ToString()
        txtCaudalVolumen.Text = Q.ToString()
  End Sub
```

4.2. DISEÑO DE CANALES CON MÉTODO NEWTON RAPHSON

4.2.1. Diseño de Canal

Un canal abierto es un conducto en el que el líquido fluye con una superficie sometida a la presión atmosférica. El flujo se origina por la pendiente del canal y de la superficie del líquido. La solución exacta de los problemas de flujo es difícil y depende de datos experimentales que deben cumplir una amplia gama de condiciones.

Figura 59. *Canal de flujo de agua*

4.2.2. Tipos de canales

a) Según la cubierta del agua
- Abiertos
- Cerrados

b) Según el material
- Natural sin revestir
- Concreto en masa, concreto prefabricado y de C° armado
- Plásticos: PVC, PE, PRFV

- Materiales asfálticos, etc.
- Otros

c) Según la sección

- Rectangulares
- Trapezoidales
- Circulares
- Tolva
- Octogonal cerrado y otros

4.2.3. Clasificación de los canales según el orden

Los canales de un sistema de riego se inician con el canal de derivación, que a su vez se origina en la toma de captación en el río o fuente de agua principal. El resto de la red de canales parte sucesivamente del canal de derivación, tomando las siguientes denominaciones:

- De primer orden, aquellos canales que se deriven del canal de derivación.
- De segundo orden aquellos canales que se deriven de los canales de primer orden.
- De tercer orden aquellos canales que se deriven de los canales de segundo orden.
- De cuarto orden aquellos canales que se deriven de los canales de tercer orden, y así sucesivamente.

4.2.4. Elementos geométricos más importantes de canales abiertos

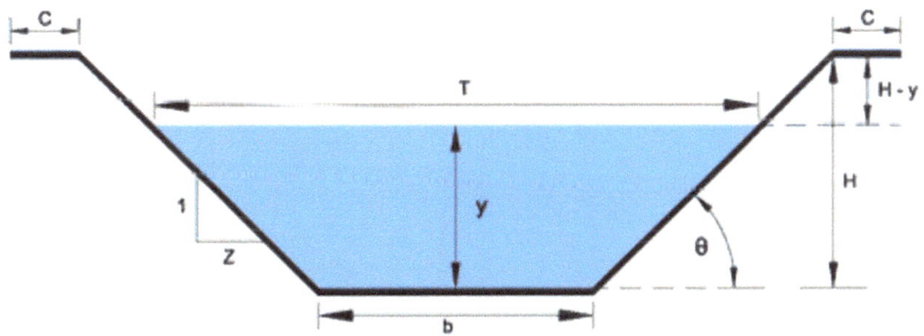

Figura 60. *Elementos de canales abiertos*

Elementos geométricos
b: base menor, solera
B: base mayor
H: altura del talud
z, m: talud de la caja del canal
C: berma

Elementos hidráulicos
y: tirante
f: borde libre
T: espejo de agua

$$f = H - y$$

4.2.5. Elementos geométricos más importantes de canales cerrados

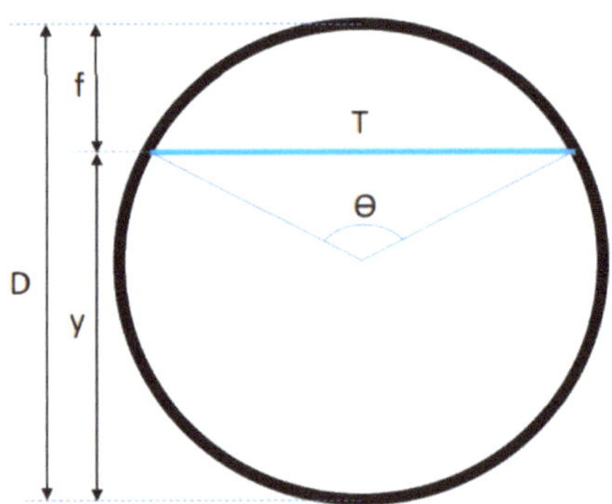

Figura 61. *Elementos de canales cerrados*

Elementos hidráulicos
y: tirante
f: borde libre
T: espejo de agua

Elementos geométricos
D: diámetro

4.2.6. Elementos que contienen los canales

A. Tirante de agua o profundidad de flujo «y o d»

Es la distancia perpendicular a la plantilla, solera o fondo del canal, medida desde el punto más bajo de la sección hasta la superficie del agua. Es decir, normal a la coordenada X que se hace coincidir con el fondo del canal. El **tirante** se mide a lo largo del plano que contiene la sección transversal y que es normal a la dirección del flujo.

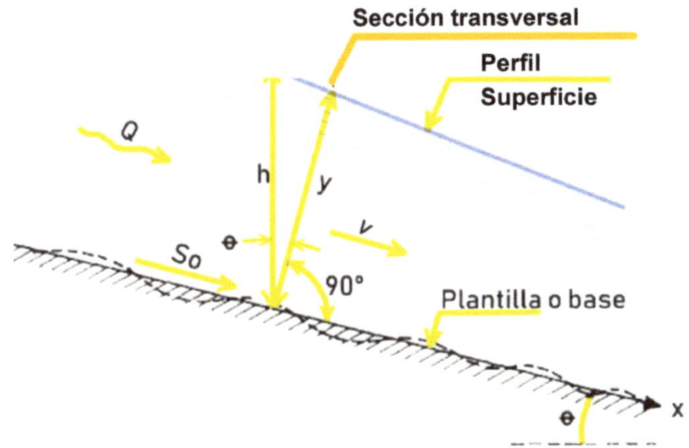

Figura 62. *Corte longitudinal del tirante*

B. Área hidráulica (A)

Es el área mojada de la sección transversal normal a la dirección de flujo.

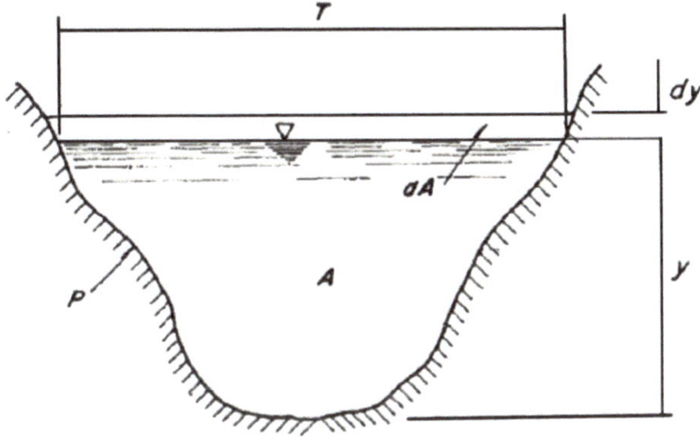

Figura 63. *Área hidráulica (A)*

C. Ancho superficial o espejo de agua «T»

Es el ancho de la superficie libre del agua, en (m).

D. Talud «z»

Es la relación de la proyección horizontal a la vertical de la pared lateral (se llama también talud de las paredes laterales del canal). Es decir, «z» es el valor de la proyección horizontal cuando la vertical es 1, aplicando relaciones trigonométricas. Es la cotangente del ángulo de reposo del material (Θ).

E. Perímetro mojado (P)

Es la longitud de la línea producto de la intersección entre el plano que constituye el área mojada y el contorno de las paredes del canal.

F. Radio hidráulico (R)

Es la relación existente entre el área mojada (A) y el perímetro mojado (*P*) ($R = A/P$)

G. Profundidad hidráulica (PH)

Relación entre el área mojada (A) y el ancho superior del nivel del agua (*T*) ($PH = A/T$)

H. Radio hidráulico

$R = P/A$

Sección	Area hidráulica A	Perímetro mojado P	Radio hidráulico R	Espejo de agua T
Rectangular	by	$b+2y$	$\frac{by}{b+2y}$	b
Trapezoidal	$(b+zy)y$	$b+2y\sqrt{1+z^2}$	$\frac{(b+zy)y}{b+2y\sqrt{1+z^2}}$	$b+2zy$
Triangular	zy^2	$2y\sqrt{1+z^2}$	$\frac{zy}{2\sqrt{1+z^2}}$	$2zy$
Circular	$\frac{(\theta-\text{sen}\theta)D^2}{8}$	$\frac{\theta D}{2}$	$(1-\frac{\text{sen}\,\theta}{\theta})\frac{D}{4}$	$(\text{sen}\frac{\theta}{2})D$ ó $2\sqrt{y(D-y)}$
Parabólica	$2/3\ Ty$	$T+\frac{8y^2}{3T}$	$\frac{2T^2y}{3T+8y^2}$	$\frac{3A}{2y}$

Figura 64. *Cuadro de cálculo de parámetro de canales*

4.2.7. Ecuación de Manning

Quien propuso esta ecuación fue Robert Manning. Está dada por la siguiente ecuación: $Q = \frac{1}{\eta} AR^{2/3}S^{1/2}$

Donde:

Q: caudal (m^3/s)

η: rugosidad

A: área (m^2)

R: radio hidráulico = área de la sección húmeda/perímetro húmedo

Q: pendiente de la rasante de fondo

A. Coeficiente de rugosidad de Manning (n)

Tabla 40. Tabla de coeficiente rugosidad de Manning

η	*Superficie*
0.010	Muy lisa, vidrio, plástico, cobre
0.011	Concreto muy liso
0.013	Madera suave, metal, concreto frotachado
0.017	Canales de tierra en buenas condiciones
0.020	Canales naturales de tierra, libres de vegetación
0.025	Canales naturales con agua, vegetación y piedras esparcidas
0.035	Canales naturales con abundante vegetación
0.040	Arroyos de montaña con muchas piedras

B. Coeficiente de rugosidad de Manning (n), para diferentes tipos de materiales

Tabla 41. Coeficiente de rugosidad de Manning-materiales

η	***Material***
0.009	Madera bien trabajada
0.010	Cemento liso
0.010	Vidrio
0.011	Mortero de cemento con 1/3 de arena
0.013	Mampostería y ladrillos bien trabajos
0.015	Ladrillos rugosos
0.014	Mampostería de piedra labrada revestida con cemento
0.016	Hormigón moldeado
0.020	Canales de grava fina
0.025	Canales de tierra

4.2.8. Ejercicios de aplicación

Ejemplo 4.2.8.1 Sea un canal de sección trapecial, construido en tierra, por el que se transporta un caudal de Q = 300 m^3/s, la pendiente de la plantilla es S_0 = 0.0003, z = 3, n = 0.015, determine el ancho de la base *b* y el tirante normal *y* si y = b/2.

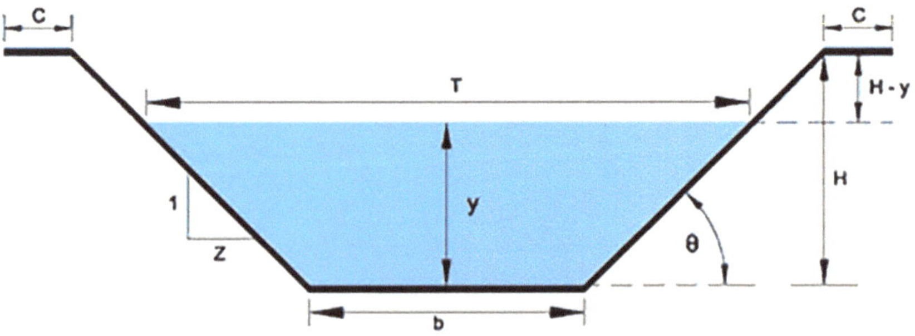

Figura 65. *Diseño canal ejemplo 4.2.8.1*

Solución:

Datos:

Q = 300 m^3/s

$S_o = 0.0003$

$z = 3$

$n = 0.015$

$b = ?$

$y = ?$

A. Solución analítica

Tenemos que, según teoría, área es:

$$A = by + zy^2$$
$$A = 2y.y + 3y^2$$
$$A = 2y^2 + 3y^2$$
$$A = 5y^2$$
$$p = b + 2y\sqrt{1 + z^2}$$
$$p = 2y + 2y\sqrt{1 + 3^2}$$
$$p = 2y + 2y\sqrt{10}$$
$$p = 8.325y$$

Radio hidráulico es R

$$R = A/P$$
$$R = \frac{5y^2}{8.325y}$$
$$R = 0.601y$$

Reemplazando en la ecuación de Manning:

$$Q = \frac{1}{n}.A.R^{2/3}.S^{1/2}$$
$$300 = \frac{1}{0.015}.5y^2.(0.601y)^{2/3}.(0.0003)^{1/2}$$
$$(300)(0.015) = 5y^2.(0.601)y^{2/3}.(0.0003)^{1/2}$$
$$4.5 = 5y^2.(0.601y)^{2/3}.(0.0003)^{1/2}$$
$$\frac{4.5}{(0.0003)^{1/2}} = 5y^2.0.601y^{2/3}$$
$$51.962 = y^2.(0.601y)^{2/3}$$
$$51.962 = 0.7122y^{\frac{8}{3}}$$
$$y = 4.9964m$$

Del problema nos indica:

$$b = 2y$$
$$b = 2(4.9964)$$
$$b = 9.993$$

Ahora solo queda reemplazar el valor de la tirante para hallar los valores anteriores.

B. Solución iterativa con Newton Raphson

Para el ejercicio anterior y los posteriores, desarrollamos una aplicación en MATLAB que calcula el tirante de un canal trapezoidal con el método de Newton Raphson.

De la ecuación de Manning:

$$Q = \frac{1}{n}.A.R^{2/3}.S^{1/2}$$
$$\frac{Qn}{S^{1/2}} = A.R^{2/3}$$
$$(\frac{Qn}{S^{1/2}})^3 = (A.R^{2/3})^3$$
$$(\frac{Qn}{S^{1/2}})^3 = A^3.R^2$$

Por teorema $R = \frac{A}{P}$, reemplazamos en la ecuación:

$$(\frac{Qn}{S^{1/2}})^3 = A^3.(\frac{A}{P})^2$$
$$(\frac{Qn}{S^{1/2}})^3 = \frac{A^5}{P^2}$$

$f(y_i) = \frac{A^5}{P^2} - (\frac{Qn}{S^{1/2}})^3$, la función a iterar para aplicar el método Newton Raphson y encontrar el tirante y.

$$f(y_i) = \frac{[(b + zy)y]^5}{(b + 2y\sqrt{1 + z^2})^2} - (\frac{Qn}{S^{1/2}})^3$$

Nota: esta ecuación se puede enviar a cualquier método iterativo de cálculo para encontrar el tirante, ya sea Raphson, secante, bisección, etc. Además, aquí solo tendremos una variable a calcular, el tirante 'y'.

Para calcular con la tirante aplicaremos la ecuación de Newton Raphson:

$$x_{i-1} = x_i - \frac{f(x_i)}{f'(x_i)}$$

A) Ecuación de Newton Raphson

```
function [Xi TablaDatos Pxy]=NewtonRapshon_Canales(fu)
syms x;
f1=diff(fu,x); %Calcula la derivada de la función ingresada
f=inline(fu) %Convierte a una función para tabular
f1_=inline(f1) %Convierte a una función para tabular
x0=1;%valor inicial a iterar
Es=0.000000000000001;
Ea=100;
Xi=x0;
iter=1;
Imax=50;
    while(Ea>=Es) && (iter<=Imax)

         Xi_1=Xi-feval(f,Xi)/feval(f1_,Xi); %TIRANTE DE LA
EC. RAPSHON
         Ea=abs((Xi_1-Xi)/Xi_1);  %ERROR ABSOLUTO
         TablaDatos(iter,1)=iter;
         TablaDatos(iter,2)=Xi_1;
         TablaDatos(iter,3)=feval(f,Xi);
         TablaDatos(iter,4)=feval(f1_,Xi);
         TablaDatos(iter,5)=Ea;
         iter=iter+1;
         Xi=Xi_1;
         Pxy(iter,1)=iter; %Guardando las iteraciones para
graficar
         Pxy(iter,2)=Xi_1; % almacenando Xr para la grafica

    end
end
```

B) Botón calcular tirante 'y' de un canal trapezoidal

```
% --- Executes on button press in btnTrapezoidal en MATLAB.
function btnTrapezoidal_Callback(hObject, eventdata, han-
dles)
clc;

b=str2double(get(handles.txt_b_Trapezoidal,'String'));
z=str2double(get(handles.txt_z_Trapezoidal,'String'));
Q=str2double(get(handles.txt_Q,'String'));
n=str2double(get(handles.txt_S,'String'));
S=str2double(get(handles.txt_n,'String'));
syms x;
fu=((((b+z*x)*x).^5)/(b+2*x*(1+z.^2).^0.5).^2)-((Q*n)/
(S.^0.5)).^3
%parabolico
[Xi TablaDatos Pxy]=NewtonRapshon_Canales(fu)
        %DATOS PARA TRAPEZOIDAL
        y=Xi; %tirante
        T=(b+2*z*y); %espejo de agua
        AreaH=(b+z*y)*y;%area Hidraulica
        v=Q/AreaH; %velocidad del fluido
        P=b+2*y*((1+z.^2).^0.5);%perimetro mojado
        f=v/(9.81*AreaH/T).^0.5;
        r=AreaH/P;

 set(handles.txt_tirante,'String',y);
 set(handles.txt_AreaHidraulica,'String',AreaH);
 set(handles.txt_EspejoAgua,'String',T);
 set(handles.txt_Velocidad,'String',v);
 set(handles.txt_Perimetro,'String',P);
 set(handles.txt_numeroFroude,'String',f);
 set(handles.txt_radioHidraulico,'String',r);
 set(handles.Tabla,'Data',TablaDatos);
axes(handles.axes1);
background=imread('canal.png');
axis off;
imshow(background);
axes(handles.axes3);
axis on;
 fontsize=10;
 plot(Pxy(:,1),Pxy(:,2),'-m') %graficamos la iter Vs X(i+1)=-
triante
   title('NEWTON RAPHSON- DISEÑO DE CANALES')
    xTitulo=strcat('iteraciones');
    yTitulo=" VALORES Yi- encontrados";
    xlabel(xTitulo, 'Fontsize', fontsize);
    ylabel(yTitulo, 'Fontsize', fontsize);
```

Después de 50 iteraciones y un error **7.0646x10^{11},** se logró calcular el tirante $\boldsymbol{y}$ **= 4.99739** igual que la solución analítica.

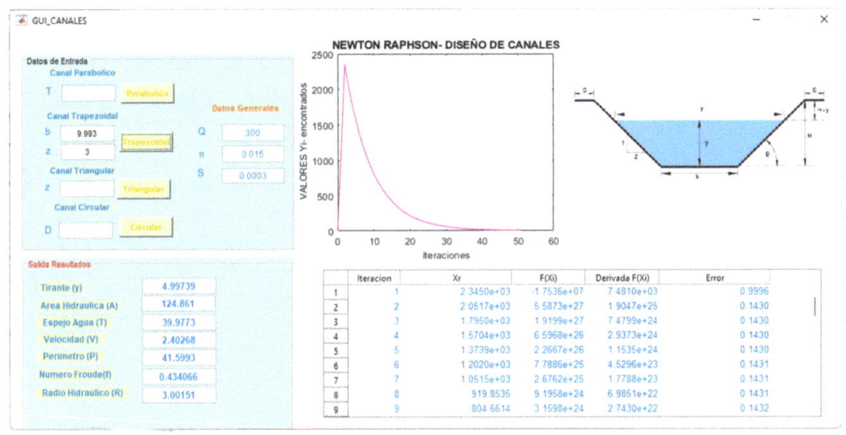

	Iteracion	Xr	F(Xi)	Derivada F(Xi)	Error
1	1	2.3450e+03	-1.7536e+07	7.4810e+03	0.9996
2	2	2.0517e+03	5.5873e+27	1.9047e+25	0.1430
3	3	1.7950e+03	1.9199e+27	7.4799e+24	0.1430
4	4	1.5704e+03	6.5968e+26	2.9373e+24	0.1430
5	5	1.3739e+03	2.2667e+26	1.1535e+24	0.1430
6	6	1.2020e+03	7.7886e+25	4.5296e+23	0.1431
7	7	1.0515e+03	2.6762e+25	1.7788e+23	0.1431
8	8	919.8535	9.1958e+24	6.9851e+22	0.1431
9	9	804.6614	3.1598e+24	2.7430e+22	0.1432

Figura 66. *Aplicación Newton Raphson diseño canal trapezoidal*

Ejemplo 4.2.8.2. Si un canal rectangular que lleva un caudal de 60 pies^3/s, cuya pendiente 1 en 5000 y b = 2 m se reviste con un material cuya n = 0.012, ¿qué dimensiones debe tener si el perímetro mojado debe ser mínimo? Aplique el coeficiente Manning.

Solución:

Datos:

$$Q = 60\frac{pies^3}{s}$$

s = 1/5000 = 0.0002

n = 0.012

Por teorema tenemos que el *área* y perímetro de un canal rectangular es:

$$A = by$$

$$b = b + 2y$$

El radio hidráulico de una canal rectangular es:

$$R = A/P$$

$$R = \frac{by}{b + 2y}$$

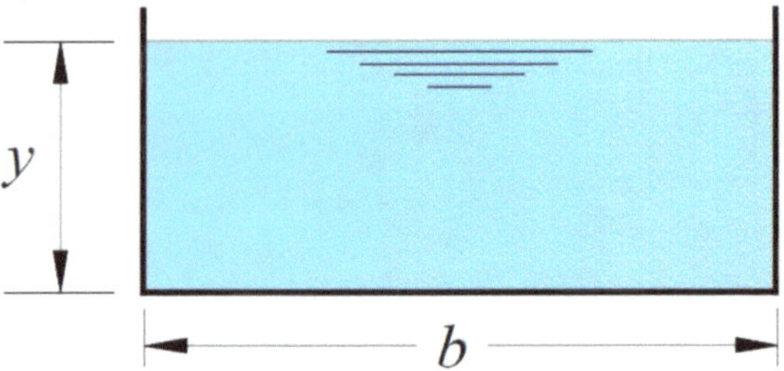

Figura 67. *Canal rectangular ejemplo*

Aplicando la ecuación de Manning:

$Q = \frac{1}{n}.A.R^{2/3}.S^{1/2}$, despejando la ecuación:

$$\frac{Q.n}{S^{1/2}} = \frac{1}{n}.A.R^{2/3}$$

$$\frac{Q.n}{S^{1/2}} = \frac{1}{n}.by.\frac{by}{b+2y}^{2/3}$$

Reemplazamos los datos iniciales:

$$\frac{(60pies^3/s)(0.012)}{(0.0002)^{1/2}} = by.\left(\frac{by}{b+2y}\right)^{\frac{2}{3}}$$

$$by.\left(\frac{by}{b+2y}\right)^{\frac{2}{3}} = 50.912$$

$$\frac{(2y)^5}{(2+2y)^2} = \sqrt[3]{50.912} \dots\dots(1)$$

$$y = 1.16851\, pies$$

Ejemplo 4.2.8.3. Un canal natural de tierra tiene una sección de tipo triángulo isósceles con una base de 4.00 m y una altura de 2.00 m. ¿A qué profundidad fluirán de un modo uniforme de 10 m3/s, el canal en estudio de tipo triangular si está situado sobre una pendiente de 0.002?

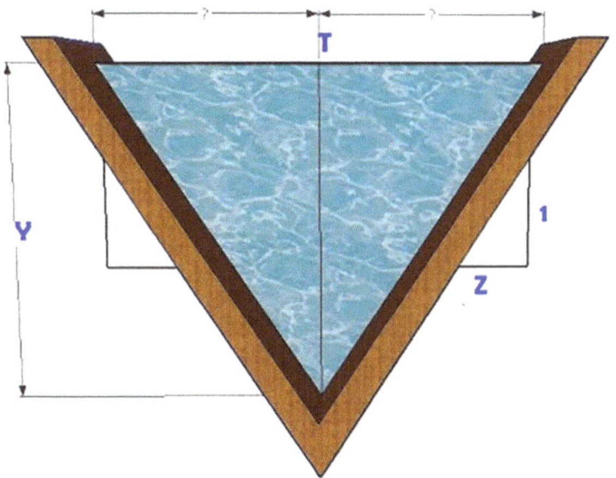

Figura 68. *Gráfico sección triangular ejemplo*

Datos:

$H = 2.00$

$Q = 10\ m^3/s$

$S = 0.002$

$T = 4.00$

$n = 0.020$

A. Solución analítica

En una sección triangular (T):

$T = 2ZY$

$4 = 2ZY$

$zy = 2.00$

La tangente de la sección está dada por:

$$tan(\theta) = \frac{2.00}{2.00} \Rightarrow \theta = 45.00$$

Talud del canal:

$z = ctg(45)$

$z = 1$

Perímetro del canal:

$p = 2y\sqrt{1 + z^2}$

$p = 2y\sqrt{1 + 1^2}$

$p = 2.8284y$

Área hidráulica:

$$A = zy^2$$
$$A = (1)y^2$$

Calculamos el radio hidráulico:

$$R = \frac{A}{P}$$
$$R = \frac{1y^2}{2.8284y} \Rightarrow R = 0.35356y$$

Según el material mencionado canal natural de tierra $n = 0.020$

$$Q = \frac{1}{n} * A * R^{2/3} * S^{1/2}$$
$$Q = \frac{1}{0.020} * 1y^2 * (0.35356y)^{2/3} * (0.002)^{1/2}$$
$$Q = \frac{1}{0.020} * y^2 * \left(0.35356^{2/3} y^{2/3}\right) * (0.002)^{1/2}$$
$$10\, m^3/s = \frac{1}{0.020} * y^2 * \left(0.35356^{2/3} y^{2/3}\right) * (0.002)^{1/2}$$

$$Y^{8/3} = \frac{0.2}{(0.35356^{2/3})(0.002)^{1/2}}$$

$$\boldsymbol{y} = \sqrt[8]{8.94416^3} = \mathbf{2.27419}$$

B. Solución computacional

Para este problema y los problemas de canales de sección triangular, desarrollamos en MATLAB un software que calcula los parámetros de tirante, área hidráulica, espejo de agua, velocidad, perímetro, número de Froude (F) y radio hidráulico con el método de Newton Raphson.

Para poder comparar con los resultados manuales desarrollados en este problema, se podría usar el software para cualquier otro programa solo cambiando los parámetros iniciales.

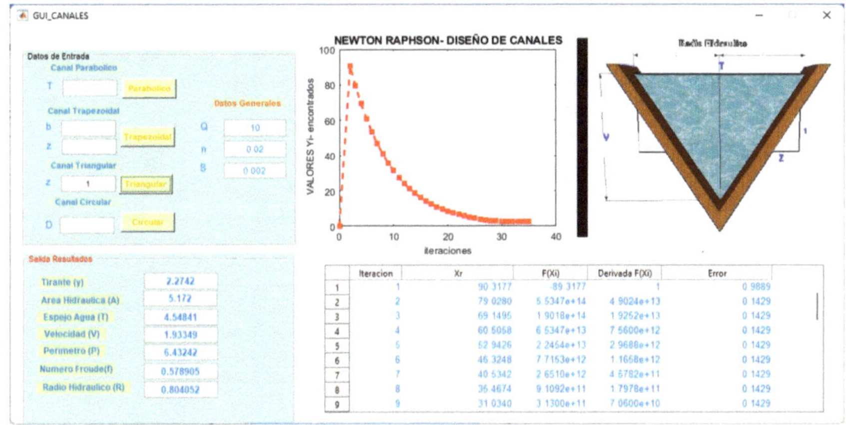

Figura 69. *Solución canal triangular método Raphson*

Como se observa en la figura anterior, solo comparamos con el tirante y = 2.2742. Nos da como resultado que es igual al desarrollado de forma analítica. Se usa el mismo código del método de Newton Raphson, solo es necesario cambiar las fórmulas de un canal de sección triangular. Aquí dejo el código:

```
    function btnTriangular_Callback(hObject, eventdata,
handles)
    clc;
    %DATOS TRIANGULAR
    z=str2double(get(handles.txt_z_Triangu-
lar,'String'));
    Q=str2double(get(handles.txt_Q,'String'));
    n=str2double(get(handles.txt_S,'String'));
    S=str2double(get(handles.txt_n,'String'));
    syms x;
    fu=((z*x.^2).^5)/(2*x*(1+z.^2).^0.5).^2-((Q*n)/
(S.^0.5)).^3

    [Xi TablaDatos Pxy]=NewtonRapshon_Canales(fu)
     %DATOS TRIANGULAR
        y=Xi; %tirante
       T=2*z*y; %espejo de agua
       AreaH=z*y.^2;%area Hidraulica
```

```
 v=Q/AreaH; %velocidad
P=2*y*(1+z.^2).^0.5;%perimetro mojado
f=v/(9.81*AreaH/T).^0.5;
r=AreaH/P;
set(handles.txt_tirante,'String',y);
set(handles.txt_AreaHidraulica,'String',AreaH);
set(handles.txt_EspejoAgua,'String',T);
set(handles.txt_Velocidad,'String',v);
set(handles.txt_Perimetro,'String',P);
set(handles.txt_numeroFroude,'String',f);
set(handles.txt_radioHidraulico,'String',r);
set(handles.Tabla,'Data',TablaDatos);
axes(handles.axes1);
background=imread('triangular.png');
axis off;
imshow(background);
axes(handles.axes3);
axis on;
fontsize=10;
plot(Pxy(:,1),Pxy(:,2),'--rs',...
    'LineWidth',2,...
    'MarkerSize',8,...
    'LineWidth',2,...
    'MarkerSize',5) %graficamos la iter Vs X(i+1)=-
       triante
 title('NEWTON RAPHSON- DISEÑO DE CANALES')
  xTitulo=strcat('iteraciones');
  yTitulo=" VALORES Yi- encontrados";
  xlabel(xTitulo, 'Fontsize', fontsize);
  ylabel(yTitulo, 'Fontsize', fontsize);
```

Ejemplo 4.2.8.4. Se tiene un canal de sección circular y por ello se conduce un gasto de 5 m^3/s, con una velocidad de 1.58774 m/s. Si el canal de concreto tiene un diámetro de 2 m y una pendiente s = 0.001, determinar las dimensiones de las secciones transversales.

Datos:

$Q = 5\,m^3/s$

$v = 1.58774\ m/s$

$s = 0.001.$

$d = 2\,m$

$\eta = 0.0012$, por ser sección de concreto

Solución:

A. Solución analítica

Para el cálculo del tirante:

$x = \theta$

$$y = \frac{D}{2} * (1 - \cos\left(\frac{x}{2}\right))$$

Cálculo del área:

$$A = \frac{1}{8} * \left(\mathrm{x} - \mathrm{sen}(\mathrm{x})\right) * D^2$$

Perímetro mojado:

$$P = \frac{1}{2} * \mathrm{x} * \mathrm{D}$$

Radio hidráulico:

$$R = \frac{A}{P}$$

Ecuación de Manning:

$$Q = \frac{1}{n}.A\,.R^{2/3}.S^{1/2}$$

$$\frac{Qn}{S^{1/2}} = A\,.R^{2/3}$$

$$f(x) = A\,.\,R^{2/3} - \frac{Qn}{S^{1/2}}$$

A esta ecuación le aplicaremos el método de Newton Raphson.

Lo primero que haremos será reemplazar todos los valores en la ecuación, antes de aplicar el Raphson, para entender la forma manual.

$$\frac{Qn}{S^{1/2}} = A\,.R^{2/3}$$

$$\frac{(5)(0.012)}{(0.001)^{1/2}} = A\,.R^{2/3} \ldots\ldots(2)$$

Ahora, por teorema: $Q = V.A$

$$\left(5\frac{m^3}{s}\right) = (1.58774\ \frac{m}{s})A$$

A = 3.14913 m^2, reemplazamos este valor en la ecuación del área:

$$3.14913 = \frac{1}{8} * \left(\mathrm{x} - \mathrm{sen}(\mathrm{x})\right) * (2)^2$$

(x-sen(x)) = 6.29826, lo que se tiene que hacer es aproximar valores de x para que cumpla la solución.

Tabla 42. Resultados iteración

X	***Aproximado***
1	1.841470985
1.5	2.497494987
2	2.909297427
2.5	3.098472144
3	3.141120008
3.5	3.149216772
4	3.243197505
4.5	3.522469882
5	4.041075725
5.5	4.794459674
6	5.720584502
6.287	6.290814684
6.5	6.715119988

Entonces, según lo analizado, **x = 3.5 en sexagesimales**

$$\boldsymbol{x^\circ = \frac{6.287 * 180^\circ}{\pi} = 360.22^\circ}$$

a. Para el cálculo del tirante

$$y = \frac{D}{2} * (1 - \cos\left(\frac{x^\circ}{2}\right))$$

$$y = \frac{2}{2} * \left(1 - \cos\left(\frac{\mathbf{360.22^\circ}}{2}\right)\right) = 1.99\ m$$

b. Cálculo de área

$$A = \frac{1}{8} * (\mathrm{x} - \mathrm{sen}(\mathrm{x}°)) * D^2$$

$$A = \frac{1}{8} * (\mathbf{6.287} - \mathrm{sen}(\mathbf{360.22}°)) * (2)^2 = 3.141580\, m^2$$

c. Perímetro mojado

$$P = \frac{1}{2} * \mathrm{x} * \mathrm{D}$$

$$P = \frac{1}{2} * (6.287)(2) = 6.287 \text{ m}$$

d. Radio hidráulico

$$R = \frac{A}{P}$$

$$R = \frac{3.141580\, m^2}{6.287 \text{ m}} = 0.4996946\, m$$

B. Solución método Newton Raphson

Se utilizó el software MATLAB para desarrollar el cálculo de los parámetros de un canal de sección circular. En la solución analítica se usó una forma iterativa de cálculo aproximado de x. En este pequeño programa utilizamos el método de Newton Raphson para encontrar la solución más exacta del valor de x.

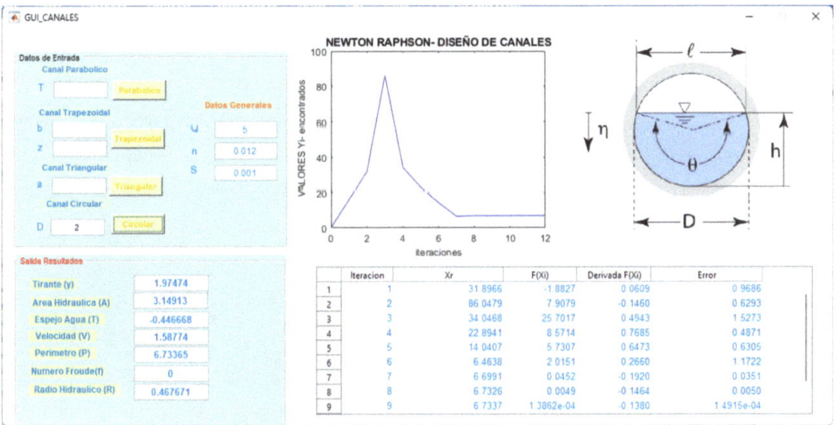

	Iteracion	Xr	F(Xi)	Derivada F(Xi)	Error
1	1	31.8966	-1.8827	0.0609	0.9686
2	2	86.0479	7.9079	-0.1460	0.6293
3	3	34.0468	25.7017	0.4943	1.5273
4	4	22.8941	8.5714	0.7685	0.4871
5	5	14.0407	5.7307	0.6473	0.6305
6	6	6.4638	2.0151	0.2660	1.1722
7	7	6.6991	0.0452	-0.1920	0.0351
8	8	6.7326	0.0049	-0.1464	0.0050
9	9	6.7337	1.3862e-04	-0.1380	1.4915e-04

Figura 70. *Ejemplo de canales circulares Raphson*

En el botón circular colocaremos el código siguiente que calcula los parámetros de la sección transversal del canal:

```
% --- Executes on button press in btnCircular.
function  btnCircular_Callback(hObject,  eventdata,
handles)

clc;
%DATOS CIRCULAR
D=str2double(get(handles.txt_Diametro_Circu-
lar,'String'));

Q=str2double(get(handles.txt_Q,'String'));
n=str2double(get(handles.txt_S,'String'));
S=str2double(get(handles.txt_n,'String'));
syms x;

A=((x-sin(x))*D.^2)/8;
P=(x*D)/2;
R=(D/4)*(1-(sin(x)/x));
T=D*sin(x/2);
fu=(A*(R^(2/3)))-((Q*n)/(S.^0.5))
[Xi TablaDatos Pxy]=NewtonRapshon_Canales(fu)

   %Angulo radianes
   x=Xi;
   y=(D/2)*(1-cos(x/2)); %tirante
   A=((x-sin(x))*D.^2)/8
   P=(x*D)/2
   T=D*sin(x/2) %Tirante de Agua
   v=Q/A; %velocidad
   f=v/(9.81*A/T).^0.5; %numero Frou
   r=A/P;

 set(handles.txt_tirante,'String',y);
 set(handles.txt_AreaHidraulica,'String',A);
 set(handles.txt_EspejoAgua,'String',T);
set(handles.txt_Velocidad,'String',v);
```

```
    set(handles.txt_Perimetro,'String',P);
    set(handles.txt_numeroFroude,'String',f);
    set(handles.txt_radioHidraulico,'String',r);
    set(handles.Tabla,'Data',TablaDatos);
    axes(handles.axes1);
    background=imread('circular.png');
    axis off;
    imshow(background);
    axes(handles.axes3);
    axis on;
    fontsize=10;
    plot(Pxy(:,1),Pxy(:,2),'-b') %graficamos la iter Vs
 X(i+1)=triante
    title('NEWTON RAPHSON- DISEÑO DE CANALES')
    xTitulo=strcat('iteraciones');
    yTitulo=" VALORES Yi- encontrados";
    xlabel(xTitulo, 'Fontsize', fontsize);
    ylabel(yTitulo, 'Fontsize', fontsize);
```

Ahora la función **NewtonRapshon_Canales(fu)**. Ya se vio el código en las secciones anteriores (es el mismo código).

4.2.9. Ejercicios propuestos

Ejercicio 4.2.9.1. Se desea transportar un gasto Q = 250 m^3/s por un canal de sección trapecial construido en tierra (n = 0.025), con un talud de z = 2.5 y S_0 = 0.000075. Calcular:

a) El tirante 'y' si el ancho de la base menor es $b = 40\ m$
b) Ancho de la base, la superficie libre (T) y el tirante del canal si la v = 1.20 m/s
c) Calcule con el método secante el tirante, el área hidráulica, el espejo de agua, la velocidad, el perímetro, el número de Froude (F) y el radio hidráulico con los datos iniciales

Ejercicio 4.2.9.2. Un canal rectangular, revestido de concreto de acabado normal, tiene sección de máxima eficiencia y lleva un caudal de Q = 30 m^3/s con un tirante normal y = 2 m y n = 0.013. Calcule:

a) Pendiente S_0 que soporte las condiciones iniciales
b) Si asumimos $S_0 = 0.001$, ¿cuál es el nuevo caudal o gasto?
c) Calcule con el método Newton Raphson el tirante, el área hidráulica, el espejo de agua, la velocidad, el perímetro, el número de Froude (F) y el radio hidráulico con los datos iniciales

Ejercicio 4.2.9.3. Un canal trapecial cubierto de concreto tiene un talud de 0.4 a 1 y un ancho en la base de 10 pies.

a) ¿Cuál será la profundidad del flujo para la mejor eficiencia hidráulica y cuál será la capacidad del canal si la pendiente es de 0.00035?
b) Calcule con el método Newton Raphson el tirante, el área hidráulica, el espejo de agua, la velocidad, el perímetro, el número de Froude (F) y el radio hidráulico según los datos iniciales

Ejercicio 4.2.9.4. Determinar las dimensiones de la sección de gasto máximo de un canal trapezoidal que, debido a condiciones de topografía y tipo de suelo, se fijó una sección de 10 m^2 y talud 1.5:1.

4.3. DISTRIBUCIÓN DE ESFUERZOS EN EL SUELO DEBIDO A CARGAS

En esta parte analizaremos los esfuerzos sufridos por el suelo a causa de diferentes formas de cargas.

En estas secciones analizaremos el comportamiento de las cargas en los suelos. Para ello, utilizaremos el método de Boussinesq y se modelará con el programa MATLAB y también con el software de Visual Studio.

Existen otros métodos, como el de Newmark, para realizar este tipo de análisis. Ustedes pueden comprobar los resultados con algún otro método.

4.3.1. Distribución de esfuerzo en el suelo debido a una carga puntual

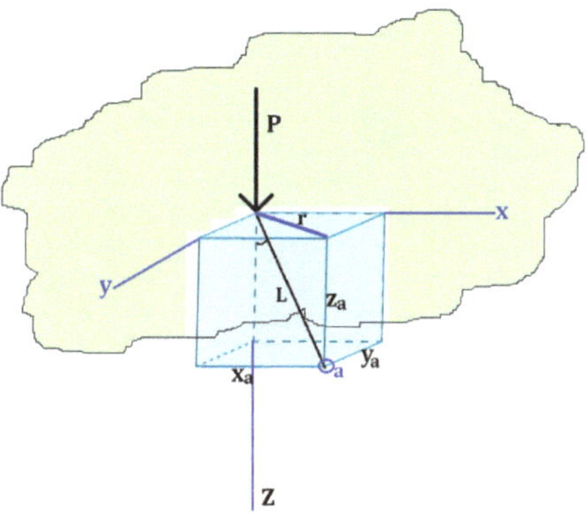

Figura 71. *Carga puntual*

En la figura anterior se muestra una carga puntual (P) en un medio elástico seminfinito, con el modelo Boussinesq.

Se estudiará el valor del incremento de esfuerzo vertical $\Delta\sigma_z$. Es un punto cualquiera (a) con coordenadas cartesiana en ejes x, y, z ($x = x_a, y = y_a, z = z_a$), entonces la carga aplicada por (P) tendrá el siguiente modelo:

$$\Delta\,\sigma_x = \frac{P}{2\pi}\{\frac{3x^2z}{L^5} - (1-2\mu_s)[\frac{x^2-y^2}{Lr^2(L+z)} + \frac{y^2z}{L^3r^2}]\}$$

$$\Delta\,\sigma_y = \frac{P}{2\pi}\{\frac{3y^2z}{L^5} - (1-2\mu_s)[\frac{y^2-z^2}{Lr^2(L+z)} + \frac{x^2z}{L^3r^2}]\}$$

$$\Delta\,\boldsymbol{\sigma_z} = \frac{\mathbf{3Pz^2}}{\mathbf{2\pi L^5}} = \frac{\mathbf{3p}}{\mathbf{2\pi}}\frac{\mathbf{z^2}}{(\mathbf{r^2}+\mathbf{z^2})^{5/2}}$$

Donde:

$$r = \sqrt{x^2+y^2}$$

$$L = \sqrt{x^2+y^2+z^2}$$

μ_s = coeficiente de Poisson

Observe que los esfuerzos en normales horizontales en x e y dependen del coeficiente de Poisson del medio. Por otro lado, el esfuerzo vertical normal en z $\Delta\,\boldsymbol{\sigma_z}$ se puede expresar de la siguiente manera:

$$\Delta\,\boldsymbol{\sigma_z} = \frac{\boldsymbol{P}}{\boldsymbol{z^2}}\left\{\frac{\mathbf{3}}{\mathbf{2\pi}}\frac{\mathbf{1}}{\left(\left(\frac{\boldsymbol{r}}{\boldsymbol{z}}\right)^2+\mathbf{1}\right)^{\frac{5}{2}}}\right\} = \frac{\boldsymbol{P}}{\boldsymbol{z^2}}\boldsymbol{I_1}$$

Donde:

$$I_1 = \frac{3}{2\pi}\left[\frac{1}{\left(\left(\frac{r}{z}\right)^2 + 1\right)^{\frac{5}{2}}}\right]$$

La variación de I_1 para varios valores de r/z se da en la siguiente tabla:

Tabla 43. Variación de I_1

r/z	I_1	*r/z*	I_1
0.00	0.4775	0.90	0.1083
0.10	0.4657	1.00	0.0844
0.20	0.4329	1.50	0.0251
0.30	0.3849	1.75	0.0144
0.40	0.3295	2.00	0.0085
0.50	0.2733	2.50	0.0034
0.60	0.2214	3.00	0.0015
0.70	0.1762	4.00	0.0004
0.80	0.1386	5.00	0.0001

En el siguiente gráfico se muestra el comportamiento de la profundidad con respecto a la influencia I_0:

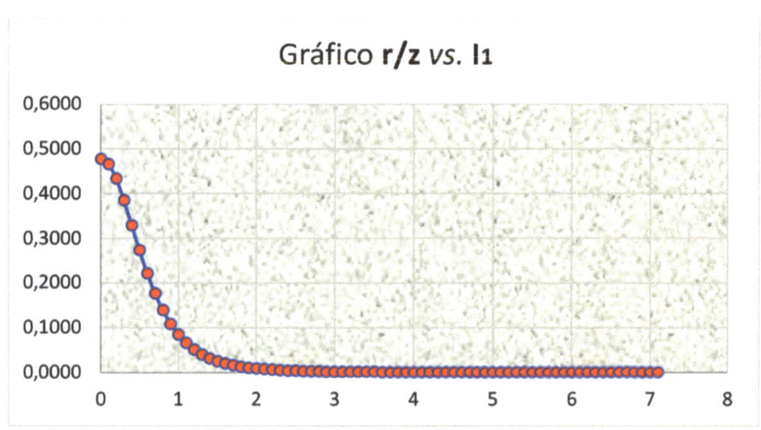

Figura 72. *Gráfico de variación de la profundidad con el factor de influencia*

4.3.1.1. Generando los bulbos de presión

Recordemos la ecuación de esfuerzo debido a una carga puntual:

$$\Delta \sigma_z = \frac{P}{z^2}\left\{\frac{3}{2\pi}\frac{1}{\left(\left(\frac{r}{z}\right)^2+1\right)^{\frac{5}{2}}}\right\}$$

Realizaremos algunos ajustes a esta ecuación. Así como se muestra, no nos ayudará a encontrar la gráfica de los bulbos de esfuerzos.

$$I_0 = \frac{1}{z}\left[\frac{3}{2\pi}\frac{1}{\left(\left(\frac{r}{z}\right)^2+1\right)^{\frac{5}{2}}}\right]$$

A este I_0 le llamaremos factor de influencia, donde el esfuerzo quedará de la siguiente manera para poder realizar los gráficos de bulbo de presión:

$$\Delta \sigma_z = P * I_0$$

Para obtener el radio del bulbo de presión despejaremos la fórmula de I_0, que nos dará la siguiente ecuación:

$$r = \sqrt{\frac{z^{\frac{6}{5}}}{\left(\frac{2\pi I_0}{3}\right)^{\frac{2}{5}}} - z^2}$$

Aquí observamos que el radio r se hace cero cuando z = 0 y el máximo valor de $z = \sqrt{\frac{3}{2\pi I_0}}$, entonces usaremos Excel para poder graficar los bulbos. El ángulo senα nos servirá para dividir la profundidad máxima en varios tramos z' = z*senα.

Tabla 44. Tabla de factor de influencia del bulbo de presión carga puntual

Factor de Influencia I_0 = 0.1,0.2 y 0.4

		0.1			***0.2***			***0.4***		
α	***sen(α)***	***r***	***-r***	***Z'***	***r***	***-r***	***Z'***	***r***	***-r***	***Z'***
0	0.0000	0.000	0.00000	0.00000	0.000	0.00000	0.00000	0.000	0.00000	0.00000
3	0.0523	0.354	-0.35417	0.11436	0.250	-0.25044	0.08086	0.177	-0.17709	0.05718
6	0.1045	0.515	-0.51530	0.22840	0.364	-0.36437	0.16151	0.258	-0.25765	0.11420
9	0.1564	0.631	-0.63131	0.34182	0.446	-0.44640	0.24171	0.316	-0.31565	0.17091
12	0.2079	0.720	-0.72021	0.45431	0.509	-0.50927	0.32124	0.360	-0.36010	0.22715
15	0.2588	0.789	-0.78944	0.56554	0.558	-0.55822	0.39990	0.395	-0.39472	0.28277
18	0.3090	0.843	-0.84300	0.67523	0.596	-0.59609	0.47746	0.422	-0.42150	0.33762
21	0.3584	0.883	-0.88340	0.78307	0.625	-0.62466	0.55371	0.442	-0.44170	0.39153
24	0.4067	0.912	-0.91234	0.88876	0.645	-0.64512	0.62845	0.456	-0.45617	0.44438
27	0.4540	0.931	-0.93106	0.99201	0.658	-0.65836	0.70146	0.466	-0.46553	0.49601
30	0.5000	0.941	-0.94054	1.09255	0.665	-0.66507	0.77255	0.470	-0.47027	0.54627
33	0.5446	0.942	-0.94158	1.19009	0.666	-0.66580	0.84152	0.471	-0.47079	0.59504
36	0.5878	0.935	-0.93483	1.28437	0.661	-0.66102	0.90819	0.467	-0.46741	0.64218
39	0.6293	0.921	-0.92087	1.37513	0.651	-0.65115	0.97236	0.460	-0.46043	0.68756
42	0.6691	0.900	-0.90022	1.46212	0.637	-0.63655	1.03387	0.450	-0.45011	0.73106
45	0.7071	0.873	-0.87337	1.54510	0.618	-0.61756	1.09255	0.437	-0.43668	0.77255
48	0.7431	0.841	-0.84074	1.62384	0.594	-0.59450	1.14823	0.420	-0.42037	0.81192
51	0.7771	0.803	-0.80278	1.69814	0.568	-0.56765	1.20077	0.401	-0.40139	0.84907
54	0.8090	0.760	-0.75988	1.76778	0.537	-0.53731	1.25001	0.380	-0.37994	0.88389
57	0.8387	0.712	-0.71244	1.83258	0.504	-0.50377	1.29583	0.356	-0.35622	0.91629
60	0.8660	0.661	-0.66085	1.89235	0.467	-0.46729	1.33809	0.330	-0.33042	0.94617
63	0.8910	0.605	-0.60549	1.94694	0.428	-0.42815	1.37669	0.303	-0.30275	0.97347
66	0.9135	0.547	-0.54674	1.99619	0.387	-0.38661	1.41152	0.273	-0.27337	0.99809
69	0.9336	0.485	-0.48499	2.03996	0.343	-0.34294	1.44247	0.242	-0.24249	1.01998
72	0.9511	0.421	-0.42060	2.07815	0.297	-0.29741	1.46947	0.210	-0.21030	1.03908
75	0.9659	0.354	-0.35395	2.11064	0.250	-0.25028	1.49245	0.177	-0.17698	1.05532
78	0.9781	0.285	-0.28542	2.13735	0.202	-0.20182	1.51133	0.143	-0.14271	1.06867
81	0.9877	0.215	-0.21538	2.15819	0.152	-0.15230	1.52607	0.108	-0.10769	1.07910
84	0.9945	0.144	-0.14422	2.17313	0.102	-0.10198	1.53663	0.072	-0.07211	1.08656
87	0.9986	0.072	-0.07230	2.18210	0.051	-0.05112	1.54298	0.036	-0.03615	1.09105
90	1.0000		0.00000	2.18510		0.00000	1.54510		0.00000	1.09255
				Z =			**Z =**			**Z =**
				2.1851			**1.5451**			**1.0925**

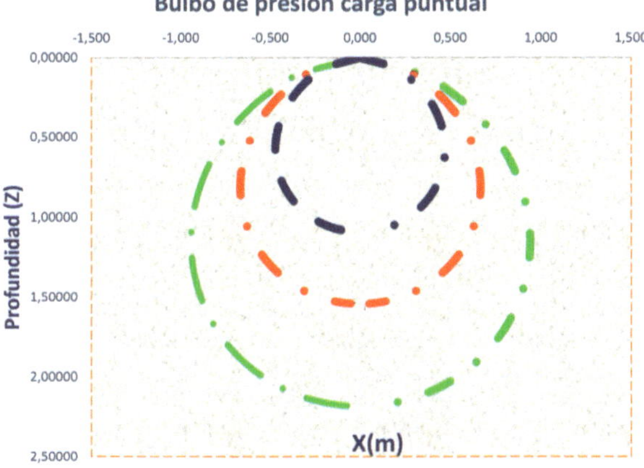

Figura 73. *Bulbo de presión debido a la carga puntual*

4.3.2. Distribución de esfuerzo vertical en el suelo debido a una carga lineal

Es la aplicación de una carga lineal flexible de longitud infinita de valor q por unidad de longitud, en una superficie de masa m de suelo seminfinito. El aumento vertical del esfuerzo $\Delta\sigma$ dentro de la masa de suelo se puede determinar mediante los principios de la teoría de la elasticidad o la siguiente fórmula:

$$\Delta\sigma = \frac{2qz^3}{\pi(x^2+z^2)^2}$$

Es posible expresar esta ecuación así:

$$\Delta\sigma = \frac{2q}{\pi z[\left(\frac{x}{z}\right)^2 + 1]^2}$$

O de otra manera:

$$\frac{\Delta\sigma}{\frac{q}{z}} = \frac{2}{\pi[\left(\frac{x}{z}\right)^2 + 1]^2}$$

La ecuación anterior simplificada se encuentra en forma adimensional. Aplicando esta ecuación se puede calcular la variación $\Delta\sigma/\left(\frac{q}{z}\right)$ con x/z. En la siguiente tabla se muestra la variación de esfuerzo ($\Delta\sigma$), calculado mediante el uso de la ecuación esfuerzo debido a una carga puntual simplificada, donde nos indica el esfuerzo adicional que sufre el suelo debido a la carga lineal aplicada.

El análisis de esfuerzo debido a la carga puntual aplicada no está incluido en la presión de sobrecarga del suelo, sino por encima de la carga puntual.

Tabla 45. Variación de carga lineal con respecto a z

x/z	$\Delta\sigma/(\frac{q}{z})$	x/z	$\Delta\sigma/(\frac{q}{z})$
0.00	0.6366	0.80	0.2367
0.10	0.6241	0.90	0.1943
0.20	0.5886	1.00	0.1592
0.30	0.5358	2.00	0.0255
0.40	0.4731	3.00	0.0064
0.50	0.4074	4.00	0.0022
0.60	0.3442	5.00	0.0009
0.70	0.2868	6.00	0.0005

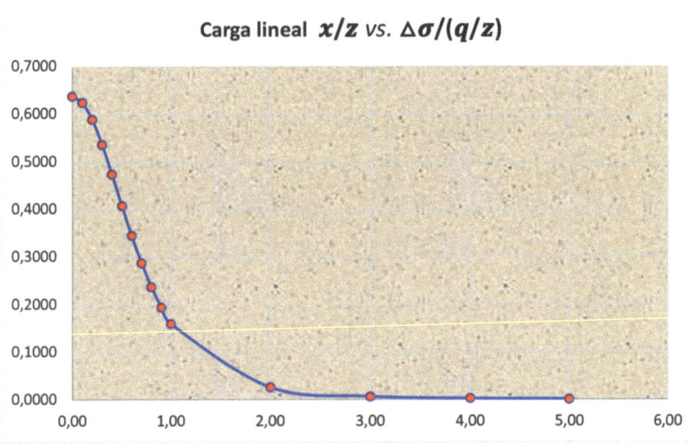

Figura 74. *Variación de carga lineal*

Gráfica de factores de influencia para el esfuerzo por carga lineal

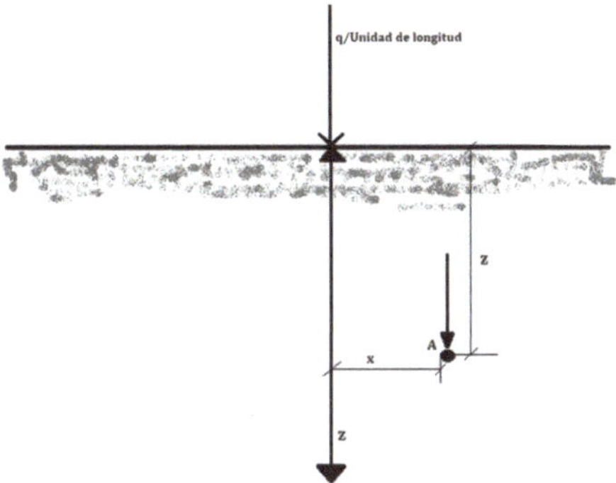

Figura 75. *Modelo de carga lineal sobre una superficie de masa seminfinita*

4.3.2.1. Creación de ábaco del factor de influencia para una carga lineal

Para la generación del ábaco, tabla y gráfico que aparecen en los libros de mecánica de suelos, utilizaremos la siguiente fórmula:

$$m = \frac{x}{z}\ ; \qquad n = \frac{y}{z}$$

$$P_0 = \frac{1}{2\pi}\frac{n}{(m^2+1)\sqrt{m^2+n^2+1}}\left(\frac{1}{m^2+n^2+1}+\frac{2}{m^2+1}\right)$$

Entonces aplicaremos esta fórmula para los valores de n y m:

Tabla 46. Factor de influencia para una carga lineal

	m																	
n	**0**	**0.1**	**0.2**	**0.3**	**0.4**	**0.5**	**0.6**	**0.7**	**0.8**	**0.9**	**1**	**1.2**	**1.4**	**1.6**	**1.8**	**2**	**2.5**	**3**
0.01	0.005	0.005	0.004	0.004	0.003	0.003	0.002	0.002	0.001	0.001	0.001	0.001	0.000	0.000	0.000	0.000	0.000	0.000
0.02	0.010	0.009	0.009	0.008	0.007	0.005	0.004	0.004	0.003	0.002	0.002	0.001	0.001	0.000	0.000	0.000	0.000	0.000
0.03	0.014	0.014	0.013	0.012	0.010	0.008	0.007	0.005	0.004	0.003	0.003	0.002	0.001	0.001	0.000	0.000	0.000	0.000
0.04	0.019	0.019	0.017	0.015	0.013	0.011	0.009	0.007	0.006	0.004	0.003	0.002	0.001	0.001	0.001	0.000	0.000	0.000
0.05	0.024	0.023	0.022	0.019	0.016	0.014	0.011	0.009	0.007	0.005	0.004	0.003	0.002	0.001	0.001	0.000	0.000	0.000
0.06	0.029	0.028	0.026	0.023	0.020	0.016	0.013	0.011	0.008	0.006	0.005	0.003	0.002	0.001	0.001	0.001	0.000	0.000
0.07	0.033	0.032	0.030	0.027	0.023	0.019	0.015	0.012	0.010	0.008	0.006	0.004	0.002	0.001	0.001	0.001	0.000	0.000
0.08	0.038	0.037	0.034	0.031	0.026	0.022	0.018	0.014	0.011	0.009	0.007	0.004	0.003	0.002	0.001	0.001	0.000	0.000
0.09	0.043	0.042	0.039	0.034	0.029	0.024	0.020	0.016	0.012	0.010	0.008	0.005	0.003	0.002	0.001	0.001	0.000	0.000
0.1	0.047	0.046	0.043	0.038	0.033	0.027	0.022	0.018	0.014	0.011	0.008	0.005	0.003	0.002	0.001	0.001	0.000	0.000
0.2	0.092	0.090	0.084	0.075	0.064	0.053	0.043	0.034	0.027	0.021	0.017	0.010	0.006	0.004	0.003	0.002	0.001	0.000
0.3	0.133	0.130	0.121	0.108	0.093	0.077	0.063	0.050	0.040	0.031	0.024	0.015	0.009	0.006	0.004	0.003	0.001	0.000
0.4	0.169	0.165	0.154	0.138	0.119	0.099	0.081	0.065	0.051	0.040	0.032	0.019	0.012	0.008	0.005	0.003	0.001	0.001
0.5	0.199	0.195	0.182	0.163	0.141	0.118	0.096	0.078	0.062	0.049	0.038	0.024	0.015	0.009	0.006	0.004	0.002	0.001
0.6	0.224	0.219	0.205	0.184	0.159	0.134	0.110	0.089	0.071	0.056	0.044	0.028	0.017	0.011	0.007	0.005	0.002	0.001
0.7	0.244	0.238	0.223	0.201	0.174	0.147	0.121	0.098	0.079	0.062	0.049	0.031	0.020	0.013	0.008	0.006	0.002	0.001
0.8	0.259	0.254	0.238	0.214	0.187	0.158	0.130	0.106	0.085	0.068	0.054	0.034	0.022	0.014	0.009	0.006	0.003	0.001
0.9	0.272	0.266	0.249	0.225	0.196	0.167	0.138	0.113	0.091	0.073	0.058	0.037	0.023	0.015	0.010	0.007	0.003	0.001

Tabla 46. Factor de influencia para una carga lineal (cont.)

n	m: 0	0.1	0.2	0.3	0.4	0.5	0.6	0.7	0.8	0.9	1	1.2	1.4	1.6	1.8	2	2.5	3
1	0.281	0.275	0.259	0.234	0.204	0.174	0.144	0.118	0.095	0.077	0.061	0.039	0.025	0.016	0.011	0.007	0.003	0.001
2	0.313	0.307	0.289	0.263	0.232	0.199	0.168	0.139	0.114	0.093	0.076	0.050	0.033	0.023	0.016	0.011	0.005	0.002
3	0.317	0.311	0.293	0.267	0.235	0.203	0.171	0.142	0.117	0.096	0.079	0.052	0.035	0.024	0.017	0.012	0.006	0.003
4	0.318	0.312	0.294	0.267	0.236	0.203	0.172	0.143	0.118	0.097	0.079	0.053	0.036	0.025	0.017	0.012	0.006	0.003
5	0.318	0.312	0.294	0.268	0.236	0.204	0.172	0.143	0.118	0.097	0.079	0.053	0.036	0.025	0.018	0.013	0.006	0.003
6	0.318	0.312	0.294	0.268	0.236	0.204	0.172	0.143	0.118	0.097	0.079	0.053	0.036	0.025	0.018	0.013	0.006	0.003
7	0.318	0.312	0.294	0.268	0.237	0.204	0.172	0.143	0.118	0.097	0.080	0.053	0.036	0.025	0.018	0.013	0.006	0.003
8	0.318	0.312	0.294	0.268	0.237	0.204	0.172	0.143	0.118	0.097	0.080	0.053	0.036	0.025	0.018	0.013	0.006	0.003
9	0.318	0.312	0.294	0.268	0.237	0.204	0.172	0.143	0.118	0.097	0.080	0.053	0.036	0.025	0.018	0.013	0.006	0.003
10	0.318	0.312	0.294	0.268	0.237	0.204	0.172	0.143	0.118	0.097	0.080	0.053	0.036	0.025	0.018	0.013	0.006	0.003

Ahora mostraremos el gráfico de ábaco de factor de influencia de una carga lineal realizado con los datos de la tabla anterior.

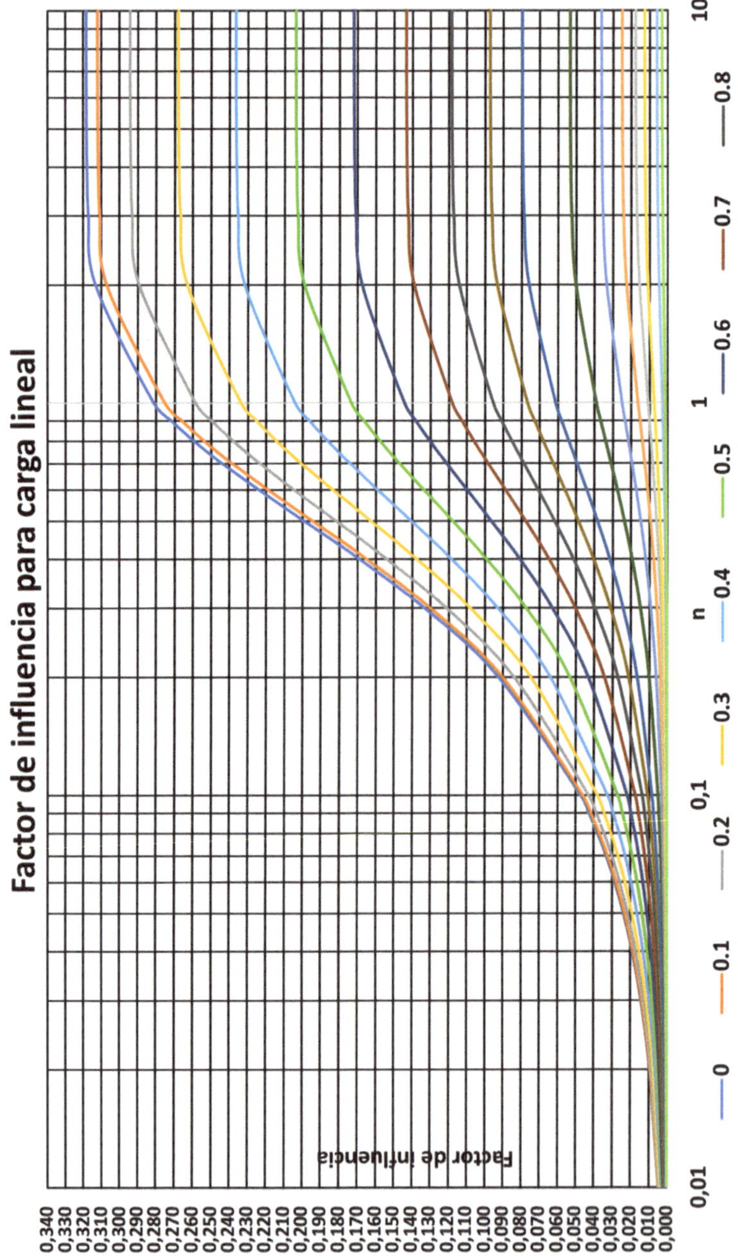

Figura 76. *Gráfico factor de influencia carga lineal*

4.3.3. Distribución de esfuerzo en el suelo debido a una carga circular

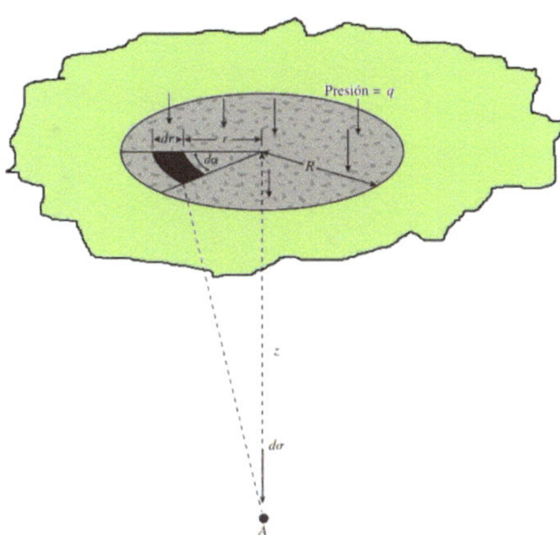

Figura 77. *Distribución de esfuerzo debido a una carga circular*

Utilizando la solución de Boussinesq para el esfuerzo vertical $\Delta\ \sigma$ causado por una carga puntual (ecuación de carga puntual), también podemos desarrollar una expresión para el esfuerzo vertical por debajo del centro de un área circular flexible de carga uniforme.

De la figura anterior, considere que la intensidad de la presión en el área circular de radio R sea igual a q. La carga total en el área elemental (sombreada en la figura) = $qr\ dr\ d\alpha$. El esfuerzo vertical ($d\sigma$), en el punto A causado por la carga en el *área elemental* (puede suponerse como una carga concentrada) se puede obtener de la *ecuación de la carga puntual*:

$$d\sigma = \frac{3(qr\ dr\ d\alpha)}{2\pi}\left[\frac{z^3}{(r^2+z^2)^{\frac{5}{2}}}\right]$$

Para el análisis de la variación de esfuerzo en el punto A que se genera por la zona cargada por la fuerza se encontrará la siguiente iteración:

$$\Delta\ \sigma = d\sigma = \int d\sigma = \int_{\alpha=0}^{\alpha=2\pi}\int_{r=0}^{r=R}\frac{3q}{2\pi}\left[\frac{z^3 r}{(r^2+z^2)^{\frac{5}{2}}}\right] dr\ d\alpha$$

Simplificada, queda:

$$\Delta\sigma = q\left[1 - \frac{1}{\left((\frac{R}{z})^2 + 1\right)^{\frac{5}{2}}}\right]$$

O:

$$\Delta\sigma = q\left[1 - \left[\frac{1}{(\frac{R}{z})^2 + 1}\right]^{\frac{3}{2}}\right]$$

Donde:

R = radio de la cimentación, y será igual a $R = B/2$

La variación de $\Delta\ \sigma/q$ con z/R se obtiene de la anterior ecuación. Esta relación se verá en la siguiente tabla. La variación $\Delta\ \sigma$ disminuye, mientras que la profundidad baja, donde z = 5R es de aproximadamente 6 % de la carga q, que es la presión aplicada en la superficie del suelo.

El esfuerzo aplicado en la superficie irá disminuyendo de acuerdo con la profundidad analizada z, situado a una distancia radial r, medida horizontal desde el centro del área cargada. Por tanto, el esfuerzo estará en función de los siguientes parámetros:

$$\Delta\sigma = f(q, \frac{r}{R}, \frac{z}{R})$$

O:

$$\frac{\Delta\sigma}{q} = I_2$$

Esta variación de I_2 con r/R y z/R se muestra a continuación:

Tabla 47. Variación de I2

z/R	$\frac{\Delta\sigma}{q}$	***z/R***	$\frac{\Delta\sigma}{q}$
0	1.00000	0.8	0.75622
0.02	0.99999	0.9	0.70063
0.05	0.99988	1	0.64645
0.1	0.99901	1.5	0.42397
0.2	0.99246	1.6	0.39020
0.3	0.97627	2.5	0.19959
0.4	0.94877	3	0.14619
0.5	0.91056	4	0.08692
0.6	0.86381	5	0.05713
0.7	0.81141	6	0.04027

Se puede apreciar en el ábaco de FADUM para cargas circulares que la máxima profundidad (Db) que toma el bulbo de presiones es el centro, aproximadamente dos veces el ancho (B) o dos veces el diámetro (D) de la fundación. Luego podemos aproximar:

$$Db \approx 2B \approx 2D \approx 4R$$

4.3.4. Distribución de esfuerzo en el suelo debido a una carga rectangular

La solución de Boussinesq también se puede utilizar para calcular el incremento de esfuerzo vertical por debajo de un área rectangular flexible cargada, como se muestra en la Figura 78.

La zona de carga está situada en la superficie del suelo y tiene longitud L y anchura B. La carga distribuida de manera uniforme por unidad de área es igual a q. Para determinar el aumento del esfuerzo vertical $\Delta\,\sigma$ en el punto A situado a una profundidad z por debajo de la esquina del área rectangular, debemos tener en cuenta una pequeña zona elemental $dx\ dy$ del rectángulo (Figura 78). La carga en esta zona elemental puede ser obtenida con (BRAJA, 2015):

$$dq = q dx\, dy$$

El incremento en el esfuerzo $d\sigma$ en el punto A causado por la carga dq se puede determinar mediante el uso de la *ecuación carga puntual*. Sin embargo, tenemos que sustituir P con $dq = qdx\ dy$ y r^2 con $x^2 + y^2$. Por tanto,

$$d\sigma = \frac{3q\ dx\ \ dy\, z^3}{2\pi (x^2 + y^2 + z^2)^{\frac{5}{2}}}$$

El incremento en esfuerzo $\Delta\ \sigma$ en el punto A causado por toda el área cargada ahora puede determinarse mediante la integración de la ecuación anterior:

$$\Delta\,\sigma = \int d\sigma = \int_{y=0}^{B} \int_{x=0}^{L} \left[\frac{3qz^3}{2\pi (r^2 + z^2)^{\frac{5}{2}}} \right] dx\ \ dy = qI_3$$

4.3.5. Distribución de esfuerzo en el suelo debido a una carga distribuida

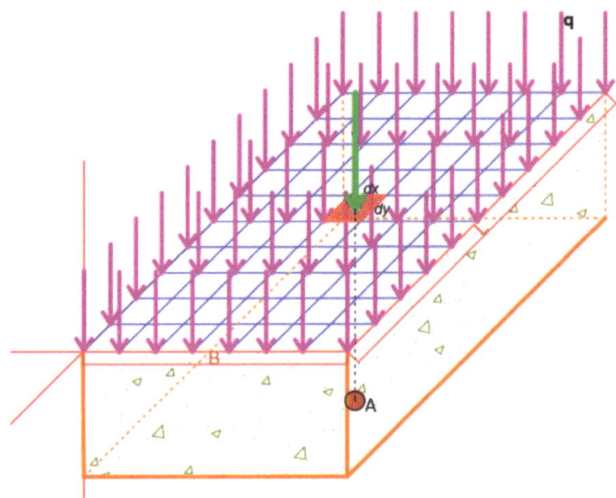

Figura 78. *Esfuerzo vertical debajo de la esquina de un área rectangular flexible uniformemente cargada.*

Partiendo de la solución dada por Boussinesq para una carga puntual y la definición de $r = \sqrt{x^2 + y^2}$, y dividiendo un área cargada rectangular en diferenciales de área, donde una carga puntual (dP) sobre un diferencial se puede aproximar A, $dP = q.dx.dy$, obtenemos que:

$$I_3 = \frac{1}{4\pi}\left[\frac{2m'n'\sqrt{m'^2+n'^2+1}}{m'^2+n'^2+m'^2n'^2+1}\left(\frac{m'^2+n'^2+2}{m'^2+n'^2+1}\right)+tan^{-1}\left(\frac{2m'n'\sqrt{m'^2+n'^2+1}}{m'^2+n'^2-m'^2n'^2+1}\right)\right]$$

$$m' = \frac{B}{z}$$

$$n' = \frac{L}{z}$$

El término arco tangente de la **ecuación anterior,** debe ser un ángulo positivo en radianes. Cuando $m'^2 + n1'^2 + 1 < m'^2n'^2$ se convierte en un ángulo negativo, entonces debe añadirse un término π a ese ángulo.

$$I_3 = \frac{1}{4\pi}\left[\frac{2m'n'\sqrt{m'^2+n'^2+1}}{m'^2+n'^2+m'^2n'^2+1}\left(\frac{m'^2+n'^2+2}{m'^2+n'^2+1}\right)+tan^{-1}\left(\frac{2m'n'\sqrt{m'^2+n'^2+1}}{m'^2+n'^2-m'^2n'^2+1}\right)+\pi\right]$$

El valor del factor de influencia I^2 siempre deberá estar entre: $0 \leq I(m\ n) \leq 0.25$

La variación de I3 con m' y n' se muestra en la siguiente figura.

Entonces el incremento de esfuerzo se puede encontrar por la siguiente ecuación: $\Delta\sigma = qI_3$, que se vio anteriormente, y los valores de I3 se encuentran en la Figura 81. *Ábaco de FADUM electrónico.* Este cálculo se realiza en un punto A' a una profundidad z. El área cargada se puede dividir en cuatro rectángulos, como se muestra. El punto A' es la esquina común a los cuatro rectángulos. El aumento del esfuerzo a la profundidad z por debajo del punto A' debido a cada área rectangular ahora se puede calcular utilizando la ecuación $\Delta\sigma = qI_3$. El aumento total del esfuerzo causado por la totalidad del área cargada puede obtenerse con:

$$\Delta\sigma = q[I_{3(1)} + I_{3(3)} + I_{3(3)} + I_{3(4)}]$$

A fin de generar la tabla de factor de influencia para cargas rectangulares, se utilizó la ecuación de I_3 que se muestra arriba.

Tabla 48. Valores de Influencia en una carga rectangular

n	m: 0.00	0.10	0.20	0.30	0.40	0.50	0.60	0.70	0.80	0.90	1.00	1.20	1.40	1.60	1.80	2.00	2.50	3.00
	0.010	0.0005	0.0009	0.0013	0.0017	0.0020	0.0022	0.0024	0.0026	0.0027	0.0028	0.0029	0.0030	0.0031	0.0031	0.0031	0.0032	0.0032
	0.020	0.0009	0.0018	0.0027	0.0034	0.0040	0.0045	0.0049	0.0052	0.0054	0.0056	0.0059	0.0061	0.0062	0.0062	0.0063	0.0063	0.0063
	0.030	0.0014	0.0028	0.0040	0.0051	0.0060	0.0067	0.0073	0.0078	0.0081	0.0084	0.0088	0.0091	0.0092	0.0093	0.0094	0.0095	0.0095
	0.040	0.0019	0.0037	0.0053	0.0068	0.0080	0.0089	0.0097	0.0104	0.0109	0.0112	0.0118	0.0121	0.0123	0.0124	0.0125	0.0126	0.0127
	0.050	0.0024	0.0046	0.0067	0.0084	0.0099	0.0112	0.0122	0.0129	0.0136	0.0140	0.0147	0.0151	0.0154	0.0155	0.0156	0.0158	0.0158
	0.060	0.0028	0.0055	0.0080	0.0101	0.0119	0.0134	0.0146	0.0155	0.0163	0.0168	0.0176	0.0181	0.0184	0.0186	0.0187	0.0189	0.0190
	0.070	0.0033	0.0064	0.0093	0.0118	0.0139	0.0156	0.0170	0.0181	0.0190	0.0196	0.0206	0.0211	0.0215	0.0217	0.0219	0.0220	0.0221
	0.080	0.0038	0.0074	0.0106	0.0135	0.0159	0.0178	0.0194	0.0207	0.0216	0.0224	0.0235	0.0241	0.0245	0.0248	0.0249	0.0252	0.0253
	0.090	0.0042	0.0083	0.0119	0.0151	0.0178	0.0200	0.0218	0.0232	0.0243	0.0252	0.0264	0.0271	0.0276	0.0278	0.0280	0.0283	0.0284
	0.100	0.0047	0.0092	0.0132	0.0168	0.0198	0.0222	0.0242	0.0258	0.0270	0.0279	0.0293	0.0301	0.0306	0.0309	0.0311	0.0314	0.0315
	0.200	0.0092	0.0179	0.0259	0.0328	0.0387	0.0435	0.0473	0.0504	0.0528	0.0547	0.0573	0.0589	0.0599	0.0606	0.0610	0.0615	0.0618
	0.300	0.0132	0.0259	0.0374	0.0474	0.0559	0.0629	0.0686	0.0731	0.0766	0.0794	0.0832	0.0856	0.0871	0.0880	0.0887	0.0895	0.0898
	0.400	0.0168	0.0328	0.0474	0.0602	0.0711	0.0801	0.0873	0.0931	0.0977	0.1013	0.1063	0.1094	0.1114	0.1126	0.1134	0.1145	0.1150
	0.500	0.0198	0.0387	0.0559	0.0711	0.0840	0.0947	0.1034	0.1103	0.1158	0.1202	0.1263	0.1300	0.1324	0.1339	0.1350	0.1363	0.1368
	0.600	0.0222	0.0435	0.0629	0.0801	0.0947	0.1069	0.1168	0.1247	0.1311	0.1360	0.1431	0.1475	0.1503	0.1521	0.1533	0.1548	0.1555
	0.700	0.0242	0.0473	0.0686	0.0873	0.1034	0.1168	0.1277	0.1365	0.1436	0.1491	0.1570	0.1620	0.1652	0.1672	0.1686	0.1704	0.1711
	0.800	0.0258	0.0504	0.0731	0.0931	0.1103	0.1247	0.1365	0.1461	0.1537	0.1598	0.1684	0.1739	0.1774	0.1797	0.1812	0.1832	0.1841
	0.900	0.0270	0.0528	0.0766	0.0977	0.1158	0.1311	0.1436	0.1537	0.1618	0.1684	0.1777	0.1836	0.1874	0.1899	0.1915	0.1937	0.1947
	1.000	0.0279	0.0547	0.0794	0.1013	0.1202	0.1360	0.1491	0.1598	0.1684	0.1752	0.1851	0.1914	0.1955	0.1981	0.1999	0.2024	0.2034

Tabla 48. Valores de Influencia en una carga rectangular (cont.)

n	m																	
	0.00	**0.10**	**0.20**	**0.30**	**0.40**	**0.50**	**0.60**	**0.70**	**0.80**	**0.90**	**1.00**	**1.20**	**1.40**	**1.60**	**1.80**	**2.00**	**2.50**	**3.00**
	2.000	0.0311	0.0610	0.0887	0.1134	0.1350	0.1533	0.1686	0.1812	0.1915	0.1999	0.2124	0.2500	0.2500	0.2500	0.2500	0.2500	0.2500
	3.000	0.0315	0.0618	0.0898	0.1150	0.1368	0.1555	0.1711	0.1841	0.1947	0.2034	0.2500	0.2500	0.2500	0.2500	0.2500	0.2500	0.2500
	4.000	0.0316	0.0619	0.0901	0.1153	0.1372	0.1560	0.1717	0.1847	0.1954	0.2042	0.2500	0.2500	0.2500	0.2500	0.2500	0.2500	0.2500
	5.000	0.0316	0.0620	0.0901	0.1154	0.1374	0.1561	0.1718	0.1849	0.1956	0.2044	0.2500	0.2500	0.2500	0.2500	0.2500	0.2500	0.2500
	6.000	0.0316	0.0620	0.0902	0.1154	0.1374	0.1562	0.1719	0.1850	0.1957	0.2045	0.2500	0.2500	0.2500	0.2500	0.2500	0.2500	0.2500
	7.000	0.0316	0.0620	0.0902	0.1154	0.1374	0.1562	0.1719	0.1850	0.1957	0.2045	0.2500	0.2500	0.2500	0.2500	0.2500	0.2500	0.2500
	8.000	0.0316	0.0620	0.0902	0.1154	0.1374	0.1562	0.1720	0.1850	0.1957	0.2045	0.2500	0.2500	0.2500	0.2500	0.2500	0.2500	0.2500
	9.000	0.0316	0.0620	0.0902	0.1154	0.1374	0.1562	0.1720	0.1850	0.1958	0.2046	0.2500	0.2500	0.2500	0.2500	0.2500	0.2500	0.2500
	10.000	0.0316	0.0620	0.0902	0.1154	0.1374	0.1562	0.1720	0.1850	0.1958	0.2046	0.2500	0.2500	0.2500	0.2500	0.2500	0.2500	0.2500

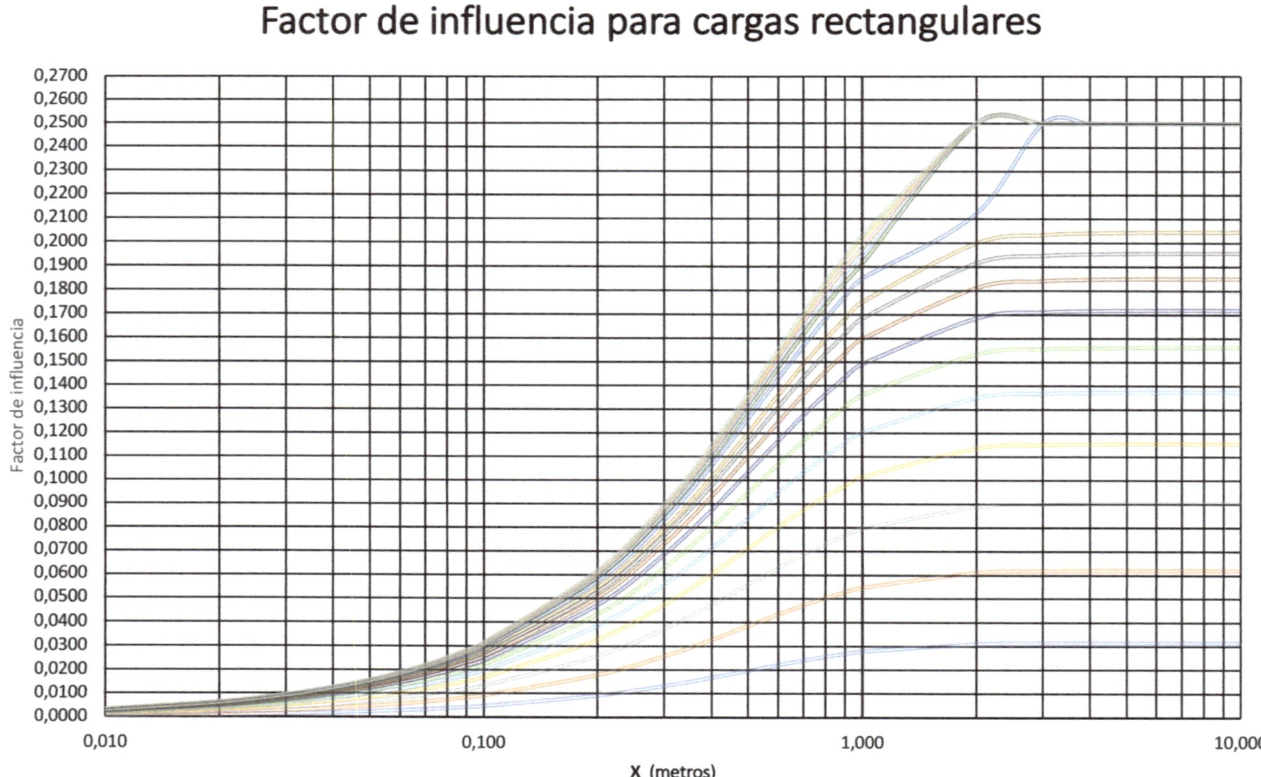

Figura 79. *Variación de I3 con m' y n'*

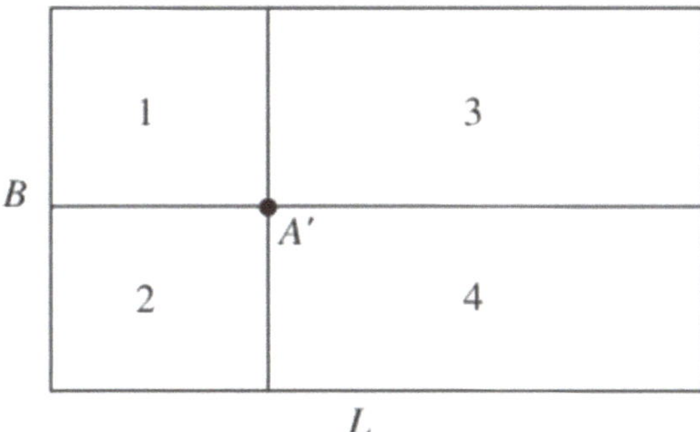

Figura 80. *Aumento del esfuerzo en cualquier punto debajo de un área rectangular flexible cargada*

El aumento del esfuerzo por debajo del centro de un área rectangular uniformemente cargada se puede calcular de la siguiente manera:

$$\Delta\sigma = qI_c$$

Donde:

$I_c = f(m_1, n_1)$

$$m_1 = L/B$$

$$n_1 = \frac{z}{B/2}$$

Se puede encontrar la variación de *Ic* con respecto a m_1 y n_1 utilizando el factor de influencia en una carga rectangular.

4.4. EJERCICIOS DE APLICACIÓN

Ejemplo 4.4.1. Calcular con el método de Boussinesq el incremento de esfuerzos debido a una carga puntual, ocasionados por la losa, a una profundidad de 20 m por debajo del nivel de cimentación en una losa rectangular 30 *m x* 12 *m* de cimentada en el suelo a 2,5 m por debajo de la superficie. Y está sujeto a una presión de 150 kn/m^2. Asumiremos que el centro del área está en la coordenada (0,0) y tiene dimensiones de 15 m de largo y 6 de ancho cada bloque. Los esfuerzos a calcular estarán en las coordenadas A = (0,0); B = (15,0); C = (6,0); D = (6,15).

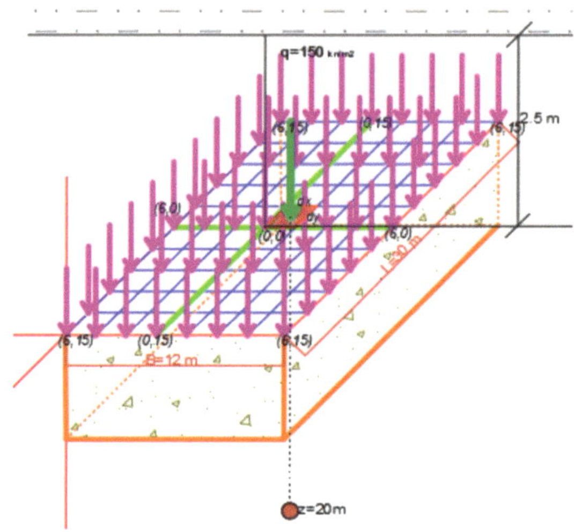

Figura 81. *Boussinesq para carga puntual*

Solución:

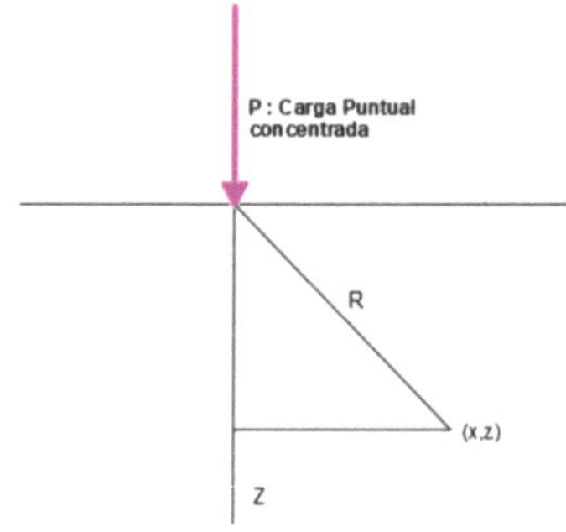

Figura 82. *Concentración de la carga puntual*

a. **Calculamos la carga concentrada en el punto** (0,0), $P = q(BL)$

$$P = (150kPa)(12 * 30) = 54000kN$$

En el punto $x = 0, y = 0\ ;\ r = \sqrt{x^2 + y^2} = 0$

$\Delta\, \sigma_v = \frac{3P}{2\pi} * \frac{z^3}{[(r^2+z^2)]^{\frac{5}{2}}}$; esta es la ecuación de Boussinesq

$$\Delta\, \sigma_v = \frac{3(54000kN)}{2\pi} * \frac{(20m)^3}{[(0^2 + 20^2)]^{\frac{5}{2}}} = \mathbf{64.45775kN/m^2}$$

Verificamos el porcentaje de carga que recibe en $z = 20\ m$

$\frac{\Delta\sigma}{q} = \frac{64.45775}{150} * \mathbf{100\%} = \mathbf{42.9718\%}$, quiere decir que en 20 m soporta una carga del 42.9718% de la carga inicial.

b. Calculamos la carga concentrada en el punto (15,0), $P = q(BL)$

$$P = (150kPa)(12 * 30) = 54000kN$$

En el punto $x = 15, y = 0\ ;\ r = \sqrt{15^2 + 0^2} = 15$

$$\Delta\sigma_v = \frac{3(54000kN)}{2\pi} * \frac{(20m)^3}{[(15^2+20^2)]^{\frac{5}{2}}} = \mathbf{21.121516\ kN/m^2}$$

Verificamos el porcentaje de carga que recibe en $z = 20\ m$, en el punto B.

$\frac{\Delta\sigma}{q} = \frac{21.121516}{150} * 100\% = 14.0810\ \%$, quiere decir que en 20 m en el punto B (15,0) soporta una carga del 14.0810 % de la carga inicial.

c. Calculamos la carga concentrada en el punto C = (6,0), $P = q(BL)$

$$P = (150kPa)(12 * 30) = 54000kN$$

En el punto $x = 6, y = 0\ ;\ r = \sqrt{6^2 + 0^2} = 6$

$$\Delta\sigma_v = \frac{3(54000kN)}{2\pi} * \frac{(20m)^3}{[(6^2+20^2)]^{\frac{5}{2}}} = \mathbf{51.964758\ kN/m^2}$$

Verificamos el porcentaje de carga que recibe en $z = 20\ m$, en el punto C.

$\frac{\Delta\sigma}{q} = \frac{\mathbf{51.964758}}{150} * 100\% = 34.6432\ \%$, quiere decir que en 20 m en el punto C (6,0) soporta una carga del 34.6432 % de la carga inicial.

d. Calculamos la carga concentrada en el punto D = (6,15), $P = q(BL)$

$$P = (150kPa)(12 * 30) = 54000kN$$

En el punto $x = 6, y = 15\ ;\ r = \sqrt{6^2 + 15^2} = 16.15549$

$$\Delta\sigma_v = \frac{3(54000kN)}{2\pi} * \frac{(20m)^3}{[(16.156^2+20^2)]^{\frac{5}{2}}} = \mathbf{18.36093\ kN/m^2}$$

Verificamos el porcentaje de carga que recibe en $z = 20\ m$, en el punto D.

$\frac{\Delta\sigma}{q} = \frac{18.36093}{150} * 100\% = 12.24062\,\%$, quiere decir que en 20 *m* en el punto D (6,15) soporta una carga del 12.24062% de la carga inicial.

Ejemplo 4.4.2. Calcular los esfuerzos con el ábaco de FADUM ocasionados por la losa a una profundidad de 20 m por debajo del nivel de cimentación en una losa rectangular de 30 *m* x 12 *m* cimentada en el suelo, y sujeto a presión de 150 kn/m^2. Asumiremos que el centro del área está en el punto (0,0) y tiene esquinas 15 m de largo y 6 de ancho cada bloque. Los esfuerzos a calcular estarán en las coordenadas *A* = (0,0); *B* = (15,0); *C* = (6,0); D = (6,15)

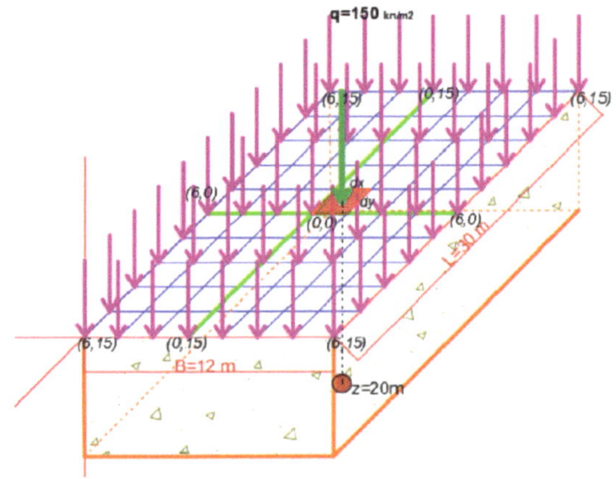

Figura 83. *Ejemplo carga distribuida rectangular*

a. Para el punto A = (0,0) aplicaremos el método factor de influencia o el ábaco de FADUM. Para analizar en este punto encontraremos cuatro áreas iguales. Entonces hallaremos un solo factor de influencia y lo multiplicaremos por 4, porque las áreas son iguales. En caso de no serlo, tenemos que calcular para cada área el factor de influencia y sumarlo.

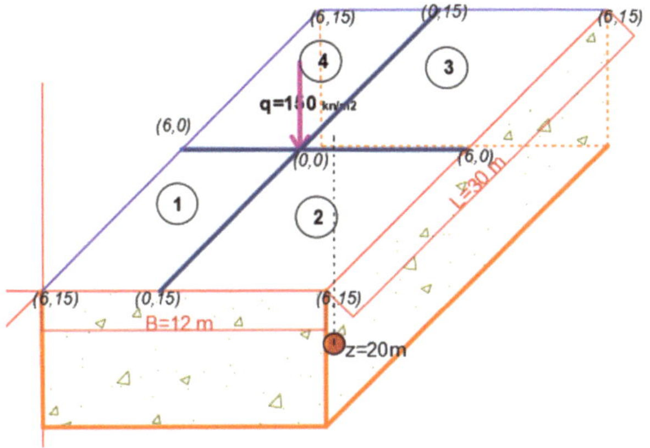

Figura 84. *Gráfico de cuatro áreas iguales en el punto A*

Calcularemos los valores de m y n. Para ello, utilizaremos la fórmula de

$$m = \frac{B}{z}; n = \frac{L}{z}$$

$$m = \frac{6}{20}; n = \frac{15}{20} => m = 0.3; n = 0.75$$

Para el cálculo del factor de influencia utilizaré un software pequeño que se realizó en Visual Studio. Podría usar también un código MATLAB que dejaré más adelante.

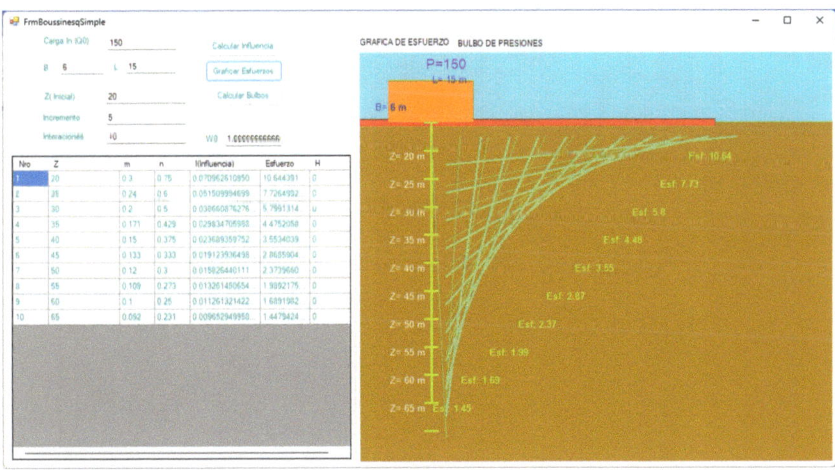

Figura 85. *Cálculo de factor de influencia rectangular*

Si observamos la figura anterior, los valores de n = 0.3 y el valor de m = 0.75. Con esos valores, el factor de influencia salió ***I* = 0.070963**

$$\Delta \sigma = q * I$$

$$\Delta \sigma = (150) * (0.070963) = \mathbf{10.64445}$$

$$\Delta \sigma_{total} = 4 * \mathbf{10.64445} = \mathbf{42.5778\mathit{KPa}}$$

b. Para el punto D = (6,15) aplicaremos el método factor de influencia o el ábaco de FADUM. Para analizar este punto D encontraremos una sola área, como se muestra en la siguiente figura:

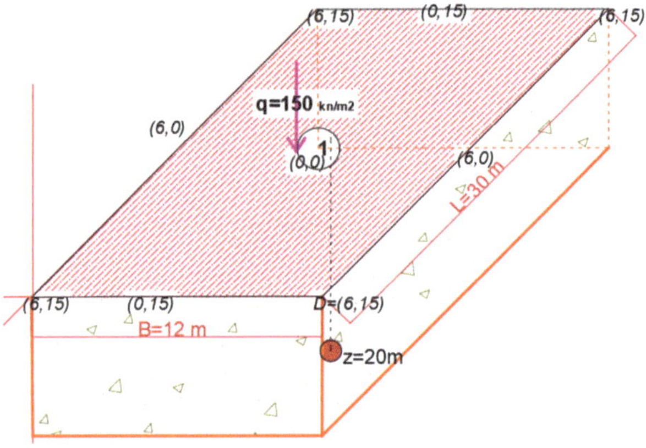

Figura 86. *Gráfico del área en el punto D*

Calcularemos los valores de m y n. Para ello, utilizaremos la fórmula de $m =$

$$\frac{B}{z}; n = \frac{L}{z}$$

$$m = \frac{12}{20}; n = \frac{30}{20} => m = 0.6; n = 1.5$$

Para el cálculo del factor de influencia utilizaré el mismo software que antes.

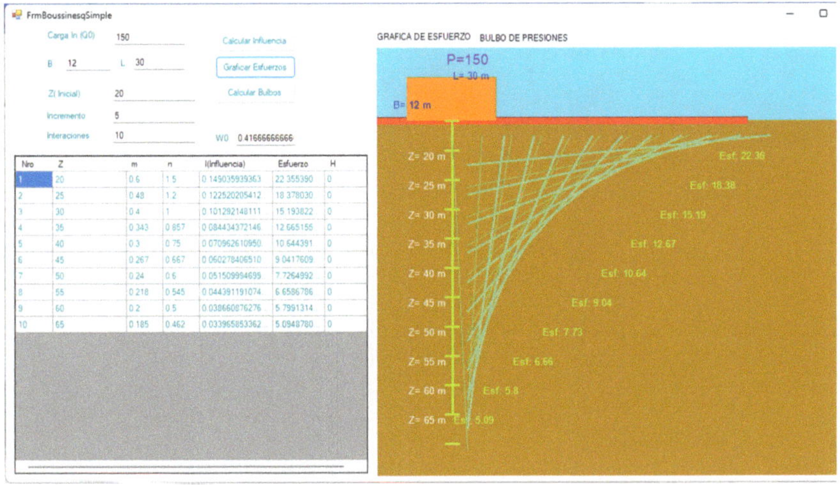

Nro	Z	m	n	I(Influencia)	Esfuerzo	H
1	20	0.6	1.5	0.149035939363	22.355390	0
2	25	0.48	1.2	0.122520205412	18.378030	0
3	30	0.4	1	0.101292148111	15.193822	0
4	35	0.343	0.857	0.084434372146	12.665155	0
5	40	0.3	0.75	0.070962610950	10.644391	0
6	45	0.267	0.667	0.060278406510	9.0417609	0
7	50	0.24	0.6	0.051509994695	7.7264992	0
8	55	0.218	0.545	0.044391191074	6.6586786	0
9	60	0.2	0.5	0.038660876276	5.7991314	0
10	65	0.185	0.462	0.033965853362	5.0948780	0

Figura 87. *Cálculo de factor de influencia rectangular*

Si observamos la figura anterior, el factor de influencia salió ***I* = 0.149036**

$$\Delta\sigma = q * I$$

$$\Delta\sigma = (150) * (\mathbf{0.149036}) = \mathbf{22.355390\ KPa}$$

c. Para el punto B = (6,0) aplicaremos el método factor de influencia o el ábaco de FADUM. Para analizar este punto encontraremos dos áreas iguales, entonces habrá solo un factor de influencia para uno. Luego lo multiplicaremos por 2.

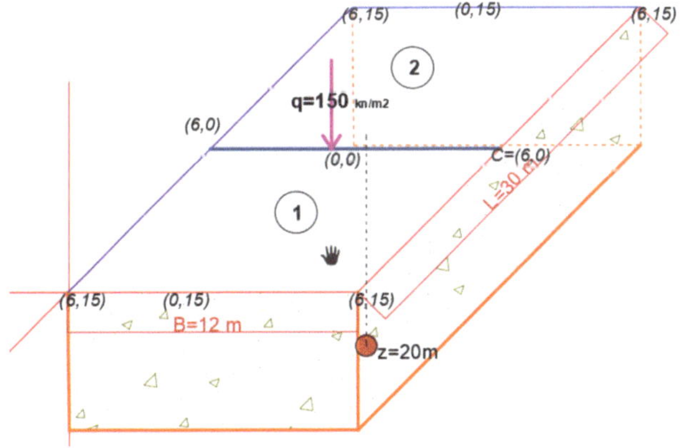

Figura 88. *Gráfico de dos áreas iguales en el punto B*

Calcularemos los valores de m y n. Para ello, utilizaremos la fórmula de

$$m = \frac{B}{z}; n = \frac{L}{z}$$

$$m = \frac{12}{20}; n = \frac{15}{20} => m = 0.6; n = 0.75$$

Para el cálculo del factor de influencia utilizaré el mismo software mencionado. Ustedes pueden emplear también el ábaco de FADUM mostrado en la parte superior.

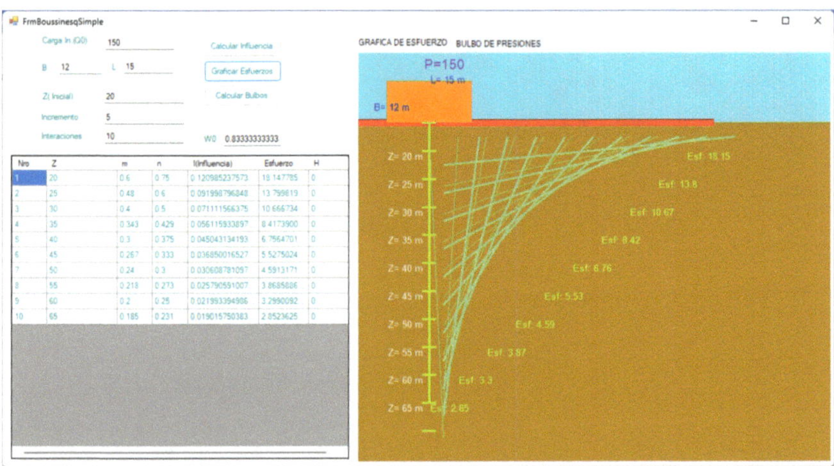

Figura 89. *Cálculo de factor de influencia rectangular*

Si observamos la figura anterior, el factor de influencia salió ***I* = 0.1209852**

$$\Delta\,\sigma = (150) * (\mathbf{0.1209852}) = \mathbf{18.14779}$$

$$\Delta\,\sigma_{total} = 2 * \mathbf{18.14779} = \mathbf{36.29558}\,\boldsymbol{KPa}$$

d. En esta sección se ve el código del Visual Studio para el cálculo del factor de influencia para cualquier profundidad y cualquier carga que usted desee. Solo puede modificar las dimensiones del área (m,n)

```
private void btnCalcularInfluencia_Click(object sender,
EventArgs e)
        {
            try
            {
                Q0 = double.Parse(txt_Q0.Text);
                //dimensiones de la zapata
                B = Convert.ToDouble(txt_B.Text);
                L = double.Parse(txt_L.Text);
                //profundidad Inicial
                Zi = double.Parse(txt_Z.Text);
             incre = double.Parse(txt_Incremento.Text);
              iteraciones = int.Parse(txt_Iteraciones.
Text);
                W0 = Q0 / (B * L);
                txtW0.Text= "" + W0;
                 profund = Zi;           //Profundidad
Inicial I
                //ESTRATO I
                cont = 0;
                dgvRect.RowCount = iteraciones;

              for (cont = 0; cont < iteraciones; cont++)
                {
                    m =Math.Round( B/ profund,3);
                    n =Math.Round( L / profund,3);

                    //ok
        I1_1 = (2 * m * n )*(Math.Sqrt(Math.Pow(m, 2)
+ Math.Pow(n, 2) + 1)) * (Math.Pow(m, 2) + Math.Pow(n,
2) + 2);

        I1_2  =  (Math.Pow(m,2)+  Math.Pow(n,2)+  Math.
Pow(m, 2)*Math.Pow(n, 2) + 1) * (Math.Pow(m, 2) + Math.
Pow(n, 2) +1);

        I2_1 = (2*m*n)*Math.Sqrt(Math.Pow(m, 2) + Math.
Pow(n, 2) + 1);
```

```
                    I2_2 =(Math.Pow(m, 2) + Math.Pow(n,
2) + 1) - (Math.Pow(m, 2)*Math.Pow(n, 2));
                    double I22 = I2_1 / I2_2;
                    I2 = Math.Atan(I22);
                    I1 = I1_1 / I1_2;
                    if (Math.Pow(m, 2) * Math.Pow(n, 2)
< (Math.Pow(m, 2) + Math.Pow(m, 2) + 1))
                    {
                      I = (1 /(4 * Math.PI))* (I1 + I2);

                    }
                    else
                    {
                        I = (1/(4 * Math.PI))* (I1 + I2
+ Math.PI) ;
                     }
                    esfuerzo = I * Q0;
                   dgvRect[0, cont].Value = (cont + 1);
                    dgvRect[1, cont].Value = profund;
                    dgvRect[2, cont].Value = m;
                    dgvRect[3, cont].Value = n;
                    dgvRect[4, cont].Value = I;
                    dgvRect[5, cont].Value = esfuerzo;
                    dgvRect[6, cont].Value = 0;
                    profund = profund + incre;
                }
            }
            catch (Exception ex)
            {
                MessageBox.Show(ex.Message);
            }
  }
```

e. En esta sección se ve el código de MATLAB para el cálculo de factor de influencia. Usted solo diseñe y copie el código en el botón «calcular». Puede modificar los parámetros a su comodidad. También tiene la posibilidad de analizar en las profundidades que usted desee.

```
function btnCalcular_Callback(hObject, eventdata,
handles)
Largo=str2num(get(handles.txtLargo,'string'))
ancho=str2num(get(handles.txtancho,'string'))
zi=str2num(get(handles.txtZi,'string')) %get textbox

Incre=str2num(get(handles.txtIncremento,'string'))
NroInteraciones=str2num(get(handles.txtIteracio-
nes,'string'))
Q=str2num(get(handles.txtCarga,'string'))

B=Largo %Base de la zapata a analizar
L=ancho  %ancho de zapata
W=Q/(ancho*Largo) % para cargas puntuales

set(handles.txt_W0,'String',W)
for i=1:NroInteraciones
 m=B/zi
 n=L/zi
 %%asignando valores
I = ( 1 / 4 * p i ) * ( ( ( ( 2 * m * n * s q r -
t(m.^2+n.^2+1))*(m.^2+n.^2+2))/((m.^2+n.^2+(m.^2)*(n.^
2)+1)*(m.^2+n.^2+1)))+atan((2*m*n*sqrt(m.^2+n.^2+1))/
(m.^2+n.^2+1-(m.^2)*(n.^2))))/10
Esfuerzo=Q*I
datos(i,1)=i %nro
datos(i,2)=zi %profundidad
datos(i,3)=m %m
datos(i,4)=n %n
datos(i,5)=I %Factor de Influencia
datos(i,6)=Esfuerzo %Esfuerzo
zi=zi+Incre;
end
axis on;
plot(datos(:,2),datos(:,6),'--rs'); %dibuja profun-
didad vs esfuerzo
fontsize=10;
set(handles.dgv,'Data',datos) %imprime en grid gui
```

```
title(' Esfuerzo con Abaco FADUM')
xTitulo=strcat('Profundidad(Zi)');
yTitulo=" Esfuerzo";
xlabel(xTitulo, 'Fontsize', fontsize);
ylabel(yTitulo, 'Fontsize', fontsize);
```

Los resultados encontrados se muestran a continuación en el punto A = (0,0), con B = 6 y L = 15 m. Puede comparar los resultados con los ejecutados en el anterior programa.

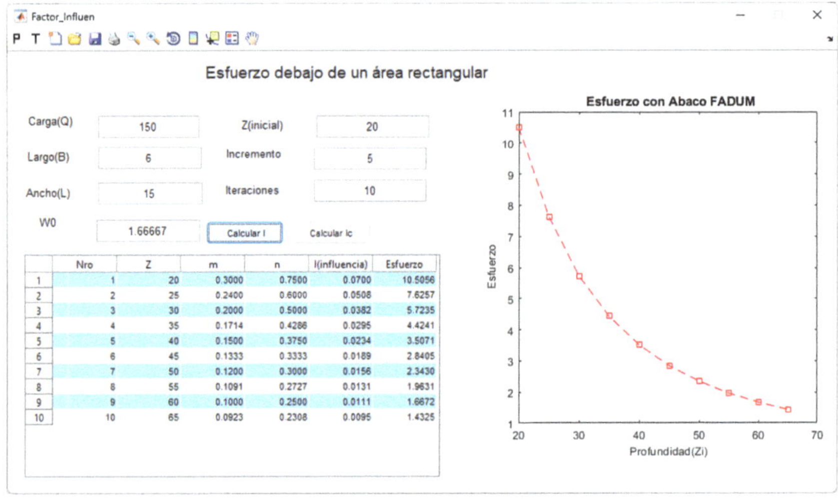

	Nro	Z	m	n	I(influencia)	Esfuerzo
1	1	20	0.3000	0.7500	0.0700	10.5056
2	2	25	0.2400	0.6000	0.0508	7.6257
3	3	30	0.2000	0.5000	0.0382	5.7235
4	4	35	0.1714	0.4286	0.0295	4.4241
5	5	40	0.1500	0.3750	0.0234	3.5071
6	6	45	0.1333	0.3333	0.0189	2.8405
7	7	50	0.1200	0.3000	0.0156	2.3430
8	8	55	0.1091	0.2727	0.0131	1.9631
9	9	60	0.1000	0.2500	0.0111	1.6672
10	10	65	0.0923	0.2308	0.0095	1.4325

Figura 90. *Ábaco FADUM rectangular MATLAB*

Según los resultados, el factor de influencia sale I = 0.0700, entonces:

$$\Delta\,\sigma \;=\; (150) * (0.070) \;=\; 10.50$$

$$\Delta\,\sigma_{total} \;=\; 4 * 10.50 \;=\; 42\;kPa$$

4.5. APLICACIÓN EN HIDROLOGÍA

4.5.1. Población futura

Determinaremos la población futura por tres métodos: aritmético, geométrico y de interés simple para los siguientes datos de la tabla.

Tabla 49. Datos población futura

Año	*Población*	
1961	3462	r_1
1972	3587	r_2
1981	3666	r_3
1993	5633	r_4
2007	5359	

A. Método aritmético

$Pf = Pa * (1 + \frac{r.t}{100})$ *(según RM-192-2018-VIVIENDA)*

Donde:

PF: población futura (habitantes)

Pa: población inicial

r: tasa de crecimiento anual (%)

t: periodo de diseño en años

Demostración de la razón del método aritmético:

➔ $Pf = Pa * (1 + \frac{r.t}{100})$

➔ $\frac{Pf}{Pa} = (1 + \frac{r.t}{100})$; $\quad t = t_{(i+1)} - t(i)$

➔ $\frac{Pf}{Pa} - 1 = \frac{r.t}{100}$

➔ $\frac{Pf-Pa}{Pa*(t_{(i+11)}-t_{(i)})} = \frac{r}{100}$, bajo esta ecuación

La fórmula de la razón en este método aritmético es:

$$r = \frac{P_{i+1} - Pi}{Pi(t_{i+1} - ti)}$$

➔ $r1 = \frac{3587-3462}{3462*(1972-1961)} = 0{,}003282$

➔ $r2 = \frac{3666-3587}{3587*1981-1972)} = 0{,}002447$

➔ $r3 = \frac{5633-3666}{3666*(1993-1981)} = 0{,}0447$

➔ $r4 = \frac{5359-5633}{5633*(2007-1993)} = -0{,}00347$

$$rp = \frac{r1 + r2 + r3 + r4}{4}$$

Entonces la razón promedio será:

$$rp = \frac{0{,}0032824 + 0.002447 + 0{,}0447 - 0{,}00347}{4}$$

$$\boldsymbol{rp = 0.0117}$$

$$\boldsymbol{Pf = Pa * (1 + \frac{r.t}{100})}.$$

Si queremos calcular la población futura para el año 2027, entonces:

$$P(2027) = 5359 * [1 + 0.0117399 * (2027 - 2007)]$$

$$P_{(2027)} = 6617.2825$$

B) Método geométrico

$$Pf = Pa(1 + r)^t \ldots\ldots (2)$$

Donde:

$t = t_{(i+1)} - t(i)$

Entonces:

De (2): $Pf = Pa(1 + r)^t$

$\frac{Pf}{Pa} = (1 + r)^t$ -> $\sqrt[t]{\frac{Pf}{Pa}} = 1 + r$

→ $r = \sqrt[\underbrace{t(i+1)}-t(i)]{\frac{Pf}{Pa}}$ -1 => $r = \left(\frac{P(act)}{P(ant)}\right)^{\frac{1}{\underbrace{t(i+1)}-t(i)}} - 1$

Tabla 50. Datos Población M. G

Año	*Población*	
1961	3462	r_1
1972	3587	r_2
1981	3666	r_3
1993	5633	r_4
2007	5359	

$$r1 = \left(\frac{3587}{3462)}\right)^{\frac{1}{1972-1961}} - 1 = 1{,}00329 - 1$$

$$r1 = 0{,}00329$$

$$r2 = \left(\frac{3666}{3587}\right)^{\frac{1}{1981-1972}} - 1 = 1{,}00242 - 1$$

$$\boldsymbol{r2 = 0{,}00242}$$

$$r3 = \left(\frac{5633}{3666}\right)^{\frac{1}{1993-1981}} - 1 = 1{,}03644 - 1$$

$$\boldsymbol{r3 = 0,03644}$$

$$r4 = \left(\frac{5359}{5633}\right)^{\frac{1}{2007-1993}} - 1 = 0{,}99644 - 1$$

$$r4 = -0{,}00356$$

Entonces, la razón promedio para el método geométrico es:

$$rp = \frac{r1 + r2 + r3 + r4}{4}$$

Reemplazando:

$$rp = \frac{0{,}00329 + 0{,}00242 + 0{,}03644 - 0{,}00356}{4}$$

$$\boldsymbol{rp = 0,009648}$$

Hallamos la población futura para el año 2027:

P(2027) = 5359 *(1+0,009648)

$$\boldsymbol{P_{(2027)} = 6493.570}$$

C) Método interés simple

$$Pf = Po + rt \;\ldots\ldots(3)$$

Demostrando la razón:

$$Pf = Po + r.t \;\ldots$$

Donde:

$$T = t_{(i+1)} - t_i$$

$$Pf - Po = r.t$$

$$\frac{Pf-Po}{t_{(i+1)}-t_i} = r$$

Tabla 51. Datos método interés simple

Año	***Población***	
1961	3462	r_1
1972	3587	r_2
1981	3666	r_3
1993	5633	r_4
2007	5359	

$$r1 = \frac{3587 - 3462}{1972 - 1961} = 11.364$$

$$r2 = \frac{3666 - 3587}{1982 - 1972} = 8.777$$

$$r3 = \frac{5633 - 3666}{1993 - 1981} = 163.917$$

$$r4 = \frac{5359 - 5633}{2007 - 1993} = -19.571$$

$$rp = \frac{r1 + r2 + r3 + r4}{4}$$

$$rp = \frac{11.364 + 8.777 + 163.917 - 19.571}{4}$$

$$rp = 41.12175$$

Reemplazando en (3):

P (2027) = 5359+41.12175*(2027-2007)

$$\boldsymbol{P_{(2027)}} = \mathbf{6181.435}$$

En conclusión:

Población futura:

- Método aritmético: ***P*(2027) = 6617.2825**
- Método geométrico: ***P*(2027) = 6493.5703**
- Método interés simple: ***P*(2027) = 6181.435**

4.5.2. Evaluación de los resultados con el software desarrollado en Visual Studio C#

a. Ingresamos a la pantalla principal

Figura 91. *Pantalla principal del software desarrollado en Visual Studio*

Buscamos el archivo Excel que tiene los datos de la población futura a calcular. Esta debe tener dos columnas (**año y población**).

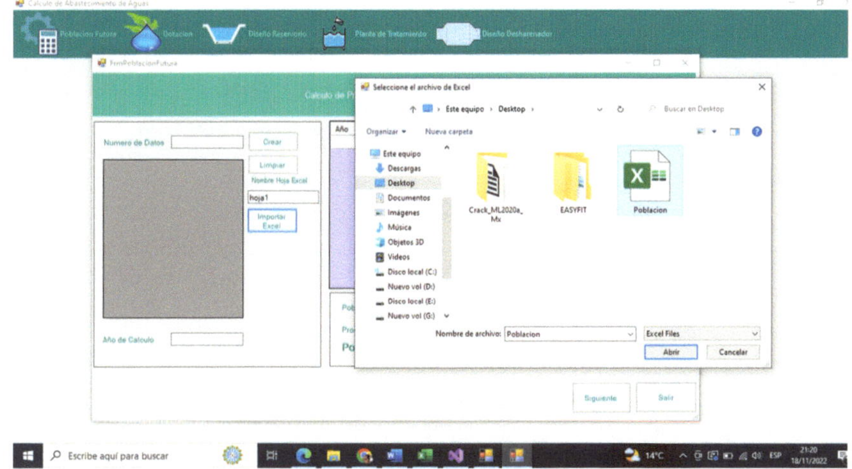

Figura 92. *Formulario de cálculo de población futura*

La estructura del archivo Excel debe tener la siguiente forma:

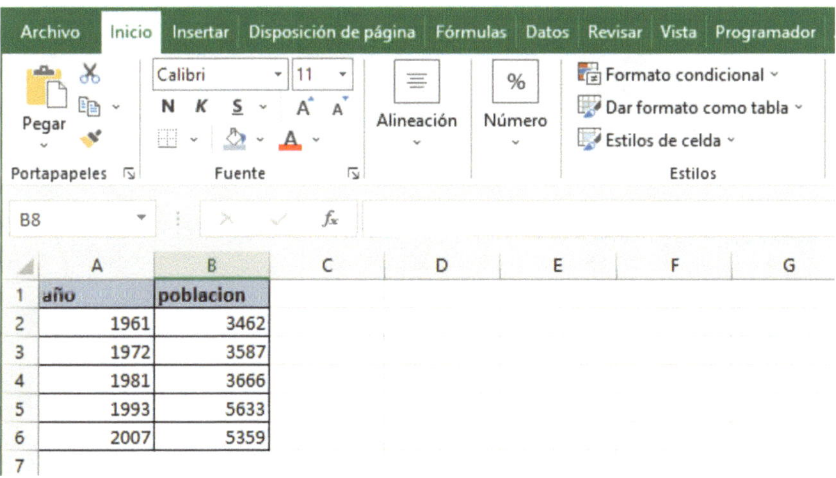

	A	B
1	año	poblacion
2	1961	3462
3	1972	3587
4	1981	3666
5	1993	5633
6	2007	5359
7		

Figura 93. *Estructura de Excel población futura*

Ahora solo colocamos el año que queremos calcular según los ejemplos que desarrollamos para el año 2027.

i. Para el método aritmético

Figura 94. *Cálculo método aritmético software*

Analizando, los resultados equivalen de forma exacta a lo calculado manualmente con el método aritmético $Pf = 6617.501$.

ii. Para el método aritmético

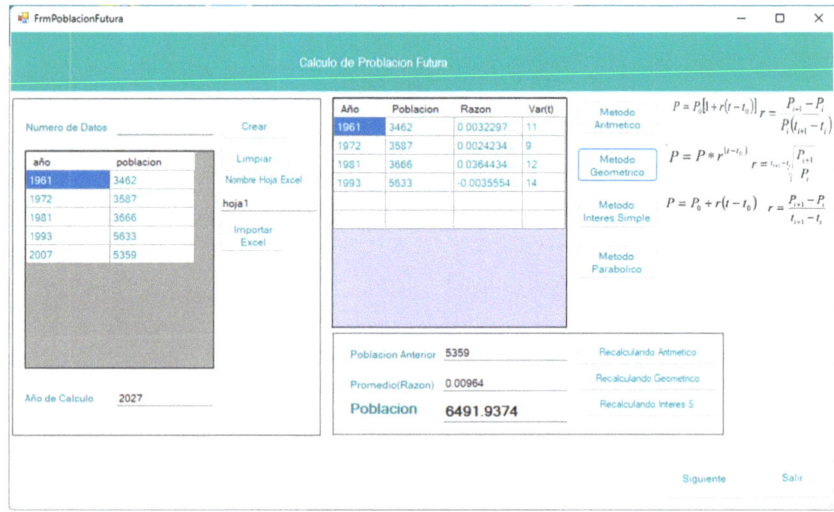

Figura 95. *Cálculo método geométrico software*

Analizando, los resultados equivalen de forma exacta a lo calculado manualmente con el método geométrico *Pf* = 64191.9374.

iii. Para el método interés simple

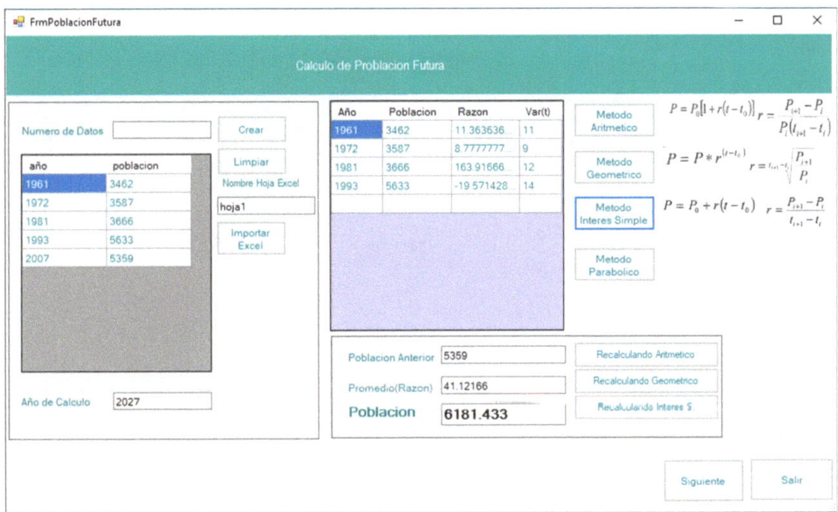

Figura 96. *Cálculo método interés simple software*

Analizando, los resultados equivalen de forma exacta a lo calculado manualmente con el método interés simple *Pf* = 6181.433.

4.5.3. Código del software mostrado antes

```
public void METODO_ARITMETICO()
        {
            try
            {
 //dgvDatos: Tabla de datos importados
//dgvResult: Tabla de datos donde mostraremos los re-
sultados
                double razon = 0, sumR = 0, poblacion-
Futura = 0;
                int aux = 0;
                for (int i = 0; i < NroDatos-1; i++)
                {
                aux = i + 1;
```

```
            double  dif_Tiempo  =  (double.Parse(dgv-
Datos[0, aux].Value.ToString()) - double.Parse(dgvDa-
tos[0, i].Value.ToString()));
             razon = (double.Parse(dgvDatos[1, aux].
Value.ToString()) - double.Parse(dgvDatos[1, i].Value.
ToString())) /(dif_Tiempo * double.Parse(dgvDatos[1,
i].Value.ToString()));
          gvResult[0, i].Value = dgvDatos[0, i].Value;
          dgvResult[1, i].Value = dgvDatos[1, i].Value;
          dgvResult[2, i].Value = razon;
          dgvResult[3, i].Value = dif_Tiempo;
          sumR += razon;
        }
        double promeR = sumR / (NroDatos - 1);
        txt_PromRazon.Text = "" + Math.Round(promeR,5);
        double poblacionA = 0;
        double añoAnterior = BuscarAño_Anterior(ref po-
blacionA);
       if (promeR > 0)
       {
        poblacionFutura = poblacionA * (1 + (promeR)*
(AñoCalculado - añoAnterior));
       }
       else
       {
         MessageBox.Show("La razon de crecimiento salio
negativa, le sugerimos recalcular");
        poblacionFutura = poblacionA * (1 + (promeR) *
(AñoCalculado - añoAnterior));
       }
       txtPoblacionAnterior.Text = "" + poblacionA;
      txtPoblacion.Text = "" + Math.Round(poblacionFu-
tura,3);
   }
   catch (Exception ex)
   {
      MessageBox.Show(ex.Message);
   }
}
```

4.6. SERIES DE FOURIER

Las series de Fourier se refieren a las condiciones de Dirichlet, que especifican que la función periódica tiene un número finito de máximos y mínimos y que hay un número finito de saltos discontinuos. En general, todas las funciones periódicas obtenidas físicamente satisfacen tales condiciones.

$$f(t) = a_0 + a_1 cos(w_0 t) + b_1 \, sen(w_0 t) + a_2 \, cos(2wt) + b_2 \, sen(2w_0 t) + ...$$

En forma general, la serie de Fourier se podría definir como:

$$f(t) = a_0 + \sum_{k=1}^{\infty} [a_k \cos(kw_0 t) + b_k sen(kw_0 t)$$

Donde:

$w_0 = \frac{2\pi}{T}$: se le llama frecuencia fundamental y sus constantes $2w_0$, $3w_0$, etc., se llaman armónicos. Así, podemos expresar la ecuación anterior $f(t)$ en combinación lineal de las funciones base: 1,

$$\cos(w_0 t), sen(w_0 t), \cos(2w_0 t), sen(2w_0 t), ...$$

4.7. ANÁLISIS DE DATOS DE PRECIPITACIÓN

Estimación de registros diarios y mensuales faltantes.

4.7.1. Método de promedio aritmético

Ejemplo 4.7.1. Se tienen tres estaciones meteorológicas que registran precipitaciones medias anuales. Completar los datos faltantes de precipitaciones diarias en la estación X.

a. Verificar si la precipitación normal anual de las estaciones esté dentro del 10 % con las estaciones con datos faltantes

Tabla 52. Datos de precipitación ejemplo 4.6.1.

Estación	***Precipitación (mm)***
A	680
B	710
C	701
X(?)	670

Estación A:

$$\Delta_{(EstacionA - EstacionX)} = 680 - 670 = 10mm => \frac{10mm}{670mm} = 0.0149$$

$$\Delta_{(EstacionA - EstacionX)} = 1.4925\% < 10\%$$

Estación B:

$$\Delta_{(EstacionB - EstacionX)} = 710 - 670 = 40mm => \frac{40mm}{670mm} = 0.0597$$

$$\Delta_{(EstacionB - EstacionX)} = 5.970\% < 10\%$$

Estación C:

$$\Delta_{(EstacionC - EstacionX)} = 701 - 670 = 31mm => \frac{31mm}{670mm} = 0.0463$$

$$\Delta_{(EstacionC - EstacionX)} = 4.63\% < 10\%$$

b. Calcular la precipitación faltante en la fecha lunes 25 de junio.

Tabla 53. Datos de precipitación faltantes

Estación	*Precipitación (mm)*	*Variación*	*%*	*Lunes 25 de junio*
A	680	10	1.49%	15
B	710	40	5.97%	20
C	701	31	4.63%	25
X(?)	670			**20**

$$P_{(25\ junio)} = \frac{15 + 20 + 25}{3} = 20mm$$

4.7.2. Método de la regresión normalizada

Fórmula:

$$P_x = \frac{1}{n}[\frac{N_x}{N_1}P_1 + \frac{N_x}{N_2}P_2 + \frac{N_x}{N_3}P_3 + \cdots .. + \frac{N_x}{N_n}P_n$$

Donde:

- N_x = precipitación media anual o mensual en las estaciones incompletas (mm)

- $N_1, N_2, N_3 \ldots, N_n$ = precipitación media anual o mensual en las estaciones auxiliares 1, 2, ..., n (mm)
- $P_1, P_2, P_3 \ldots, P_n$ = precipitación media anual o mensual observada en las estaciones 1, 2, ..., n para las misma fechas que las faltantes (mm).

Nota. Cuando el método es aplicado para estimar datos mensuales, los valores $N_1, N_2, N_3 \ldots, N_n$ corresponden al mes que se estima.

Ejemplo 4.7.2. Se requiere estimar la lluvia del año 1995 en la estación climatológica Largunmayu, en el departamento de Ccba por el método de relación normalizada, tenido como datos las lluvias anuales y la del año 1995 en tres estaciones cercanas.

Tabla 54. Precipitación media, completar

Estación	***Precipitación media anual (mm)***	***Periodo de registro***	***Precipitación del año 1995 (mm)***
Lunkupata	623.6	1992-2003	712.30
Janamayu	774.9	1992-2003	762.50
Laguna Taquiña	822.1	1992-2003	854.00
Largunmayu	781.8	1994-1999	**Valor que falta**

Solución:

n = 3 número estación con registro

$$P_x = \frac{1}{3}[\frac{781.8}{623.6} * (712.30) + \frac{781.8}{774.9} * (762.50) + \frac{781.8}{822.1} * (854.00)]$$

$$P_x = 824.8\, mm$$

4.7.3. Método del U.S. Weather Bureau

El método puede ser aplicado para estimar valores diarios, mensuales o anuales faltantes.

$$P_x = \frac{\sum P_i W_i}{\sum W_i}$$

Donde:

P_i = precipitación observada para la fecha faltante en las estaciones auxiliares circundantes (como mínimo 2), en milímetros.

$W_i = 1/Di_2$, siendo Di la distancia entra cada estación circundante y la estación (km). Se recomienda utilizar cuatro estaciones circundantes (las más cercanas), de manera que cada estación quede en los cuadrantes localizados.

Ejemplo 4.7.3. El registro de precipitación mensual de la estación Largunmayu de la cuenca Taquiña (figura siguiente) tiene registros incompletos en el año 1999. Se pide completar los registros mensuales faltantes por medio del método del U. S. National Weather Service.

MES	ESTACIONES			
	Largun Mayu	Linku pata	Jana mayu	Laguna Taquina
ENE	146.0	124.0	145.5	160.7
FEB	83.0	103.8	155.5	161.8
MAR	141.5	186.6	248.2	242.3
ABR	79.0	25.1	30.1	50.3
MAY	0.0	3.8	3.2	3.2
JUN	0.5	1.5	1.3	0.8
JUL	4.5	2.0	6.9	3
AGO	1.0	0.0	0.0	0
SEP	39.5	58.5	67.4	61.3
OCT	?	28.0	54.0	43.6
NOV	?	44.9	51.8	45.4
DIC	?	75.7	89.5	76.1
D (Km)		**3.02**	**4.05**	**1.88**
$W=1/D^2$		**0.110**	**0.061**	**0.283**
∑Wi =	**0.5**	**Fuente: LHUMSS**		

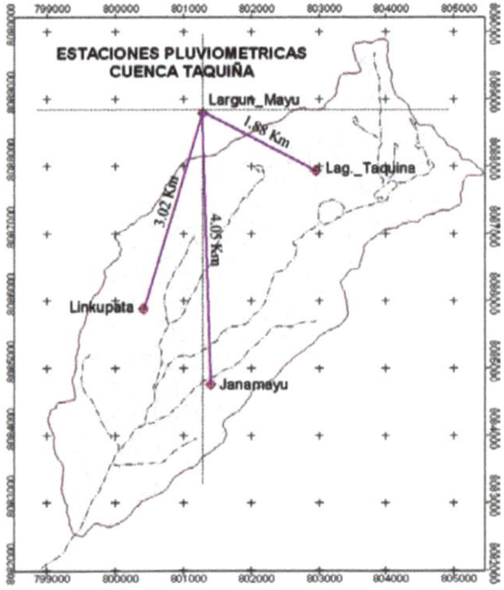

Figura 97. *Datos de precipitación a completar y estimación de distancia entre estas*

Solución:

$$W_1 = \frac{1}{{D_1}^2} = \frac{1}{3.02^2} = 0.1096$$

$$W_2 = \frac{1}{{D_2}^2} = \frac{1}{4.05^2} = 0.0610$$

$$W_3 = \frac{1}{{D_3}^2} = \frac{1}{1.88^2} = 0.2829$$

$$\sum W_i = 0.4535$$

$$P_{Oct} = \frac{\sum P_i W_i}{\sum W_i} = \frac{(28.0)(0.1096) + (54.0)(0.0610) + (43.0)(0.2829)}{0.4535} = 40.8545\, mm$$

$$P_{Nov} = \frac{\sum P_i W_i}{\sum W_i} = \frac{(44.9)(0.1096) + (51.8)(0.0610) + (45.4)(0.2829)}{0.4535} = 46.1400\, mm$$

$$P_{Dic} = \frac{\sum P_i W_i}{\sum W_i} = \frac{(75.70)(0.1096) + (89.5)(0.0610) + (76.10)(0.2829)}{0.4535} = 77.8058\, mm$$

4.7.4. Estimación de registros anuales faltantes

A menudo se halla uno con que faltan datos en los registros de las precipitaciones. Esto se debe a ausentismo del operador o a fallas instrumentales.

Para completar o estimar estos registros faltantes, vamos a utilizar métodos que nos ayuden a estimar valores que no se registraron. Entre ellos tenemos:

4.7.4.1. Método de los promedios

Se escoge una estación índice A cuya precipitación anual media sea X_Am. Si la estación problema es la estación X, se halla su correspondiente precipitación anual media Xm y se establece la proporción:

$$\frac{X}{X_A} = \frac{Xm}{X_Am}$$

Ejemplo 4.7.4.1. Con los datos de precipitación en la estación laguna Taquiña (estación índice), complementar los datos faltantes en las demás estaciones: Largunmayu, Linkupata y Janamayu, por el método de los promedios.

Tabla 55. Datos de estaciones completar

Año	***Laguna Taquiña***	***Largunmayu***		***Janamayu***		***Linkupata***	
	Estación índice	***Sin corregir***	***Corregido***	***Sin corregir***	***Corregido***	***Sin corregir***	***Corregido***
1993.00	890.90		894.35	855.00			724.48
1994.00	746.50	818.30		572.00		541.80	
1995.00	854.00		857.30	762.50		712.30	
1996.00	689.80	553.00			686.92		560.95
1997.00	945.60	974.20		982.70			768.97
1998.00	670.30		672.89	665.30			545.09
1999.00	900.80		904.29	852.90		566.60	
2000.00	869.70		873.06	884.00		682.10	
2001.00	598.60		600.92	941.20		663.90	
2002.00	622.20		624.41	564.50			505.81
Promedio	**778.84**	**781.83**	**775.32**	**786.68**	**686.92**	**633.34**	**621.06**

$$\frac{X(_{1993-Largunmayu})}{XA} = \frac{Xm}{XAm}$$

$$\frac{X(_{1993-Largunmayu})}{890.90} = \frac{781.83}{778.82} \rightarrow X(_{1993-Largunmayu}) = 894.34\,mm$$

$$\frac{X(_{1995-Largunmayu})}{854.0} = \frac{781.83}{778.82} \rightarrow X(_{1995-Largunmayu}) = 857.30\,mm$$

$$\frac{X(_{1998-Largunmayu})}{670.30} = \frac{781.83}{778.82} \rightarrow X(_{1995-Largunmayu}) = 670.89\,mm$$

De igual manera se procederá para todas las precipitaciones faltantes anuales.

4.7.4.2. Interpolación para datos faltantes

Tabla 56. Estación Vilcashuaman

Año (x)	***Enero (mm) (y)***
2019	27.50
2020	13.1
2021	**31.55**
2022	50

$$\frac{Y(faltante)-y(anterior)}{Y(superior)-Y(anterior)} = \frac{X(actual)-X(anterior)}{X(Superior)-X(anterior)}$$

Solución:

$$\frac{Y(faltante)-13.10}{50.00-13.10} = \frac{2021-2020}{2022-2020}$$

$$Y(faltante) = \frac{1}{2} * (36.90) + 13.10 = \mathbf{31.55}$$

4.7.4.3. Método de la recta de regresión

Básicamente, el método consiste en:

- Dibujar el diagrama de dispersión (puntos de coordenadas x, y)
- Ajustar una recta a ese diagrama de dispersión
- Esta recta, llamada «línea de regresión», se usa para completar la información faltante en y

Nota. Cuando hay varias estaciones índices surge la interrogante de cuál de ellas utilizar. La respuesta es la que tenga mejor correlación.

Donde:

$$r = \frac{\sum(X - Xm) * (Y - Ym)}{(n - 1) * Sx * Sy}$$

n: número de pares de datos conocidos

Xm: media aritmética de todos los datos de X

Ym: media aritmética de todos los datos de Y

Sx: desviación estándar para todos los datos de X que forman parejas con los de Y

Sy: desviación estándar para todos los datos de Y

$$Sx = \sqrt{\frac{\sum(X - Xm)^2}{(n - 1)}}$$

$$Sy = \sqrt{\frac{\sum(Y - Ym)^2}{(n - 1)}}$$

Entonces, lo que se quiere encontrar con estos cálculos es el valor de r. Los valores de **r** varían de -1 a 1.

- r = 0, correlación nula
- r = 1, los puntos se alinean en una recta de pendiente positiva
- r = -1, los puntos se alinean en una recta de pendiente negativa

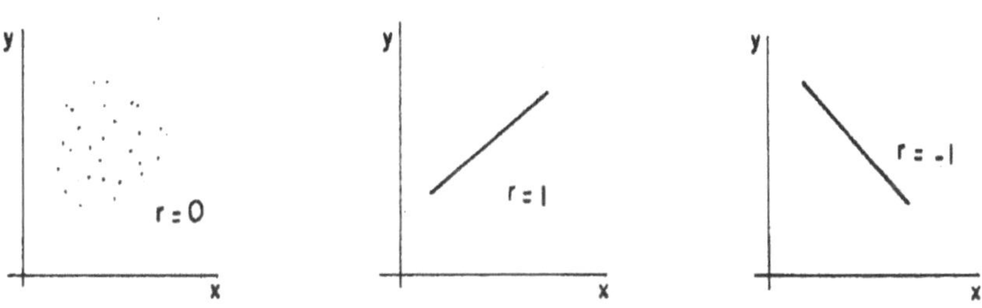

Figura 98. *Gráfico de R, regresión lineal*

En el caso presente de precipitación anual, la experiencia indica que la correlación es directa y entonces la ecuación de la recta de regresión es:

$Y' = \alpha + \beta * X$ .... (i)

En vez de la ecuación i se prefiere usar:

$Y' = a + b * (X - Xm)$

Siempre con la teoría de mínimos cuadrados se halla:

$$a = Ym$$

$$b = r * \frac{Sy}{Sx}$$

Ejemplo 4.7.4.3. Datos de precipitación anual por estación meteorológica de un observatorio en Madrid (1991-2010), como se muestra en la siguiente tabla:

Tabla 57. Datos para ejemplo precipitación

Año	*E1 (mm)*	*E2(mm)*	*E3(mm)*	*E4(mm)*
1991	258	528	493.9	300.3
1992	335.4	388.2	511.7	435.7
1993	418.6	491.5	508.4	609
1994	384.2	349.9	535.4	475.8
1995	338.8	400.1	418.4	549.3
1996	327.7	451.5	404.8	367.5
1997	284.5	371	308.8	425.1
1998	393.3	512.4	322.5	369
1999	430.6	348.7	690.7	260.1
2000	331.3	390.3	355.8	494.3
2001	391.5	446.7	401	338.8
2002	458	409.5	293	387.5
2003	461	426.2	571.5	544.9
2004	360.1	353.4	381.3	413.9
2005	423	306.5	393.5	560.7
2006	515	510	240.2	304.3
2007	698	450.4	552.3	338.7
2008	598	425.9	472.1	356.1
2009	455	417.7	394.4	470.6
2010	621	348.8	465.6	293.2
Promedio	**424.150**	**416.335**	**435.765**	**414.740**

A. Calculamos la correlación entre la estación 1 con la estación 2

Tabla 58. Procesamiento de E1 y E2

Año	*E1 (mm)*	*E2(mm)*	*(X-Xm)*	*(Y-Ym)*	*(X-Xm)^2*	*(Y-Ym)^2*
1991	258	528	-166.15	111.665	27605.8225	12469.0722
1992	335.4	388.2	-88.75	-28.135	7876.5625	791.578225
1993	418.6	491.5	-5.55	75.165	30.8025	5649.77723
1994	384.2	349.9	-39.95	-66.435	1596.0025	4413.60922
1995	338.8	400.1	-85.35	-16.235	7284.6225	263.575225
1996	327.7	451.5	-96.45	35.165	9302.6025	1236.57723
1997	284.5	371	-139.65	-45.335	19502.1225	2055.26222
1998	393.3	512.4	-30.85	96.065	951.7225	9228.48423
1999	430.6	348.7	6.45	-67.635	41.6025	4574.49322
2000	331.3	390.3	-92.85	-26.035	8621.1225	677.821225
2001	391.5	446.7	-32.65	30.365	1066.0225	922.033225
2002	458	409.5	33.85	-6.835	1145.8225	46.717225
2003	461	426.2	36.85	9.865	1357.9225	97.318225
2004	360.1	353.4	-64.05	-62.935	4102.4025	3960.81422
2005	423	306.5	-1.15	-109.835	1.3225	12063.7272
2006	515	510	90.85	93.665	8253.7225	8773.13223
2007	698	450.4	273.85	34.065	74993.8225	1160.42423
2008	598	425.9	173.85	9.565	30223.8225	91.489225
2009	455	417.7	30.85	1.365	951.7225	1.863225
2010	621	348.8	196.85	-67.535	38749.9225	4560.97622
Promedio	**424.15**	**416.335**	**5.68434E-13**	**2.558E-12**	**243659.49**	**73038.7455**

- **Para la estación E1**

$$Xm = 424.150$$

$$Sx = \sqrt{\left(\frac{\sum(X - Xm)^2}{(n-1)}\right)} = \sqrt{\frac{243659.49}{20-1}} = 113.2439$$

Histograma de datos de la estación 1, precipitaciones lecturadas

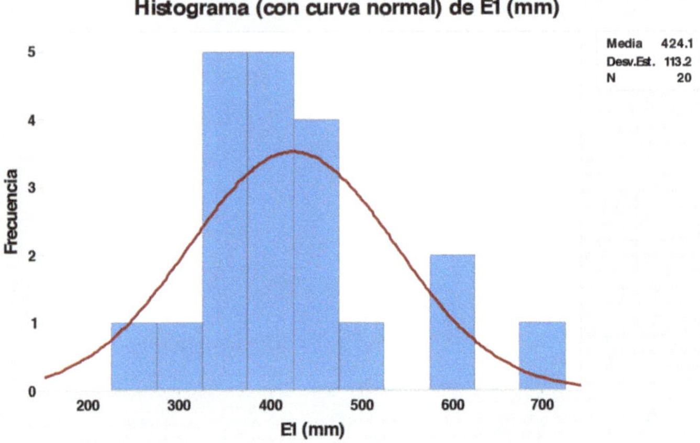

Figura 99. *Comprobación de resultados con Minitab E1*

- Para la estación E2

$$Ym = 416.335$$

$$Sy = \sqrt{(\frac{\sum(Y - Ym)^2}{(n-1)})} = \sqrt{\frac{73038.7455}{20-1}} = 62.0012$$

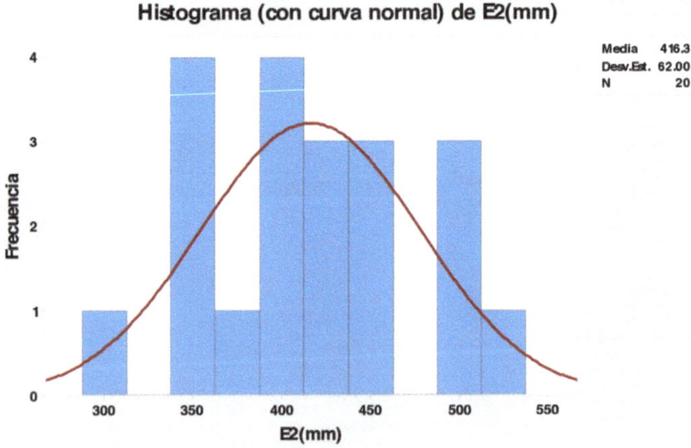

Figura 100. *Comprobamos los resultados E2*

- Correlación entre estas dos estaciones E1 y E2

$$r = \frac{\sum(X - Xm) * (Y - Ym)}{(n-1) * Sx * Sy}$$

$$r = \frac{(5.68434 * 10^{-13}) * (2.55795 * 10^{-12})}{(20-1) * 113.2439 * 62.0012}$$

$$r = 4.30x10^{-36} \cong 0.00$$

Este valor nos indica que no existe relación entre la estación 1 y 2

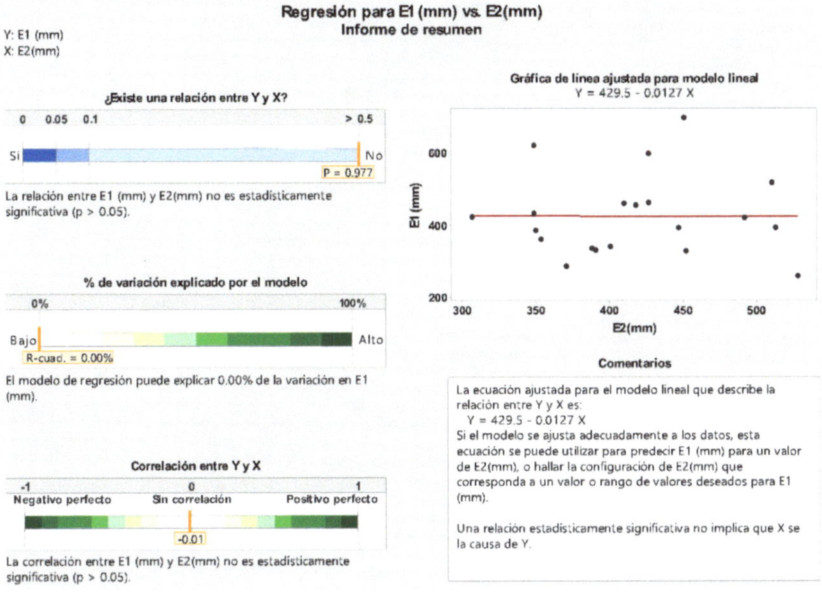

Figura 101. *En la figura se muestra la relación E1 y E2*

B. Calculamos la correlación entre la estación 1 con la estación 3

$$Xm = 424.150$$

$$Ym = 435.765$$

$$Sx = \sqrt{\left(\frac{\sum(X - Xm)^2}{(n-1)}\right)} = \sqrt{\frac{243659.49}{20-1}} = 113.2439$$

$$Sy = \sqrt{\left(\frac{\sum(Y - Ym)^2}{(n-1)}\right)} = \sqrt{\frac{226459.1855}{20-1}} = 109.1737$$

$$r = \frac{\sum(X - Xm) * (Y - Ym)}{(n-1) * Sx * Sy}$$

$$r = \frac{(5.68434 * 10^{-13}) * (-9.09495 * 10^{-13})}{(20-1) * 113.2439 * 109.1737}$$

$$r = -4.93x10^{-37} \cong 0.00$$

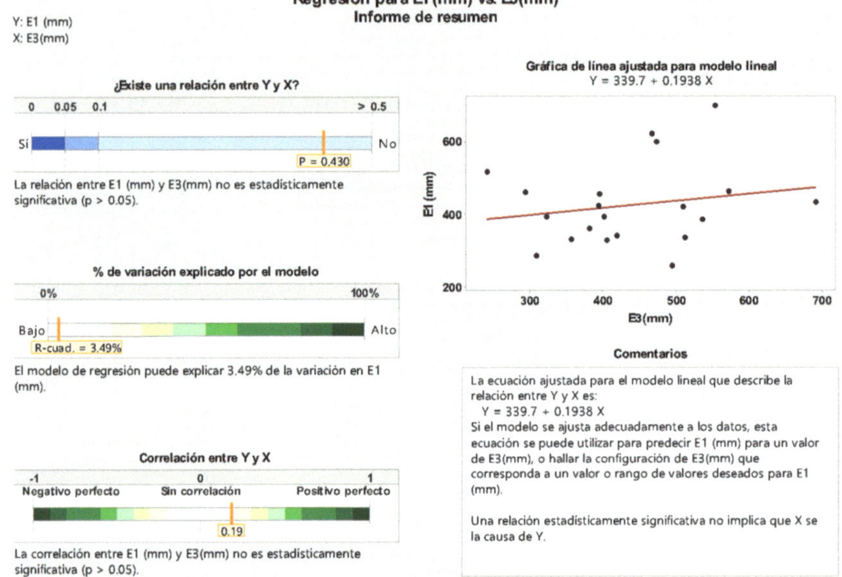

Figura 102. *Cálculo de regresión E1 y E3*

4.8. MÉTODOS PARA LA ESTIMACIÓN DE LA PRECIPITACIÓN

En esta sección analizaremos tres métodos para estimar la precipitación media: método de isoyetas, polígono de Thiessen y la media. Al compararlos, analizaremos cuál es el más efectivo.

4.8.1. Mapa de isoyetas

Se trazan isolíneas que engloben puntos comprendidos en los intervalos elegidos. El valor de las isolíneas depende del periodo considerado y de la extensión de la zona de estudio; por ejemplo, para un mapa de isoyetas anuales podrían representarse isoyetas de 100 en 100 mm, aunque si se trata de un área sin grandes variaciones en la pluviometría, el intervalo debería ser menor.

Tabla 59. Datos precipitación de estaciones meteorológicas, cuenca Cañete

Id	*ET*	*Este*	*Norte*	*Precipitación*
1	1	371612	8549419	26
2	2	369760	8563442	27
3	3	376904	8556563	32
4	9	423471	8564765	84
5	10	437494	8585403	86
6	11	427175	8593340	160
7	23	399923	8643611	292
8	24	411035	8643611	295
9	25	420031	8637526	350
10	35	412623	8603394	200

4.8.2. Método aritmético

Este método provee una buena estimación si las estaciones pluviométricas están distribuidas uniformemente dentro de la cuenca. El área de la cuenca es bastante plana y la variación de las medidas pluviométricas entre las estaciones es pequeña.

$$P = \frac{\sum_{i=1}^{n} Pi}{n}$$

Tabla 60. Datos método aritmético

Id	*Este*	*Norte*	*P: Media*	*Área*	*Perímetro*	*N° de estaciones*
1	371612	8549419	26	370.2422	94.94128	1
2	369760	8563442	27	1951.779	183.4431	1
3	376904	8556563	32	720.3586	111.5401	1
4	423471	8564765	84	1452.571	149.4463	1
5	437494	8585403	86	366.5962	92.93108	1
6	427175	8593340	160	658.1298	117.0484	1
7	399923	8643611	292	3540.206	231.8614	1
8	411035	8643611	295	863.6013	145.7187	1
9	420031	8637526	350	1316.614	165.3218	1
10	412623	8603394	200	1649.513	169.4335	1
Suma			**1552**	**12889.6111**		**10**

Promedio $\frac{1552}{10} = 155.2mm$

4.8.3. Método de los polígonos de Thiessen

Mientras que el procedimiento anterior conlleva un cierto grado de subjetividad, el trazado de polígonos de Thiessen es absolutamente objetivo. Cada estación pluviométrica se rodea de un polígono y se supone que todo el polígono recibe la misma precipitación que el punto central. Para trazar los polígonos se trazan las mediatrices (perpendicular en el punto medio) de los segmentos que unen las diversas estaciones pluviométricas, (P_i) y la P media (P_m). aplicando el método planimétrico al polígono obtendremos las superficies (Ai) del área.

Se calcula con la media ponderada:

$$P_m = \frac{\sum_{i=1}^{n} Pi * Ai}{\sum Ai}$$

En este caso, los valores P_1, P_2..., P_n corresponden a los valores de los puntos.

Tanto en esta fórmula como en la aplicada al mapa de isoyetas, el numerador corresponde al volumen de agua precipitado.

Este método se puede utilizar para una distribución no uniforme de estaciones pluviométricas. Provee resultados más correctos con un área de cuenca aproximadamente plana, pues no considera influencias orográficas. El método asigna a cada estación un peso proporcional a su área de influencia, la cual se define para cada estación de la siguiente manera:

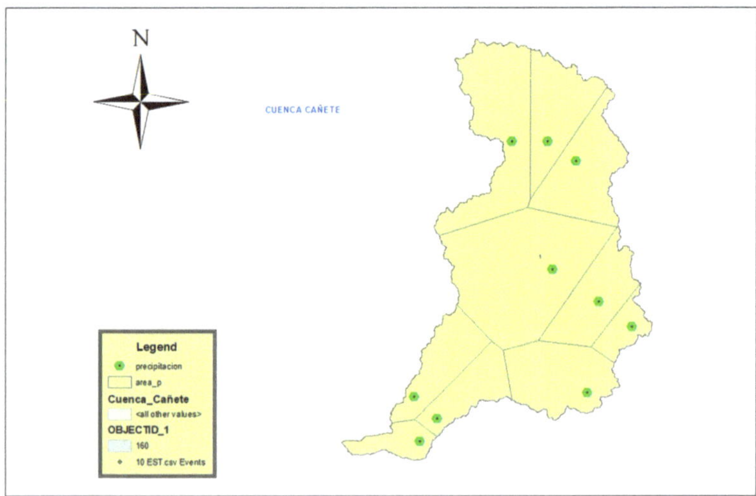

Figura 103. *Precipitación media por método de Thiessen en ArcGIS*

Tabla 61. Procesamiento del método de Thiessen

Id	*Este*	*Norte*	*Precipitación*	*Área*	*Perímetro*	*Pi*Ai*
1	371612	8549419	26	370.2422	94.94128	9626.2972
2	369760	8563442	27	1951.779	183.4431	52698.033
3	376904	8556563	32	720.3586	111.5401	23051.4752
4	423471	8564765	84	1452.571	149.4463	122015.964
5	437494	8585403	86	366.5962	92.93108	31527.2732
6	427175	8593340	160	658.1298	117.0484	105300.768
7	399923	8643611	292	3540.206	231.8614	1033740.15
8	411035	8643611	295	863.6013	145.7187	254762.384
9	420031	8637526	350	1316.614	165.3218	460814.9
10	412623	8603394	200	1649.513	169.4335	329902.6
	Promedio:		**188.01497**	**12889.6111 mm**		**2423439.85**

$$P_{media} = \frac{\sum_{i=1}^{n} P_i * A_i}{A_{total}}$$

4.8.4. Método de las isoyetas

Se trazan isolíneas que engloben puntos comprendidos en los intervalos elegidos. El valor de las isolíneas depende del periodo considerado y de la extensión de la zona de estudio. Por ejemplo, para un mapa de isoyetas anuales, podrían representarse isoyetas de 100 en 100 mm, aunque si se trata de un área sin grandes variaciones en la pluviometría, el intervalo debería ser menor.

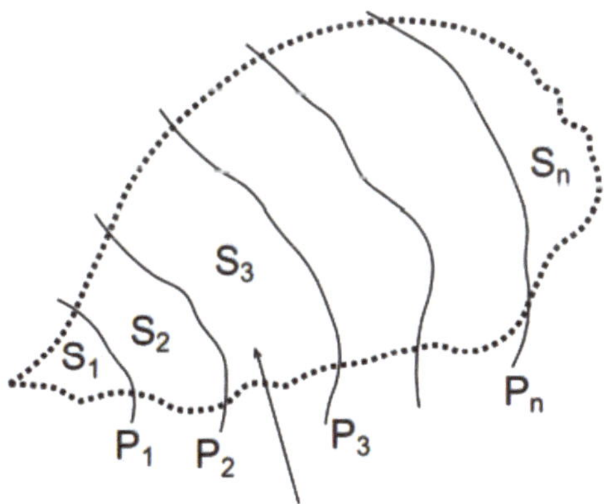

Figura 104. *Método de isoyetas*

$$P = \frac{\sum_{j=1}^{m}[(Pj + Pj + 1)/2]Aj}{\sum_{i=1}^{m} Pj}$$

Los valores A_i, las superficies obtenidas planimetrando las franjas que quedan entre isoyetas, y Pi son las precipitaciones asignadas a cada isoyeta (ver la Figura anterior). Las precipitaciones correspondientes a las dos franjas extremas P'_{j+1} y P_j se asignan una superficie determinada.

Un mapa de isoyetas es un documento básico dentro del estudio hidrológico de una cuenca. No solo nos permite cuantificar el valor medio, como hemos indicado, sino que presenta de forma gráfica la distribución espacial de la precipitación para el periodo considerado.

Es el método más preciso, pues permite considerar los efectos orográficos en el cálculo de la lluvia media sobre la cuenca en estudio. Se basa en el trazado de curvas de igual precipitación, al igual que se hace para estimar las curvas de nivel de un levantamiento topográfico.

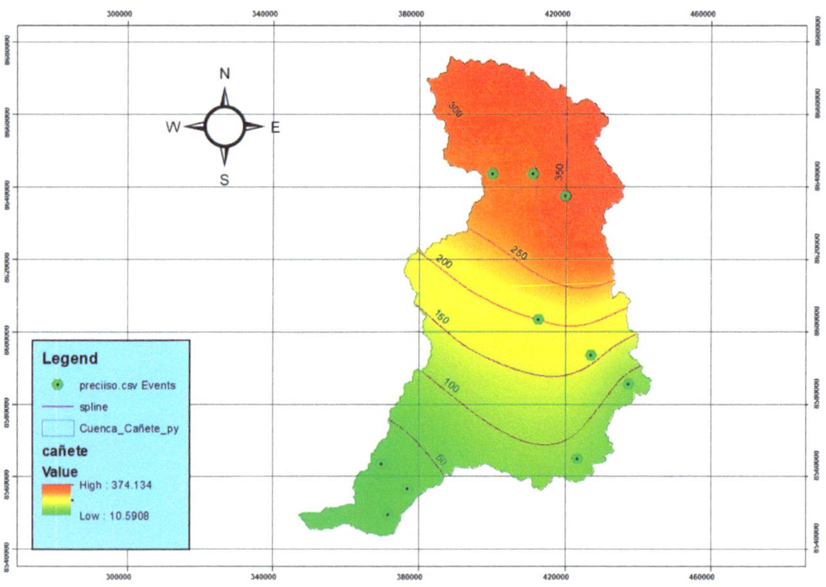

Figura 105. *Promedio medio por método de isoyetas*

$$P_m = \frac{1}{A_t}\sum_{i=1}^{n\ super}\left(A_i \frac{P_i + P_{i+1}}{2}\right)$$

Tabla 62. Resultado método de isoyetas

	Área km²	*Perímetro(km)*	*Precipitación*	*Pav*	*V(mm-v)*
1	511.262997	124.971206	0	25	12781.5749
2	936.545386	223.690595	50	75	70240.904
3	936.408171	183.264579	100	125	117051.021
4	851.791015	163.13489	150	175	149063.428
5	644.351836	145.041709	200	225	144979.163
6	805.281601	181.508689	250	275	221452.44
7	1024.8126	201.45668	300	325	333064.094
8	338.995585	99.845579	350	175	59324.2274
	6049.44919				1107956.85

Precipitación media según método de isoyetas:

$$P.Media = \frac{1107956.85}{6049.44919} = \mathbf{183.150039}\ mm$$

Conclusiones:

- Método aritmético: **155.20 mm**
- Método polígono de Thiessen: **188.01497 mm**
- Método de isoyetas: **183.150039 mm**

4.8.5. Ejemplos de aplicación precipitación media

Se tiene la siguiente tabla de datos y aplicaremos los tres métodos de manera manual. Además, lo utilizaremos en software ArcGIS.

Tabla 63. Datos precipitación ejemplo 2

Id	*Este*	*Norte*	*Precipitación*	*Área km*
1	371612	8549419	26	54.2
2	369760	8563442	27	25.6
3	376904	8556563	32	12.5
4	381666	8561855	29	42.3
5	378491	8574290	59	62
6	383783	8583286	72	36.8
7	390775	8572055	74	70.3
8	407596	8565294	80	42.5
9	423471	8564765	84	36.8
10	437494	8585403	86	62.4
11	427175	8593340	160	22.3
12	417385	8596515	167	33.5
13	405479	8602601	180	44.6
14	384841	8601542	178	41.5
15	384312	8613713	192	28.9
16	391191	8619269	190	36.5
17	408654	8615036	195	35.78
18	422588	8606794	256	45.6
19	431442	8602956	267	45.6
20	430030	8615294	287	43.32

Procesaremos los datos de esta tabla en el ArcGIS:

Tabla 64. Datos procesados de la precipitación media

id	*Este*	*Norte*	*Pi (mm)*	*Área*	*A*Pi*	*Pav*	*V mm*
1	371612	8549419	26	54.2	1409.2	39.5	2140.9
2	369760	8563442	27	25.6	691.2	43	1100.8
3	376904	8556563	32	12.5	400	46.5	581.25
4	381666	8561855	29	42.3	1226.7	58.5	2474.55
5	378491	8574290	59	62	3658	95	5890
6	383783	8583286	72	36.8	2649.6	109	4011.2
7	390775	8572055	74	70.3	5202.2	114	8014.2
8	407596	8565294	80	42.5	3400	122	5185
9	423471	8564765	84	36.8	3091.2	127	4673.6
10	437494	8585403	86	62.4	5366.4	166	10358.4
11	427175	8593340	160	22.3	3568	243.5	5430.05
12	417385	8596515	167	33.5	5594.5	257	8609.5
13	405479	8602601	180	44.6	8028	269	11997.4
14	384841	8601542	178	41.5	7387	274	11371
15	384312	8613713	192	28.9	5548.8	287	8294.3
16	391191	8619269	190	36.5	6935	287.5	10493.75
17	408654	8615036	195	35.78	6977.1	323	11556.94
18	422588	8606794	256	45.6	11673.6	389.5	17761.2
19	431442	8602956	267	45.6	12175.2	410.5	18718.8
20	430030	8615294	287	43.32	12432.84	1607.5	69636.9
			2641	**823**	**107414.54**	**5269**	**218299.74**

A. Precipitación media-*método aritmético*

$$P = \frac{\sum_{i=1}^{n} Pi}{n}$$

$$P = (26 + 27 + 32 + 29 + 59 + 72 + 74 + 80 + +84 + 86 + 160 + 167 + 180 + 178 + 192 + 190 + 195 + 256 + 267 + 287)/20$$

$$P = 132\, mm$$

B. Precipitación media-método de los polígonos de Thiessen

$$P = \frac{\sum_{i=1}^{n} Pi * Ai}{\sum Ai}$$

$$P = (107414.54)/823$$

$$P = 131\text{mm}$$

Ahora procesaremos los datos en ArcGIS, el polígono de Thiessen.

Figura 106. *Procesando polígono de Thiessen*

Calcularemos las áreas de las estaciones cubiertas como se ve en la siguiente figura:

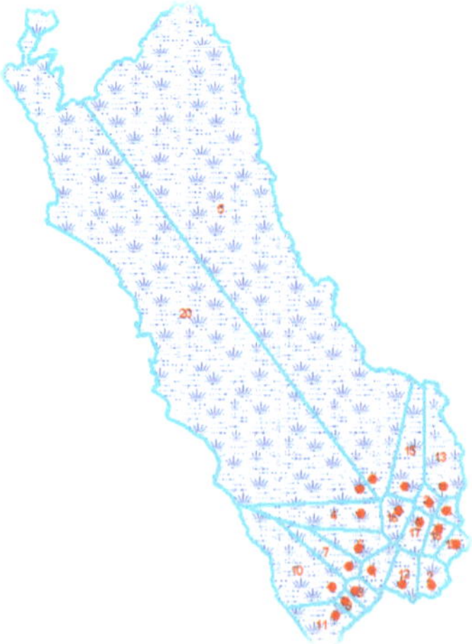

Figura 107. *Polígono de Thiessen*

C. Precipitación media-método de las isoyetas

$$P = \frac{\sum_{j=1}^{m}[(Pj + Pj + 1)/2]Aj}{\sum_{i=1}^{m} Aj}$$

$$P = \frac{[(218299.74)]}{823}$$

P = 265 mm

Figura 108. *Método de isoyetas ejemplo 2, ArcGIS*

Conclusión:

Tabla 65. Resultado por los tres métodos

P. Aritmético	*P. Thiessen*	*P. Isoyetas*
132 mm	131 mm	265 mm

El **método de isoyetas** es el método más preciso, pues permite la consideración de los efectos orográficos en el cálculo de la lluvia media sobre la cuenca en estudio.

REFERENCIAS BIBLIOGRÁFICAS

Bateman, H. y Halley's. (1938). *Method for Solving Equations.* Amer.

Braja, M. D. (2015). *Fundamentos de ingeniería geotécnica.* Cengage Learning Editores.

Chapra, S. C. y Raymond, P. C. (2007). *Métodos numéricos para ingenieros.* Mc Graw.Hill.

Frank, M. W. (2008). *Mecánica de fluidos.* Mc Graw-Hill.

Melman, A. (1997). *n, Geometry and convergence of Euler's and Halley's methods.* SIAM Rev. 39.

Mott, R. L. (2006). *Mecánica de fluidos, 6ta Ed.* Pearson.

Traub, J. F. (1964). *Iterative Methods for Solution of Equations.* Prentice-Hall.

Lecturas recomendadas

Álgebra: Manual del usuario (Gabriel G.Rojas Pérez)

Cálculo vectorial con Wolfram (Varios autores)

Introducción al lenguaje R. Funciones, gráficas y estadísticas descriptivas
(Elmis Jonatan García Zare
y Noelia Patricia Rodríguez Paredes)

www.ingramcontent.com/pod-product-compliance
Lightning Source LLC
LaVergne TN
LVHW021249160826
845679LV00001B/5

* 9 7 8 6 1 2 4 9 0 5 1 5 5 *